\ START UP /

会社法 判例40!

HANREI

久保田安彦
舩津浩司
松元暢子

有斐閣

Preface

はしがき

「通読できる判例教材」「エッセンスをつかめる判例教材」——本書の大事なコンセプトです。

会社法の裁判例は複雑でとっつきにくいと感じる方が少なくないと思います。会社法に関する事案では，取締役や株主，債権者といった複数の登場人物が出てきます。また，争点を理解するためには，前提となっている会社の仕組みについてのルールを理解する必要があります。そのため，会社法の裁判例を勉強しようとしても，裁判例の核となる部分にたどり着く前に力尽きてしまうということになりがちです。

本書は，読者が無理なく読み進めることができ，裁判例の「エッセンス」を理解することができるように作られています。初めて会社法を勉強する学部生だけでなく，会社法の基本的な考え方を確実に修得したいロースクール生や，会社法の重要裁判例について改めて整理・復習したい実務家の方々のお役にも立てるものだと信じています。

本書の構成は，「ガバナンス」「ファイナンス」「設立・M&A」の3本立てになっています。会社法の守備範囲は広いですが，その対象は大きく，会社の運営・管理のあり方（＝ガバナンス），会社をめぐるお金の流れ（＝ファイナンス），会社の基礎・枠組みの変化（＝設立・M&A）に分けることができます。本書で勉強することで，会社法の全体像をつかんでいただくことができるはずです。

また，事案を分かりやすく説明していることも本書の特徴です。例えば，M&Aについての裁判例を理解するためには，前提となっている組織再編や買収の仕組みを理解することが不可欠です。そのため，できる限り前提となっている仕組みについても説明するように心がけました。

そして，本書の最大の特徴は，無理なく通読できる工夫が凝らされていることです。最後まで読み切れるボリュームにするため，取り上げる裁判例の数は40個に厳選しました。テーマの区切りごとのIntroductionでは，取り上げられている裁判例の位置づけを示していますので，まずはここを読んで全体像をつかんでください。個別の裁判例の項目では，「読み解きポイント」の欄でその裁判例では何が問題となっているのかを分かりやすく指摘し，これを受けて，「この判決が示したこと」の欄でその裁判例の「エッセンス」をまとめています。ななめ読みで構いませんので，まずは一度，本書を通読していただくことをお勧めします。

執筆者である我々3名に本書のお話を頂いたのは2017年の4月でした。我々3名は，日頃法学部やロースクールで会社法の授業を担当しており，どうやって裁判例のエッセンスを分かりやすく伝えるかという点に心を砕いてきました。本書はそんな我々の日頃の熱意と実践を形にしたものになっています。張り切りすぎたあまり，3名全員が予定されていた締切りよりも前倒しで全ての原稿を提出し，担当編集者である有斐閣法律編集局書籍編集部の中野亜樹さんからは，「こんなことは前代未聞です！」とのコメントを頂きました。

執筆の過程では，全ての原稿について全員で何度も検討会議を行い，時にはその裁判例の理解の仕方を巡って長時間にわたって議論しました。法律の研究者は独りで研究室に籠っている時間が長いので，この検討会議は我々3名にとって極めて充実した楽しい時間でした。検討会議では，「この説明で読者に理解してもらえるか」という点を重点的に検討しました。この点については，会社法オタクの執筆者3名だけで議論しても不安が残ったため，中野さんから初学者に分かりやすい表現にするための改善提案を頂きました。この点を含め，中野さんには本書の企画から刊行まで大変お世話になったことに心からお礼を申し上げます。

本書を通じて皆様が会社法のエッセンスをつかむためのお手伝いができれば嬉しく思います。

2019年10月

久保田安彦
舩津浩司
松元暢子

著者紹介

有斐閣編集部会議室にて（2019年8月23日撮影）

久保田安彦
慶應義塾大学教授

松元暢子
慶應義塾大学教授

舩津浩司
同志社大学教授

原稿検討会議の思い出と読者へのメッセージ

検討会議は和気あいあいで本当に楽しかったです。松元さんと中野さんに「もっと分かりやすく書けるはずです！」というコメントをもらって，舩津さんと二人してシュンとすることも多かったですが（笑）。でも，そのおかげで，大変分かりやすい本ができました。読者の皆さんが，この本で理解を深めて，少しでも会社法を好きになってくれるといいなと思います。

いつもは久保田さんと私の所属校がある東京で検討会議をしていたのですが，いずれ舩津さんの所属校がある京都でも検討会議をしようという話が出ていました。ところが，順調に進みすぎて，気付いたら全ての打ち合わせが終わってしまい，京都に行けなかったことが心残りです。我々が楽しんで執筆した本書，是非楽しんで読んでください！

検討会議では，学生時代の話など（ここに書けない話を含めて）色々なお話ができてとても楽しかったです。特に松元さんの（雑談も含めた）司令塔としてのリーダーシップにはずいぶん助けていただきました。この本を通じて我々の楽しさが読者の皆さんに伝われば，カタいと思われがちな会社法の話題も多少なりとも親しみの持てるものになるのではないかと期待しています。

執筆担当

p.79，Chapter II-1·2·3・III-1 Introduction，判例 22-34

p.121，Chapter I-1·5·6・III-2 Introduction，判例 01, 02, 07, 15, 16, 18-21, 35-38

p.xi-xii, p.1, Chapter I-2·3·4・III-3 Introduction，判例 03-06, 08-14, 17, 39, 40

Contents

目次

はしがき …… i
著者紹介 …… iii
本書の使い方 …… viii
凡例 …… x

この本で会社法の判例を勉強するにあたって xi

Chapter
I — ガバナンス 1

1. 法人

Introduction …… 2
01 会社の目的の範囲:八幡製鉄政治献金事件(最大判昭和45・6・24) …… 3
02 法人格の否認(最判昭和44・2・27) …… 6

2. 株主総会

Introduction …… 9
03 代理出席を含む全員出席総会による決議の効力(最判昭和60・12・20) …… 11
04 他の株主に対する招集手続の瑕疵と決議取消しの訴え(最判昭和42・9・28) …… 14
05 株主総会における議決権の代理行使(最判昭和51・12・24) …… 17
06 取締役の説明義務の対象:東京スタイル株主総会決議取消訴訟事件(東京地判平成16・5・13) …… 20
07 議決権行使の勧誘と利益供与:モリテックス事件 (東京地判平成19・12・6) …… 23

3. 取締役

Introduction 27
08 取締役の解任（最判昭和57・1・21） 28
09 取締役の競業避止義務：山崎製パン事件（東京地判昭和56・3・26） 30
10 利益相反取引規制とそれに違反した場合の取引の効力（最大判昭和43・12・25） 33
11 取締役の報酬の決定（最判昭和60・3・26） 37

4. 取締役会

Introduction 40
12 取締役会決議を経ない重要な財産の処分の効力（最判昭和40・9・22） 41
13 招集手続の瑕疵と取締役会決議の効力（最判昭和44・12・2） 44
14 取締役会決議における特別利害関係者の議決排除（最判昭和44・3・28） 47

5. 役員の会社に対する責任

Introduction 50
15 取締役の善管注意義務と経営判断原則：アパマンショップ事件（最判平成22・7・15） 52
16 内部統制システム（最判平成21・7・9） 55
17 監査役の任務懈怠（大阪高判平成27・5・21） 59
18 法令違反の行為と取締役の責任：野村證券損失補てん事件（最判平成12・7・7） 62
19 株主代表訴訟の対象となる取締役の責任の範囲（最判平成21・3・10） 66

6. 役員の第三者に対する責任

Introduction 69
20 取締役の第三者に対する責任の法的性質（最大判昭和44・11・26） 70
21 辞任登記未了の取締役の第三者に対する責任（最判昭和62・4・16） 74

Chapter

Ⅱ ― ファイナンス 79

1. 株式

Introduction ······ 80

22 会社の過失による名義書換未了と株式譲渡人の地位（最判昭和41・7・28） ······ 82

23 譲渡制限株式の売買価格の算定（大阪地決平成25・1・31） ······ 85

24 従業員持株制度と株式譲渡制限契約の効力（最判平成7・4・25） ······ 89

25 準共有株式の権利行使者の指定方法（最判平成9・1・28） ······ 92

2. 新株・新株予約権

Introduction ······ 95

26 筆頭株主の持株比率を低下させる新株発行と不公正発行：ベルシステム24事件（東京高決平成16・8・4） ······ 97

27 株価高騰の中での新株発行と有利発行：宮入バルブ事件（東京地決平成16・6・1） ······ 100

28 不公正発行と新株発行無効事由（最判平成6・7・14） ······ 104

29 新株発行事項の公示の欠缺と新株発行無効事由（最判平成9・1・28） ······ 107

30 違法な新株予約権の行使と非公開会社の新株発行の効力（最判平成24・4・24） ······ 110

3. 計算

Introduction ······ 113

31 「公正な会計慣行」の意義：長銀事件（最判平成20・7・18） ······ 114

32 会計帳簿閲覧等請求の拒絶事由：楽天対TBS事件（東京地判平成19・9・20） ······ 117

Chapter Ⅲ — M&A・設立 121

1. 買収

Introduction …… 122

33 株主総会決議を経ない買収防衛策としての新株予約権発行の差止め：
ニッポン放送事件（東京高決平成17・3・23） …… 124

34 株主総会決議に基づく買収防衛策としての新株予約権無償割当ての差止め：
ブルドックソース事件（最決平成19・8・7） …… 127

35 MBOと取締役の責任：レックス・ホールディングス事件（東京高判平成25・4・17） …… 130

2. 組織再編・事業譲渡

Introduction …… 133

36 株式買取請求における上場株式の公正な価格：テクモ事件（最決平成24・2・29） …… 135

37 合併比率の不公正と合併無効事由（東京高判平成2・1・31） …… 139

38 株主総会の特別決議が要求される事業譲渡（最大判昭和40・9・22） …… 141

3. 設立

Introduction …… 144

39 株式の仮装払込みの効力（最判昭和38・12・6） …… 145

40 財産引受けの無効主張と信義則（最判昭和61・9・11） …… 148

判例索引 …… 151

本書の使い方

1 タイトル

この項目で学ぶことを示しています。

2 判例

この項目で取り上げる判例です。この場合，最高裁判所で昭和 41 年 7 月 28 日に出された判決のことです。詳しくは，「凡例」（p. x）を参照してください。

3 出典

ここに掲げた書誌に，この項目で取り上げた判決文・決定文の全文が載っています。「出典」と呼ばれます。「民集」などの略語については「凡例」（p. x）を参照してください。

事案

この事件のおおまかな内容です。

22

会社の過失による名義書換未了と株式譲渡人の地位

最高裁昭和41年7月28日判決（民集20巻6号1251頁）　▸百選15

事案をみてみよう

X —①Y 社株式の譲渡→ A
②名義書換請求
しかし，Y 社は過失により名義書換せず（株主名簿上の株主はXのまま）
③新株の発行
④新株の交付を求める訴え
Y 社

Y 株式会社は，新株発行を行うに際し，昭和 34 年 12 月 2 日に開催した取締役会において，①昭和 35 年 2 月 29 日午後 5 時（本件基準日）現在，株主名簿に記載されている株主に対し，その所有株式 1 株につき新株 2 株の割当てを受ける権利を与えること，②株主による新株引受けの申込期間は同年 4 月 25 日から 5 月 10 日までとすること，③払込金（1 株 50 円）の払込期日は同年 5 月 21 日とすることなどを決議した。

Y 社の株主 X は，昭和 35 年 1 月 28 日に保有する Y 社株式 500 株を A に譲渡した。A は，同株式につき，同年 2 月 16 日に Y 社に株主名簿の名義書換（かきかえ）を請求したが，Y 社の過失により名義書換は行われなかったので，本件基準日の当時も依然（いぜん）として，株主名簿上は X が同株式の株主と記載されていた。このため，Y 社は当初 X に新株割当ての通知をし，X は 1000 株分の新株（本件新株）につき引受けの申込みをして，払込金の払込みもした。ところが，その後，Y 社は A に改めて新株割当ての通知をし，A が本件新株につき引受けの申込みをして，払込金の払込みもしたので，Y 社は A に本件新株を発行した。なお，それに伴い，Y 社は，X から払い込まれた払込金は X に返還している。

これに対し，X は，Y 社に対して本件新株の交付を求めて訴えを提起した。第 1 審，控訴審とも，X の請求を棄却したので，X は上告した。

読み解きポイント

本件の争点は，株式譲受人(A)から株主名簿の名義書換請求があったにもかかわらず，会社が正当な事由なく，故意または過失によって名義書換に応じなかったために，株式譲渡人(X)が依然として株主名簿上の株主である場合，会社は株主名簿上の株主(X)と株式譲受人(A)のいずれを株主として取り扱うべきかである。Xは，Y社は株主名簿上の株主である自己を株主として取り扱うべきであり，それゆえ，本件新株も自分に発行すべきであったと主張したが，そのようなXの主張は認められるべきであろうか。

082

どんな事案に対してどんな判断が示されたかを順番に確認することが大事！ まずは事案を丁寧に読んでみよう！

読み解きポイント

以下の判決文・決定文を読むときにどのようなところに着目すればよいか，意識するとよいポイントを説明しています。

エンピツくん

性別：たぶん男子。
年齢：ヒミツ。
モットー：細く長く。
シャーペンくんをライバルと思っている。

判決文・決定文

ここが，裁判所が示した判断をまとめた部分です。全文は実際にはもっと長いものですが，ここでの学習に必要な部分を抜き書きしています。判決文・決定文の中でも，特に大事な部分に下線を引いています。

判決文・決定文は，この事件について裁判所がどう判断したか，という部分。言い回しや言葉づかいが難しいところもあるけれど，がんばって読んでみよう！

判決文を読んでみよう

「正当の事由なくして株式の名義書換請求を拒絶した会社は，その書換のないことを理由としてその譲渡を否認し得ないのであり〔大判昭和3・7・6民集7巻546頁参照〕，従って，このような場合には，会社は株式譲受人を株主として取り扱うことを要し，株主名簿上に株主として記載されている譲渡人を株主として取り扱うことを得ない。そして，この理は会社が過失により株式譲受人から名義書換請求があったのにかかわらず，その書換をしなかったときにおいても，同様であると解すべきである。」

⇩ この判決が示したこと ⇩

株式譲受人（A）から株主名簿の名義書換請求があったにもかかわらず，会社が正当な事由なく故意に名義書換を拒絶したり，過失により名義書換をしなかったために，株式譲渡人（X）が依然として株主名簿上の株主である場合には，会社は株式譲受人（A）を株主として取り扱わなければならない。

解説

Ⅰ．株式譲渡の対会社対抗要件としての株主名簿の名義書換

株式会社では，株主が多数になるケースも予想され，また株式の譲渡も当事者の意思表示によって（株券発行会社では当事者の意思表示と株券の交付とによって〔128条1項〕）会社のあずかり知らないところで行われる。そのため，株主に権利を行使させるべき場合に，そのつど，会社が株主は誰かを調査し確定しなければならないとすると，会社の負担が大きくなりすぎる可能性がある。

そこで，会社法130条は，たとえ株式を譲り受けたとしても，株式譲受人は株主名簿に株主として記載・記録されなければ（株主名簿の名義書換がなされなければ），株式譲渡の効力を会社に対抗する（株式を譲り受けて自分が株主になったことを会社に主張する）ことができない旨を規定している。そのため，株式譲受人が株主としての権利（株主権）を行使するためには，法定の手続（133条，会社則22条[*1]）に従い，会社に請求して名義書換をしてもらわなければならない。この結果，会社としては，株主名簿に株主として記載・記録されている者（株主名簿上の株主）に株主権を行使させればよいことになるから好都合である。上記のような株主名簿の効力は，名義書換をしないかぎり株式譲受人が会社に譲渡を対抗できないという点に着目して対抗力と呼ばれたり，あるいは，会社が権利行使させるべき株主を確定できるという点に着目して確定的効力と呼ばれたりする。

Ⅱ．名義書換の不当拒絶と過失による名義書換未了

ただし，時として，本件のように，株式譲受人（本件ではA）から名義書換請求があったにもかかわらず，正当な事由がないのに，会社が故意に名義書換を拒絶したり，過失によって名義書換をしない（放置する）場合が生じうる（故意による場合は「名義書

*1 株式譲受人による名義書換請求の方法は，株券発行会社かどうかで異なる。株券不発行会社では，株式譲渡人である株主名簿上の株主またはその一般承継人（株主名簿上の株主が死亡した場合の相続人など）と株式譲受人とが共同して会社に請求する（133条2項）。他方，株券発行会社では，株券を会社に提示して名義書換請求することが許される（133条2項，会社則22条2項1号）。

Chapter Ⅲ ファイナンス

083

この判決・決定が示したこと

ここまでに読んだ判決文・決定文が「結局何を言いたかったのか」「どんな判断をしたのか」を簡単にまとめています。〔読み解きポイント〕にも対応しています。

解説

用語や考え方，背景，関連事項など，この判例を理解するために必要なことを説明しています。

解説を読むと，この判例の意義や内容をより深く理解できるよ！

左右のスペースで，発展的な内容や関連する判例，知っていると役立つことを付け加えています。余裕があれば読んでみましょう。

凡例

 判例について

略語

［裁判所］

大判 ………… 大審院判決
最大判（決）………… 最高裁判所大法廷判決（決定）
最判（決）………… 最高裁判所判決（決定）
高判（決）………… 高等裁判所判決（決定）
地判（決）………… 地方裁判所判決（決定）

［判例集］

民集 ………… 最高裁判所民事判例集
刑集 ………… 最高裁判所刑事判例集
集民 ………… 最高裁判所裁判集民事
判時 ………… 判例時報
判タ ………… 判例タイムズ
金判 ………… 金融・商事判例

表記の例

最高裁昭和 40 年9月22 日大法廷判決（民集 19 巻 6 号 1600 頁）
最大判昭和 40・9・22 民集 19 巻 6 号 1600 頁

「最高裁判所」の大法廷で，昭和 40 年 9 月 22 日に言い渡された「判決」であること，そしてこの判決が「民集」（最高裁判所民事判例集）という判例集の 19 巻 6 号 1600 頁に掲載されていることを示しています。

 法令名について

略語

会社 ………… 会社法
会社則 ………… 会社法施行規則
会社計算 ………… 会社計算規則
金商 ………… 金融商品取引法

＊会社法については，原則として条文番号のみを示し，上に掲げたもののほかの法令名の略称は，有斐閣『ポケット六法』巻末の「法令名略語」によりました。

 判決文・条文などの引用について

「　」で引用してある場合は，原則として原典どおりの表記としていますが，字体などの変更を行ったものや，濁点・句読点，ふりがな，下線，傍点などを補ったものがあります。引用の「　」内の〔　〕表記（小書き）は，著者による注であることを表します。

 その他

有斐閣『会社法判例百選〔第 3 版〕』の引用は，「百選 2」のように示しました。数字は百選の項目番号です。

この本で会社法の判例を勉強するにあたって

この本は，会社法を初めて学ぶ方を念頭に会社法の判例を解説するものです。読者の中には，学生など，会社の中のことが今ひとつわからない状態で会社法を勉強しなければならないという方も多いと思いますので，ここで，会社法を学ぶ上で必要になる基礎的な知識を確認しておきたいと思います。

会社法とは何か

皆さんもご存知のように，「会社」というのはビジネス（事業）を行っていますが，そのためには，元手となる資金や事業を回すための人手（経営者や従業員）といった様々な資源（一般的には「経営資源」と呼ばれたりします）が必要となります。これらの経営資源を会社に拠出する人たちの多くは，それに対する見返りを期待しているでしょう。そうすると，事業の成果を誰にどういう順番でどれだけ分け与えるかという利害調整が必要となってきます。これからみなさんが勉強しようとしている会社法という法分野は，この会社をめぐる利害関係者の利害調整の方法を定めたルールの塊なのです。これらのルールは，基本的に「会社法」という法律の中に定められています。

なお，平成17（2005）年に「会社法」が制定されるまでは，「商法」という法律がそれらのルールを定めていました。この本で取り上げた裁判例の中には，平成17年改正以前の「商法」の規定に関するものも多く含まれていますが，これは，それらの裁判例の示した改正前の商法の規定に関する解釈が，その規定に相当する現行の会社法の規定の解釈にも当てはまると考えられているためです。

会社法判例に主として登場する利害関係者

先ほどの説明からは，会社法が念頭に置く利害関係者としては，一定期間お金を貸してくれる（でも最終的にはそのお金を返さなければならない）存在である銀行や，出資という形で（返済期限のない）資金を提供してくれる株主，会社を運営するために労務等を拠出してくれる経営者や従業員（労働者），それから，会社の事業に不可欠な製品・商品等を供給してくれる取引先といった人たちが登場する可能性があることがわかるでしょう。

もっとも，会社法は，銀行・従業員・経営者（社長）・取引先・投資家といったそれぞれの資源の出し手を細かく分類してきめ細かに利害調整の方法を定めているわけではありません。大まかには，株主・経営陣・債権者という３分類で規律をしていることに注意が必要です。従業員や取引先は，会社に対して債権を持っている限りにおいて，「債権者」という会社法が規律するカテゴリーに含まれるに過ぎないのです。

この本が念頭に置く「会社」

もう一点，これはこの本の編集方針という極めてテクニカルな話で恐縮ですが，この本を読むにあたって注意しておいてほしい点があります。

まず，「会社」には，皆さんがよくご存知の「株式会社」以外にも，合名会社・合資会社・合同会社という「持分会社」と呼ばれる類型の会社があり，これも「会社法」という法律の規律対象となっています。しかしながら，この本では，わが国の会社の圧倒的多数を占め，授業でも大半の時間を割いて説明されていると思われる株式会社の判例を取り上げて解説しています。

また，株式会社であっても，様々な機関構成が許容されています。現在では，特にニュースで話題になることの多い上場会社については，「指名委員会等設置会社」や「監査等委員会設置会社」と呼ばれる機関構成の会社も増えてきていますが，この本では，（一部の例外を除き）「監査役設置会社」についての判例のみを取り上げており，解説についても特に断りのない限り監査役設置会社であることを前提に記述しています。これは，平成14年の商法改正までは，株式会社については監査役設置会社のみが認められていたこと，そしてそうであるがゆえに，現在でもなお，わが国の株式会社の多くは監査役設置会社であることからそのような執筆方針をとりました。なお，「監査役会設置会社」であれば取締役会を設置しなければならない（会社327条1項2号）とされています。この本に出てくる会社は，基本的に，取締役会が設置されており，監査役のいる会社です。

最後に，監査役設置会社を念頭に，会社の利害関係者との関係を図で示しておきます。

図：会社の利害関係者との関係

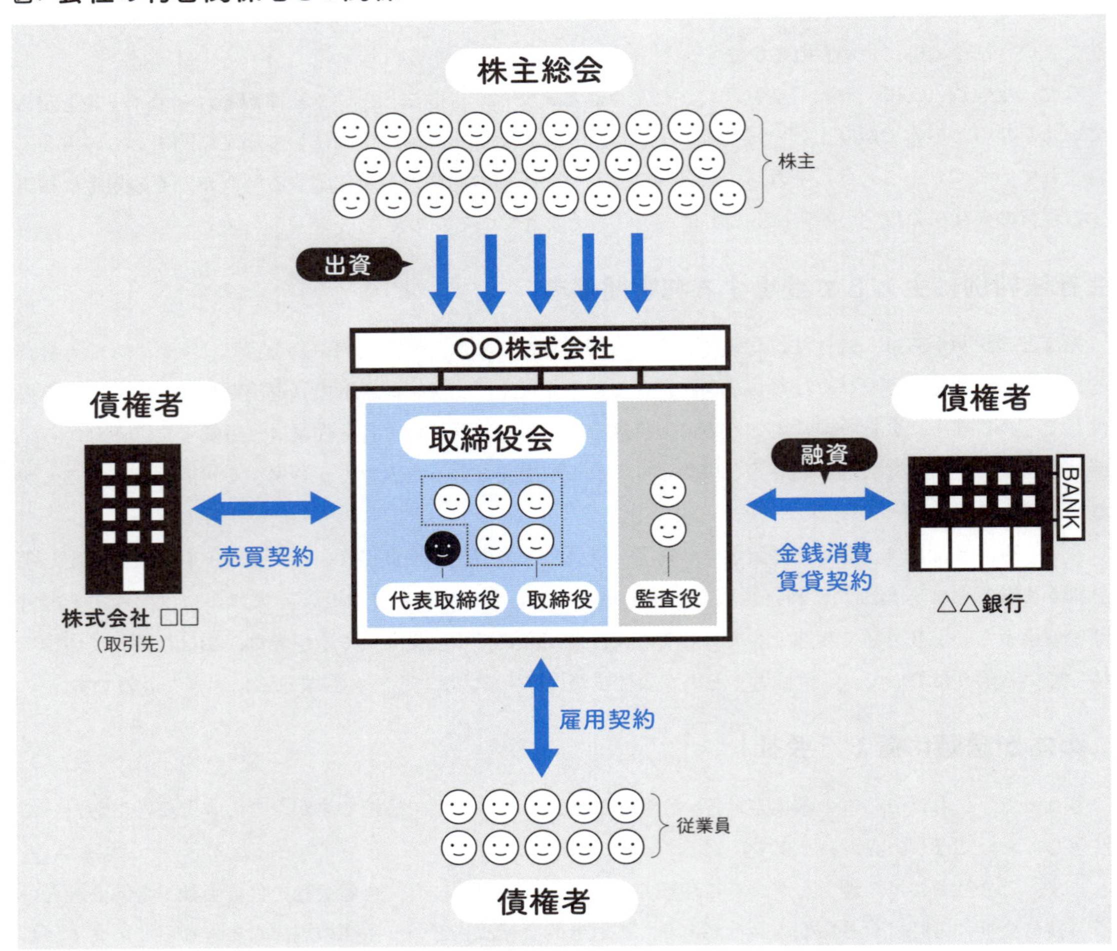

本章で学ぶこと

1. 法人
2. 株主総会
3. 取締役
4. 取締役会
5. 役員の会社に対する責任
6. 役員の第三者に対する責任

ガバナンス

Chapter Ⅰでは，株式会社のガバナンスに関する判例を取り上げる。ガバナンスとは，株式会社の適切な運営・管理のあり方のことである。

まず，株式会社をはじめとした会社は，営利を目的とした人の集まり（社団）に法人格を付与したもの（営利社団法人）であるとされている。法人とは，法によって，自然人以外のものに権利義務の主体となる地位が与えられたものであるとされているが，**1** では，この営利社団法人としての特徴に関する裁判例を取り上げる。

また，会社に限らず，組織を運営していくうえでは，大まかに，意思決定を行う人，その決定を実際に実施（執行）する人，意思決定の内容やその実施（執行）をチェックする人，の3つの役割に分けられると考えられる。この本が主として念頭におく監査役設置会社の場合，株主の利害に直接関わる重要な意思決定は株主総会が，会社運営に関する重要事項の意思決定は取締役会が，それ以外の日常的な事項の意思決定および意思決定の執行は代表取締役・業務執行取締役等の取締役が，そして，それぞれの意思決定や実施（執行）が適切に行われているかを取締役会や監査役がチェックするという体制になっている。

2 では株主総会に関係する裁判例を，**3** では会社経営に実際に関与する役員（とりわけ取締役）の法的地位に関する裁判例を，**4** では取締役会の意思決定手続に関する裁判例を，**5**・**6** ではそれらの役員が自らに課された義務に反した場合にどのような責任を負うかについての裁判例を取り上げる。

Introduction 1

Contents

I-1 法人
I-2 株主総会
I-3 取締役
I-4 取締役会
I-5 役員の会社に対する責任
I-6 役員の第三者に対する責任

法人

海外のおしゃれな文房具を輸入販売するビジネスに挑戦したくて，友達のボールペンくんとシャーペンくんと３人でお金を出し合って，株式会社 KFM という会社を立ち上げたんだ。３人で話し合った結果，僕が代表取締役を務めることになった。いよいよ仕事を始めるから，オフィスにするためにビルの一室を借りる賃貸借契約を結ぼうと思うんだけど，賃貸借契約書の借主の欄にはなんて書けばいいんだろう？
僕の名前？　３人の連名？　それとも株式会社 KFM？

株式会社は「法人」である（3条）。法人であるというのはどういうことかというと，その法人を構成している人間（株式会社の場合には株主）とは区別される，独立した法人格を持っていることを意味する。では，法人格を持っているというのはどういうことかというと，それ自体が権利を持ったり義務を負ったりする当事者（主体）になれるということであり，たとえば，それ自体が契約の当事者になれるということを意味する。このように，権利や義務の主体になれることを，「権利能力がある」という。

エンピツくんの例の場合，株式会社 KFM にお金を出した３名（エンピツくん，ボールペンくん，シャーペンくん）が株式会社 KFM の株主となるが，株式会社 KFM はこの３名とは別の法人格を持っていることになる。そのため株式会社 KFM がオフィスを借りたい場合には，株式会社 KFM が借主になる。実際には，株式会社の代表取締役が会社を代表して契約を結ぶので[*1]，契約書を作成する場合には，借主の署名欄には，「株式会社 KFM　代表取締役 エンピツ」と書くことになる。

ただし，法人の権利能力は無制限に認められるわけではなく，株式会社は定款（ていかん）[*2]で定められた目的の範囲内で権利能力を持つとされている（民 34 条）。では，株式会社の活動が定款で定められた目的の範囲を超えているかどうかはどのように判断されるのだろうか［→判例 01］。

株式会社が契約を締結した場合，契約に基づく権利や義務の主体になるのは株式会社自身なので，エンピツくんの例の場合，賃貸借契約に基づいて賃料を支払う義務を負うのは株式会社 KFM であって，エンピツくんやボールペンくんやシャーペンくんは義務を負わない。しかし，ごく例外的に，このような原則的な考え方の例外を認めなければならない場合がある［→判例 02］。

＊1｜「代表」というのは，民法で習う「代理」と似ているが，厳密には少し違い，その人の行為がそのまま法人の行為となることをいう。ここでは，エンピツくんが株式会社KFMを「代表して」契約を締結するので，賃貸借契約の効果（＝オフィスを使う権利や賃料を支払う義務）は株式会社KFMに帰属することになる。

＊2｜「定款」とは株式会社の重要な事項が定められている決まりであり，株式会社を設立する際には必ず定款を作成しなければならない（26条）ので，すべての株式会社に定款がある。

01 会社の目的の範囲

八幡製鉄政治献金事件

最高裁昭和45年6月24日大法廷判決(民集24巻6号625頁) ▶百選2

 事案をみてみよう

株式会社の定款(ていかん)にはその会社の「目的」を記載しなければならず(27条1号),会社は定款で定められた目的の範囲内においてのみ権利能力を有する(権利や義務の帰属主体となることができる)(民34条)。A社(八幡製鉄株式会社)は定款で,「鉄鋼の製造および販売ならびにこれに附帯する事業」を目的として定めていた。

昭和35年3月14日,同社の代表取締役であったY_1とY_2は,同社を代表して,自由民主党に政治資金350万円を寄付した。

これに対し,同社の株主であるXが,寄付をした行為は同社の定款で定められた目的の範囲外の行為であると主張して[*1],Y_1およびY_2を被告として,会社に対して350万円の損害を賠償することを求めて株主代表訴訟を提起した[*2]。

定款の目的の範囲をどのように解するかについては,本事案よりも前の裁判例である最判昭和27・2・15民集6巻2号77頁(百選1)が,「定款に記載された目的自体に包含されない行為であっても目的遂行に必要な行為は,また,社団の目的の範囲に属するものと解すべきであ」ること(つまり,定款に書かれている目的そのものには含まれない行為だとしても,定款に書かれた目的を遂行するために必要な行為であれば,それも法人の目的の範囲に含まれると考えるべきだということ),そして,「その目的遂行に必要なりや否やは,問題となっている行為が,会社の定款記載の目的に現実に必要であるかどうかの基準によるべきではなくして定款の記載自体から観察して,客観的に抽象的に必要であり得べきかどうかの基準に従って決すべき」であること(つまり,前の部分で示した「定款に書かれた目的を遂行するために必要な行為」であるかどうかを判断する際には,法人の行為が定款に書かれている目的を遂行するために現実に,実際に,必要となっているのかどうかという厳しい基準ではなくて,その行為が客観的,抽象的に,定款に記載された目的の遂行に必要となる可能性があればよいという緩やかな基準で判断すべきだということ)を示していた。

＊1 本事案では,このほか,Y_1およびY_2が本件寄付を行ったことが取締役の忠実義務に違反するか否かや,公序良俗に違反するか否かについても争点となったが,最高裁はどちらについても否定している。

＊2 株主代表訴訟とは,取締役等の役員が会社に対して任務懈怠責任(423条)等を負う場合に,一定の要件を満たした株主が自ら原告となって,会社のために,取締役等の責任を追及する訴えを提起することができるという制度である(847条)。本件では,八幡製鉄株式会社の株主であるXが原告となり,取締役であったY_1とY_2を被告として訴えを提起している。

読み解きポイント

会社は定款で定められた目的の範囲内においてだけ権利能力を有する(民34条)ため,政党に政治資金を寄付することが目的の範囲外の行為であれば,会社は寄付をする権利能力を持たないことになる。

政党に政治資金を寄付することは,定款に定められた目的の範囲内の行為だろうか。

判決文を読んでみよう

「会社は，一定の営利事業を営むことを本来の目的とするものであるから，会社の活動の重点が，定款所定の目的を遂行するうえに直接必要な行為に存することはいうまでもないところである。しかし，会社は，他面において，自然人とひとしく，国家，地方公共団体，地域社会その他（以下社会等という。）の構成単位たる社会的実在なのであるから，それとしての社会的作用を負担せざるを得ないのであって，ある行為が一見定款所定の目的とかかわりがないものであるとしても，会社に，社会通念上，期待ないし要請されるものであるかぎり，その期待ないし要請にこたえることは，会社の当然になしうるところであるといわなければならない。そしてまた，会社にとっても，一般に，かかる社会的作用に属する活動をすることは，無益無用のことではなく，企業体としての円滑な発展を図るうえに相当の価値と効果を認めることもできるのであるから，その意味において，これらの行為もまた，間接ではあっても，目的遂行のうえに必要なものであるとするを妨げない。災害救援資金の寄附〔寄付と同じ〕，地域社会への財産上の奉仕，各種福祉事業への資金面での協力などはまさにその適例であろう。」

「以上の理は，会社が政党に政治資金を寄附する場合においても同様である。」

「会社による政治資金の寄附は，客観的，抽象的に観察して，会社の社会的役割を果たすためになされたものと認められるかぎりにおいては，会社の定款所定の目的の範囲内の行為である」。

この判決が示したこと

会社は社会の構成員(「社会的実在」)であるため,政治献金が会社の社会的役割を果たすために行われたものだと認められる場合には,政治献金はその会社の定款に定められた目的の範囲内の行為であるといえ,会社は政治献金を行う権利能力を持つ。

解説

Ⅰ. 会社の目的の範囲

会社は定款に定めた目的の範囲内においてだけ権利能力を有する（民34条）。

「事案をみてみよう」で紹介したように，目的の範囲の解釈については，最判昭和

27・2・15 において，定款に記載された目的（ここでは「鉄鋼の製造および販売ならびにこれに附帯する事業」）自体に含まれない行為であっても，「目的遂行に必要な」行為であれば法人の目的の範囲に含まれるという判断が示されていた。そこで，本事案では，政治献金を行うことが「目的遂行に必要」であるか否かが判断されることになる。

本判決ではまず，会社は社会の構成員なのであるから，社会の構成員として期待される役割を果たすことは当然にできるとして，その典型例として，災害救援資金の寄付等を挙げている。本判決によれば，こうした慈善目的の寄付は会社の目的の範囲内の行為であると解されることになる。

その上で，本判決は，政治献金についても同様に考えることができ，政治献金が会社の社会的役割を果たすためになされたものである場合には，会社の定款の目的の範囲内の行為であると判断した。最判昭和 27・2・15 との関係では，政治献金は，会社の社会的役割を果たすためになされたものである場合には，会社の「目的遂行に必要」な行為であると判断したと整理することができる。*3

Ⅱ. 政治献金が目的の範囲内の行為であるとする理由づけ

会社による政治献金が目的の範囲に含まれる理由をどのように理解すればよいだろうか。

本判決は，会社が社会的な活動をすることができる理由として，まず，それが社会から期待されているという理由を挙げている（下線部）。そして，それに続けて，社会的な活動をすることは会社にとっても「企業体としての円滑な発展を図る」という点でも効果があると説明している。例えば，その会社が事業を行っている地域のために慈善目的の寄付を行えば，寄付によって地域社会が発展し，会社の PR にもなり，長期的に見て会社の発展に役立つということだろう。

本判決の理解の仕方として，2 つ目の点を重視して，会社の究極的な目的は株主の経済的な利益を最大化することなのだから，会社による寄付が認められる主な理由は，寄付をすることが社会から期待されているからではなく，寄付をすることが長期的に会社の事業の遂行に役立つからだとする考え方がある。ただし，政治献金の場合，政治献金を行うことが会社の事業に役立ち，会社の利益に結び付くということを強調しすぎてしまうと，（刑法における厳密な意味での賄賂罪（わいろ）にはあたらないとしても）賄賂としての性格を帯びた政治献金を認めることになってしまうのではないかという問題があることにも注意が必要である。

*3

本判決の後，最判平成8・3・19民集50巻3号615頁（南九州税理士会政治献金事件）では，税理士会が政治献金を行うことは「税理士会の目的の範囲外の行為であ」るとの判断がされている。

最判平成8・3・19が本判決と異なる判断をした理由の1つとして，税理士会が強制加入団体であること（原則として，税理士会に入会していなければ税理士業務を行えない）を挙げることができる。つまり，ある税理士が，自分が所属する税理士会が政治献金を行うことに反対していたとしても，税理士業務を行うためには税理士会に所属し続けるしかない。このように脱退の自由がない場合には，「会員の思想・信条の自由」にいっそう配慮する必要があり，そのため，最判平成8・3・19は本判決とは異なる結論となったと考えることができる。

02 法人格の否認

最高裁昭和44年2月27日判決（民集23巻2号511頁）　▶百選3

事案をみてみよう

Y社は，Aが，自分が経営する電気屋の税金の軽減を図るために設立した株式会社であり，A自身が代表取締役であり，会社とはいうもののその実質はAの個人企業だった。

昭和36年2月20日，XはXが所有する店舗（「本件店舗」）を，契約書の文言によればY社を賃借人として賃貸した。[*1]

その後，XがAに対して，契約期間が満了することになる昭和41年2月21日には本件店舗を明け渡すように申し入れたところ，Aが「今すぐといわれても困る。」というので，Xは半年待つことにし，昭和41年2月21日，XはAから「昭和41年8月19日までには必ず明け渡す。」という内容のA名義の念書（ねんしょ）[*2]を受け取った。しかし，約束した昭和41年8月19日を過ぎてもAが本件店舗を明け渡さなかったことから，XはAを被告として本件店舗の明渡しを求める訴えを提起した。

この訴訟の係属中であった昭和42年3月4日，裁判所において和解が行われ，XとAとの間で，本件店舗の賃貸借契約は同日をもって合意解除し，Aは昭和43年1月末日までに本件店舗をXに明け渡すという内容の裁判上の和解が成立した。[*3] しかし，Aはこの和解の後，本件店舗はA個人ではなくY社が賃借しているのであり，Aが行った明渡しをするという和解の効果はY社には及ばないと主張し，Y社は本件店舗を明け渡さなかった。

そこで，Xは今度はY社を被告として，本件店舗の明渡しを求める訴えを提起した。

*1｜Introductionで説明したように，株式会社は法人格を有するため，会社自体が当事者となって契約を締結し，権利義務の主体となることができる。

*2｜念書とは，後で証拠になるように，約束する内容を文書にしたものである。

*3｜裁判所において和解が行われた場合（いわゆる「裁判上の和解」），和解調書は確定判決と同じ効力を持つことになる（民訴267条）。

読み解きポイント

Aは，本件店舗を明け渡すという裁判上の和解を行ったのはA個人であるから，和解の当事者となっていないY社は明渡しに応じる必要はないと主張している。裁判所はこの主張をどのような理屈で退けたのだろうか。

判決文を読んでみよう

「およそ社団法人において法人とその構成員たる社員とが法律上別個の人格であることはいうまでもなく，このことは社員が一人である場合でも同様である。」しかし，「(1)法人格が全くの形骸にすぎない場合，または(2)それが法律の適用を回避するために濫用されるが如（ごと）き場合においては，法人格を認めることは，法人格なるものの本来の目的に照らして許すべからざるものというべきであり，法人格を否認すべきことが要請される場合を生じる」。

「株式会社は準則主義によって容易に設立され得，かつ，いわゆる一人会社すら可能であるため，株式会社形態がいわば単なる藁人形（わらにんぎょう）に過ぎず，会社即個人であり，個人即会社であって，その実質が全く個人企業と認められるが如き場合を生じるのであって，このような場合，これと取引する相手方としては，その取引がはたして会社としてなされたか，または個人としてなされたか判然しないことすら多く，相手方の保護を必要とするのである。ここにおいて次のことが認められる。すなわち，このような場合，会社という法的形態の背後に存在する実体たる個人に迫る必要を生じるときは，会社名義でなされた取引であっても，相手方は会社という法人格を否認して恰（あたか）も法人格のないと同様，その取引をば背後者たる個人の行為であると認めて，その責任を追求することを得，そして，また，個人名義でなされた行為であっても，相手方は敢（あえ）て商法504条を俟（ま）つまでもなく，直ちにその行為を会社の行為であると認め得るのである。けだし，このように解しなければ，個人が株式会社形態を利用することによって，いわれなく相手方の利益が害される虞（おそれ）があるからである。」

「XとAとの間に成立した前示裁判上の和解は，A個人名義にてなされたにせよ，その行為はY社の行為と解し得るのである。」

この判決が示したこと

会社とその株主が法律上別の人格であることはいうまでもないが，例外的に，①法人格が形骸にすぎない場合（下線(1)）または②法人格が濫用されている場合（下線(2)）には，法人格が否認されることがある。法人格が否認されるとは，会社名義でされた行為を個人の行為と扱い，または，個人名義でされた行為を会社の行為と扱うことをいう。

解説

I．法人格が否認されるとはどういうことか

本判決は，いわゆる法人格否認の法理を認めた最高裁判決である。

前提として，会社は法人であり，法人はその構成員（株主）から独立した法人格を有している。法人は，法人自身の名義で契約を締結することができ，法人である会社が契約を結んで義務を負っても，株主もその義務を負うということにはならない。逆に，株主個人が契約を結んで義務を負っても，会社もその義務を負うということにもならない。この原則は，いわゆる一人会社（「いちにんかいしゃ」と読む。株主が1人しかいない会社）の場合でも同様に適用される。

そうすると，本事案でいえば，Y社とその株主であるA個人は法律上別の人格であるため，A個人が和解によって賃貸借契約を合意解除して本件店舗の明渡義務を負ったとしても，Y社は和解の当事者ではないことから，明渡義務は負わないということになりそうである。

しかし，Y社とAとが実質的に同一であって，両者を区別することが難しい場合には，取引の相手方（本件のX）が不利益を受けるおそれがあり，このような結論は妥当ではない。そこで，こうした例外的な場合に妥当な結論を導こうとするのが法人格否認の法理である。[*4]

法人格が「否認」されるというと，法人が消滅してしまう，あるいは法人が解散してしまう，というようなイメージを持つかもしれない。しかし，法人格否認の法理は，特定の行為や債務についてだけ，会社と株主とを同一視する法理である。法人格否認の法理により，会社の特定の行為が株主の行為と解され，または株主の特定の行為が会社の行為と解されることになる。

本事案でいえば，法人格否認の法理が適用された結果，昭和42年3月4日にXとA個人との間で行われた和解がY社の行為であると解されることになり，Y社はこの和解の内容に基づいて，昭和43年1月末日までに本件店舗をXに明け渡す義務を負うことになる。

この法人格否認の法理の実定法上の根拠としては，信義則（民1条2項）や権利濫用（民1条3項）が挙げられることが多い。

＊4｜
法人格が否認される事例の中には，本事案のように会社とその株主との関係で法人格が否認される事例のほか，複数の会社間の関係について法人格が否認される事例もある。

Ⅱ．形骸化事例と濫用事例

本判決は，法人格が否認される場合として，①「法人格が全くの形骸にすぎない場合」（形骸化事例），および②「〔法人格が〕法律の適用を回避するために濫用されるが如き場合」（濫用事例）の2つの類型を挙げており，本件の事案はこのうちの形骸化事例に該当すると理解されている。[*5] 判決文でも述べられているように，この場合に法人と株主を同一視するのは，会社と株主が実質的に同一である個人企業の場合，契約をしたり取引をしたりする相手方（本件ではX）は，いま自分が相手にしているのが会社の代表者（本件では，Y社の代表者としてのA）なのか，個人（本件ではA個人）なのかを区別することが難しく，この場合に会社と個人が別人格であるという原則を貫くと，相手方（X）の保護に欠ける結果となってしまうためである。

＊5｜
濫用事例としては，最判昭和48・10・26民集27巻9号1240頁がある。R社は，Sから賃借していた事務所について，賃料不払の結果，賃料支払と事務所の明渡しを請求されていた。R社の代表者は，Sからの債務履行請求手続を誤まらせ時間と費用とを浪費させる手段として，R社の営業財産をそのまま流用し，商号，代表取締役，営業目的，従業員などがR社のそれと同一の新会社であるT社を設立した。そして，T社は，R社の負う債務についてはT社は責任を負わないと主張した。この事案で最高裁は，T社はR社と別の法人格であると主張することはできないとして，T社は賃料支払と事務所明渡しの債務について，R社とならんで責任を負うと判示した。

Ⅲ．本事案で法人格が否認された具体的な事情

法人格否認の法理が適用されるのはごく例外的な場合であり，法人格否認の法理の適用の有無を検討する際には，具体的な事実関係に注意を払う必要がある。本事案では，Y社はAが自らの事業について税金の軽減を図るために設立した株式会社であってその実質はAの個人企業であったことや，賃貸借契約の名義はY社であったにもかかわらず昭和41年2月に差し入れられた念書はA個人の名義であったことなどから，Y社とAとが実質的には区別されておらず同一であったと評価されたのだろう。

Introduction

2

Contents

I-1 法人
I-2 株主総会
I-3 取締役
I-4 取締役会
I-5 役員の会社に対する責任
I-6 役員の第三者に対する責任

株主総会

ボールペンくんとシャーペンくんと一緒に株式会社KFMを設立してからもう5年，会社の経営はとっても順調で（エッヘン！），予想以上の速さで会社の規模も大きくなって，株主の数も1000人を超えたんだ。この機会に，株主総会の運営のルールを改めて勉強しなおそうと思うんだけど，どんなルールがあって，いいかげんにやったらどんなまずいことが起こるんだっけ？

取締役会が設置されている会社については，株主総会は，法令・定款に定める事項に限り決議をすることができるとされている（295条2項）。会社法では，大まかに，①会社の基礎的な変更に関する事項，②株主の利害に直接関係する事項，および，③利益相反等により他の機関に決定させるのが不適切な事項について，株主総会が決議すべきことを定めている。

会社の基礎的な変更に関する事項	・定款変更（466条） ・合併契約の承認（783条1項，795条1項，804条1項） ・会社の解散（471条3号）
株主の利害に直接関係する事項	・株式併合（180条2項） ・剰余金配当（454条1項）
利益相反等により他の機関に決定させるのが不適切な事項	・役員等の選任（329条1項） ・取締役の報酬の決定（361条1項）

株主総会の決議は，正しい手続を踏んでなされていなかった場合には，取消しの訴えの対象となる（831条）。

では，株主総会ではどのような手続で意思決定がなされるかというと，まず，取締役会の決議に基づき株主総会の日の2週間（公開会社でない会社については1週間）前までに議決権を行使できる株主全員に招集通知が発送されなければならず（299条1項），この招集通知を見て株主は出席するか否かを決定することになる。**Chapter I-2**では，まず，招集通知漏れがあった場合について，招集通知漏れがある株主を含めて全員の株主が出席した場合に，なお招集通知漏れを理由として株主総会決議の取消しが認められるか，という問題を取り上げる［→判例**03**］。次に，そのような全員の株主が出席していない場合において，自分に対する招集はきちんとなされていた株主が，他の株主についての（招集通知漏れ等の）手続的不備を理由として決議取消しの訴えをすることができるかを取り上げる〔→判例 **04**〕。

株主は，株主総会に自分が出席できない場合であっても，代理人を立てて出席することができる（310条1項）。ここで，会社が定款（ていかん）で代理人資格を制限することができるのか，できるとした場合どこまで制限してよいのかが問題となる〔→判例 **05**〕。

また，株主総会では最終的な意思決定を議決によって確定することになるが，採決を行う前に，その議案の内容を知るために株主は取締役等に対して説明を請求することができ，取締役等はそれに応じて説明する義務を負っている（314条）。この説明義務を果たしていない場合も決議取消原因となると考えられることから，どの程度の説明をすれば説明義務を果たしたといえるのかも問題となる〔→判例 **06**〕。

議決権を行使するに際して，株主の意思が経営陣により不当に歪（ゆが）められることがあってはならない。この点に関して，議決権を行使する見返りとしてQuoカードがもらえるというキャンペーンをした場合に，それにより成立した決議は取り消されるべきかが問題となった裁判例をみる〔→判例 **07**〕。

03 代理出席を含む全員出席総会による決議の効力

最高裁昭和60年12月20日判決（民集39巻8号1869頁） ▶百選30

 事案をみてみよう

運送業を営むX社は，昭和50年6月，X社の代表取締役であるYから土地建物を賃借し，Yに対し敷金（しききん）80万円を交付した。昭和51年6月1日，X社の取締役Aは，X社の代表権を有しないにもかかわらず，X社を代表して，Yとの間で上記賃貸借契約を合意解約（以下「本件合意解約」という）したうえ，Yに対し上記土地建物を明け渡すとともに，Yに対し書面で上記敷金の返還の催告（さいこく）（以下「本件催告」という）を行った。

昭和56年5月31日開催のX社の株主総会（以下「本件株主総会」という）は，Aが，招集権限を有しないにもかかわらず，役員選任決議等を会議の目的事項に定めて招集したものであった。しかしながら，上記会議の目的事項を知ったうえで委任状を交付して代理人を出席させた株主も含め，X社の株主10名全員がその開催に同意して出席し会議が開かれ，Aらを取締役に選任する旨の決議がされた。

上記決議によって選任された取締役により構成された昭和58年3月19日開催の取締役会において，Aのした本件合意解約および本件催告を追認する旨の決議がされるとともに，同月22日X社がYに対し追認の意思表示をしたうえで，Yに対して上記の敷金返還を求めた。

読み解きポイント

本件合意解約および本件催告は，X社を代表したAがその当時X社を代表する権限を有していなかったのだから，X社に効果が帰属しないのが原則であるものの，X社のしかるべき機関が追認すれば，X社に効果を帰属させることができ，それによりYのX社に対する敷金返還義務が発生することになる。本件では，昭和58年3月19日にX社の取締役会で決議をし，それに基づきX社からYに対しなされた意思表示により追認がなされたように見えるが，追認が適法であるというためには，適法に選任された取締役で構成された取締役会によって追認決議がなされている必要がある。要するに，Aらを取締役に選任する本件株主総会の決議が適法に成立していたか否かが，X社のYに対する敷金返還請求の成否に影響してくることになるのである。[*1]

＊1｜もっとも，本件のYは合意解約をしておきながら敷金返還を拒んでいるのであるから，仮に本件株主総会決議の効力が認められなかったとしても，信義則等何らかの理由を用いてYに返還が命じられていた可能性もあるが，本判決は本件株主総会の効力の問題として処理している。

判決文を読んでみよう

「商法が，231条〔会社法298条に相当〕以下の規定により，株主総会を招集するた

めには招集権者による招集の手続を経ることが必要であるとしている趣旨は，全株主に対し，会議体としての機関である株主総会の開催と会議の目的たる事項を知らせることによって，これに対する出席の機会を与えるとともにその議事及び議決に参加するための準備の機会を与えることを目的とするものであるから，(1)招集権者による株主総会の招集の手続を欠く場合であっても，株主全員がその開催に同意して出席したいわゆる全員出席総会において，株主総会の権限に属する事項につき決議をしたときには，右決議は有効に成立するものというべきであり……，また，(2)株主の作成にかかる委任状に基づいて選任された代理人が出席することにより株主全員が出席したこととなる右総会において決議がされたときには，右株主が会議の目的たる事項を了知して委任状を作成したものであり，かつ，当該決議が右会議の目的たる事項の範囲内のものである限り，右決議は，有効に成立するものと解すべきである。」

この考え方を本件の事実関係に当てはめれば「A らを取締役に選任する旨の本件株主総会における決議を有効と解すべきものであることは……明らかであり，したがって，右取締役により構成された取締役会のした……本件敷金返還の催告を追認する旨の決議は，いずれも有効というべきである」。

⇩ **この判決が示したこと** ⇩

招集権者による株主総会の招集の手続を欠く場合において，

① 株主全員がその開催に同意して出席し，株主総会の権限に属する事項につき決議をしたときには，その決議は有効に成立する。

② 代理人が出席することによって株主全員が出席したこととなる場合には，株主が会議の目的事項を知ったうえで委任状を作成しており，かつ，決議内容がその目的事項の範囲内である限り，決議は有効に成立する。

解説

I．本判決の意義

招集権者による適法な招集がないにもかかわらず，株主が全員集まった会合において株主総会の権限に属する何らかの事項を決定した場合，その決定は，株主総会の決議としての効力を有するだろうか。この問題につき，古くは効力を否定する判例（大判昭和 7・2・12 民集 11 巻 207 頁）も存在していたが，最判昭和 46・6・24 民集 25 巻 4 号 596 頁は，株主が 1 人しかいない会社（「一人(いちにん)会社」と呼ばれている）について，当該株主が出席すれば株主総会は成立し，招集手続を要しないと判示していた。

上記最判昭和 46・6・24 は一人会社という特殊な状況についての判断であったが，本判決では，**この判決が示したこと**の①②に記載したルールを示して，適法な招集手続がない場合であっても株主総会決議としての効力が認められる場合を広げた。これは，株主総会の招集手続は，株主に出席の機会と議事および議決に関する準備の機会を与えることを目的とするものなのであるから，それらの機会が事実上与えられているのであれば，法に則った手続により招集がされていなくとも，本人が出席した場合のみならず，本人の意向を受けた代理人が出席した場合についても，株主総会決議の効力を認めて問題はない，という理解に基づくものであると思われる。

Ⅱ．取締役会設置会社でない会社にも判決文(2)が示したルールは当てはまるか

取締役会設置会社の株主総会は，招集の際に示された目的事項以外の事項は決議できないという制限がある（309条5項）のに対して，取締役会設置会社でない会社については，そのような制限はない。本件は，取締役会設置会社の事案であり，したがって，株主は，会議の目的事項をあらかじめ知っていれば，事前に代理人に対して総会の議場における対応を指示することは比較的容易な事案であったと言える。これに対して，取締役会設置会社でない会社については，代理人を立てた株主が委任状を作成した際に想定していた事項以外の事項も議場で付議される可能性があるから，その場合に代理人が本人たる株主の意向を踏まえずに議決権を行使する危険性がありそうである。しかしながら，判決文(2)のルールは，代理人を出席させた株主があらかじめ認識していた目的事項の範囲内に限って決議の効力を認めるものであり，議場で突如付議された事項についてはその範囲外として効力を認めないのだと考えれば，本判決のルールが取締役会設置会社でない会社にも当てはまると考えても特に問題はなさそうである。[*2]

＊2｜もっとも，株主が委任状を作成した時点において想定されていた会議の目的事項の範囲がどこまでのものであったのかを画定するという難しい作業が必要となると思われる。

Ⅲ．本判決が示したルールと会社法に定められた他の制度との関係

本判決は，株主全員がその開催に同意して出席したいわゆる全員出席総会の決議の効力に関するルールを明らかにしたものである。

これに対して，会社法300条では，株主全員の同意があれば，招集手続を省略して株主総会を開くことができる旨が定められている。この規定は，招集手続の省略につき事前に株主全員の同意があれば，本人も代理人も出席しない株主がいたとしても，当該株主総会での決議は有効となることを示している。

また，会社法319条では，取締役や株主が株主総会決議事項に関して提案した場合に，書面や電磁的記録により株主全員がそれに同意したときは，当該提案を可決する株主総会決議があったものとみなす旨が規定されている。この規定は，会合を物理的にいっさい開かずに株主総会としての意思決定が行えるという制度である。

いずれも本判決が取り上げた全員出席総会とは異なる局面を想定した規定であり，混同しないように注意が必要である。

04 他の株主に対する招集手続の瑕疵と決議取消しの訴え

最高裁昭和42年9月28日判決（民集21巻7号1970頁）　▶百選36

事案をみてみよう

Y社は，昭和33年4月4日に臨時株主総会を開催し，取締役Xを解任することなどについて決議した（以下「本件決議」という）。しかしながら，Y社は，この株主総会の招集通知を株主Aに対して送付していなかったことから，Y社の株主でもあったXは，このAに対する招集通知の欠缺が招集手続の法令違反（831条1項1号）に該当するとして本件決議の取消しを求める訴えを提起した。

読み解きポイント

本件において，株主総会の招集手続の瑕疵があったのは，本件の決議取消しの訴えを提起したXではなく別人（A）であり，Xに対する招集手続の瑕疵は問題とされていない。このようなXであっても，X以外の株主に対する招集手続に瑕疵があれば，決議取消しの訴えを提起することが認められるだろうか。

判決文を読んでみよう

「株主は自己に対する株主総会招集手続に瑕疵がなくとも，他の株主に対する招集手続に瑕疵のある場合には，決議取消の訴を提起し得るのであるから，Xが株主たるAらに対する招集手続の瑕疵を理由として本件決議取消の訴を提起したのは正当であり，何等所論の違法はない。」

この判決が示したこと

株主は，自分に対する株主総会招集手続に瑕疵がなくても，他の株主に対する招集手続に瑕疵がある場合には決議取消しの訴えを提起できる。

解説

Ⅰ. 株主総会決議取消しの訴えの基本構造

会社法831条には，株主総会決議取消しの訴えという訴訟類型が定められている。株主総会の決議の内容や手続に法令・定款違反などの瑕疵がある場合には，そのような適正でない手続により成立した決議の効力を争う必要がある。しかしながら，判決の効力は訴訟の当事者間にしか生じないとする民事訴訟の一般原則（民訴115条参照）

をそのまま当てはめると，ある者との間では株主総会決議は有効であるが，他の者との間では無効であるといった状況が生じ，法律関係が混乱する。[*1] そこで，会社法では，第7編第2章で，会社の組織に関する訴えという特別の訴訟類型を設けて，会社の特定の決定や行為についての効力を争う場合には，効力を争うことのできる者（原告適格）や争うことのできる期間を限定するとともに，原告が勝訴した場合には，原告以外の第三者との関係においても効力が生じること（対世効（たいせいこう））を定めている（838条）。株主総会決議取消しの訴えも，この会社の組織に関する訴えの一類型であり，株主総会の招集手続や決議方法に法令・定款違反がある場合などに，株主や取締役が原告となって，当該株主総会決議の日から3か月以内に当該決議の取消しの訴えを提起することができると定められている（831条1項）。

*1｜たとえば，αさんという人を取締役に選任する甲社の株主総会決議に瑕疵があるとして，βさんがその無効の訴えを提起して勝訴した場合，βさんとの関係ではαさんは甲社の取締役でないと取り扱われる一方で，そのような訴えを提起（して勝訴）しなかったγさんとの関係ではαさんは甲社の取締役として取り扱われることになってしまい，甲社の運営が混乱することは想像に難くない。

Ⅱ．他の株主に対する招集手続の瑕疵を理由に瑕疵のない株主が取消訴訟を提起できるのはなぜか

一般の民事訴訟であれば，法的な紛争について当該紛争の当事者同士が争うのが通常であって，紛争に関係のない第三者は出る幕がないのが原則である。本事案においても，招集通知を受けなかったAと，送らなかったY社との間の紛争については，A対Y社の訴訟のみで解決すれば足りそうであり，自分に対する招集手続について瑕疵のないXがその紛争に口出しする必要はないとも考えられる。しかしながら，最高裁は，上記の判決文で述べているように，この場合，XもAに対する招集手続の瑕疵を理由に決議取消しの訴えを提起することができるとした。

判決文からは，なぜ自分に対する招集手続に瑕疵のないXにも取消しの訴えの提起を認める必要があるかは明らかではないが，学説では，次のような2通りの説明がされている。第1は，株主総会決議取消しの訴えは，株主が会社に対して法令・定款を遵守した運営を求めるためのものであるという株主総会決議取消しの訴えの性質から説明するものである。通常の民事訴訟のように違法な取扱いを受けた本人（＝本件の場合，招集通知を受けなかった株主A）の個人的な利益の救済手段として位置づけるのではなく，株主にはその地位に基づき認められる監督是正権の1つの道具として決議取消しの訴えの原告適格が与えられており，これを行使する機会は，直接自分の利益を害された株主に限らず与えられるべきであるとする考え方であるといえる。

第2は，他の株主への招集手続の瑕疵によって，公正な決議の成立が妨げられた可能性がある点を強調する見解である。わかりやすく言い換えるならば，もし送られなかった招集通知が送られていたら，それを受け取った株主が株主総会に出席して意見を述べることによって，決議の結果・内容が変わっていたかもしれず，そうであれば，そのような本来あるべき決議の結果・内容とは異なる決議が存在している現状をあるべき姿に戻すことについて，招集手続の瑕疵とは直接的には無関係な株主も利害関係を有していると考えるのである。

Ⅲ．本判決に反対する見解

本判決に賛成するⅡの見解に対して，本判決を批判する見解は，招集通知は株主の

利益のための制度であり，取消訴訟もあくまで株主の利益を保護する目的から認められるものであって，株主は直接自分の利益を害された場合しか決議の取消しの訴えができないとする。その背景には，株主が自分の利益の保護を超えて，会社全体のために訴権（株主総会決議取消しの訴えを提起する権利）を行使することは期待できないとする認識がある。

Ⅳ. どのような場合に裁判所は決議取消しを認めるべきか

ところで，本件のような招集手続の法令違反のほか，招集手続の定款違反，決議方法の法令・定款違反がある場合であっても，その違反事実が重大でなく，かつ，決議に影響を及ぼさないものである場合には，裁判所は決議取消しの訴えを棄却することができる（831条2項）という，「裁量棄却」と呼ばれる制度がある。

Ⅱで紹介した，本判決に賛成する考え方の2通りの説明は，同じことを言っているようであるが，前提となる制度趣旨に対する認識や議論の力点が微妙に異なっており，この力点の置き方の違いが，裁量棄却を認めるべきか否かの結論に差異を生じさせる可能性がある。

すなわち，第1の説明は，株主総会決議取消しの訴えは，あくまで違法な状況を除去するための手段であると考えているのに対して，第2の説明は，実際に成立した決議とは異なる内容の決議が成立する可能性がある点を重視しているといえる。たとえば，瑕疵ある招集手続の直接の被害者とも言うべき株主が当該瑕疵について容認している，あるいは異議をとなえていないといった事情がある場合，第2の説明からは，たとえその株主に適法な招集手続を行っていたとしても，決議内容は変わらないと言えそうであるから，他の株主による決議取消しの訴えを認めるべきでないという結論になりそうである。他方，第1の説明からは，別の内容の決議の成立可能性とは無関係に，違法な手続により成立した決議を除去するという点に重点があるのであるから，他の株主による決議取消しの余地をなお認めるべきであるという結論になりそうである。[*2]

本判決では，結論として，Aへの招集手続の瑕疵が「本件総会の決議に影響を及ぼさない」とはいえないと判断されたものの，どの程度の影響があれば取消しが認められるのかは明らかにはされていない。

＊2｜
仮に，他の株主による決議取消しの訴えを認める理由の説明として，実際に成立した決議とは異なる内容の決議の成立の可能性がある点を重視するのであれば，招集手続に瑕疵のあった株主がそのことを容認しているという事情は，まさに裁量棄却の要件における「決議に影響を及ぼさない」ものである点を重視して831条2項の適用を主張することになるであろう。他方，異なる内容の決議の成立の可能性とは切り離して，違法な状況を除去することに決議取消しの訴えの機能を見いだすとすれば，他の株主に対する招集手続の瑕疵は，たとえ「決議に影響を及ぼさない」ものであったとしても，「違反する事実が重大」であると評価して裁量棄却を認めないという取扱いを主張することになろう。

05 株主総会における議決権の代理行使

最高裁昭和51年12月24日判決(民集30巻11号1076頁) ▶百選37

 事案をみてみよう

発行済株式総数150万株のY社の定款(ていかん)には「株主……は他の出席株主を代理人として其(そ)の議決権を行使する事が出来る」と規定されている。Y社の株式をそれぞれ30万株，15万株，1万9000株保有するA県，B市およびC社は，それぞれの職員・従業員であるD，EおよびF（以下「Dら」という）を代理人として，昭和43年5月24日開催のY社の定時株主総会（以下「本件株主総会」という）に出席させ，それぞれの議決権を代理行使させた。Dら自身はY社の株主でなかったことから，Y社の株主Xは，本件株主総会においてなされた決議（以下「本件決議」という）はY社の上記定款規定に反してなされており決議取消事由があるとして，本件決議の取消しの訴え（831条1項1号）を提起した。

読み解きポイント

Y社の定款には，株主は，他の出席株主を代理人としてその議決権を行使することができるとのみ定められている以上，それ以外の代理人，具体的には株主でない代理人による議決権行使は認められていないと考えられることから，株主でない代理人Dらによる議決権行使はこの定款規定に違反するように見える。定款違反の方法による株主総会決議は決議取消事由である(831条1項1号)が，Dらの議決権行使に基づき成立した本件決議は取消しの対象となるであろうか。ならないとすれば，どのような理由でならないと考えるべきであろうか。

判決文を読んでみよう

「Y社の本件株主総会において，株主であるA県，B市，C社がその職員又は従業員に議決権を代理行使させたが，これらの使用人は，地方公共団体又は会社という組織のなかの一員として上司の命令に服する義務を負い，議決権の代理行使に当たって法人である右株主の代表者の意図に反するような行動をすることはできないようになっている」という事実関係の下においては，「株式会社が定款をもって株主総会における議決権行使の代理人の資格を当該会社の株主に限る旨定めた場合において，当該会社の株主である県，市，株式会社がその職員又は従業員を代理人として株主総会に出席させた上，議決権を行使させても，……右定款の規定に反しないと解するのが相当である。けだし〔考えてみると，といった意味〕，右のような定款の規定は，株主総会

が株主以外の第三者によって攪乱（かくらん）されることを防止し，会社の利益を保護する趣旨に出たものであり，株主である県，市，株式会社がその職員又は従業員を代理人として株主総会に出席させた上，議決権を行使させても，特段の事情のない限り，株主総会が攪乱され会社の利益が害されるおそれはなく，かえって，右のような職員又は従業員による議決権の代理行使を認めないとすれば，株主としての意見を株主総会の決議の上に十分に反映することができず，事実上議決権行使の機会を奪うに等しく，不当な結果をもたらすからである」。

この判決が示したこと

株主である地方公共団体や株式会社がその職員や従業員を代理人として株主総会に出席させた上，議決権を行使させた場合，当該職員・従業員が議決権の代理行使にあたって法人である株主の代表者の意図に反するような行動をすることはできないようになっているのであれば，株主総会において株主の議決権を行使する代理人は株主に限るとする定款の定めには反しない。

解説

Ⅰ．「代理人は株主に限る」旨の定款規定の有効性

会社法310条1項では，株主は代理人を通じて議決権を行使することができる旨が定められている。訴訟などの一部の例外を除き，本人の代わりにその権限を行使する代理人は本人が自由に選べるのが原則であり，会社法も，株主に代わって株主総会で議決権を行使する代理人（以下「議決権行使代理人」という）の資格に特に制限を設けているわけではない[*1]。しかしながら，実務上は会社の定款で議決権行使代理人の資格を株主のみに制限する規定（以下「代理人資格制限規定」という）が設けられている場合が多いことから，そもそも，定款に代理人資格制限規定を置くなどして議決権行使代理人の資格を制限すること自体が会社法上許されるのか，また，仮に許されるとした場合，どのような形の制限であれば許されるのかが問題となる。この問題に関して，最高裁判決（最判昭和43・11・1民集22巻12号2402頁〔百選32〕。以下「昭和43年最判」という）により代理人資格制限規定は有効との判断が示されて以来，実務上それを前提として運用されている。

*1 なお，会社法では，議決権行使代理人の人数を制限してもよいとする規定がある（310条5項）。これは，1人の株主が複数名の議決権行使代理人を選任するような場合に人数が膨らんで議場が混乱することを防止するためのものである。

Ⅱ．本判決の位置づけ

昭和43年最判では，定款規定による議決権行使代理人の資格の制限は，「合理的な理由がある場合」に，「相当と認められる程度の制限を加える」のであれば適法であるという一般論を前提として，事案における具体的な当てはめとして，株主総会の攪乱防止という理由に基づいて代理人資格制限規定が有効とされ，当該規定に反して株主以外の議決権行使代理人による議決権行使に基づき成立した株主総会決議が取り消された。

しかしながら，本判決の事案のように，企業（会社）や地方公共団体その他の法人が株主であるような場合，当該法人を代表すべき者（社長，市長，理事長といった人々）は多忙であることが多いため，その部下などに代わりに行ってもらわざるをえないところ，その部下が当該会社の株式を保有していることを一般的に期待することはできない。したがって，代理人資格制限規定は有効であるという昭和43年最判のルールを形式的に当てはめてしまうと，そのような法人は議決権行使が極めて困難となりかねない。そこで，本判決では，これらの使用人が，組織のなかの一員として上司の命令に服する義務を負い，議決権の代理行使に当たって法人である株主の代表者の意図に反するような行動をすることができないようになっている場合には，株主総会が撹乱されるおそれはないため，そのような法人の使用人が株主総会で議決権を行使しても定款の代理人資格制限規定に反しないとした。

要するに，本判決は，定款の代理人資格制限規定は有効としたうえで，株主以外の代理人による議決権行使を認めないと当該株主の議決権行使の機会を奪うことになりかねないことを実質的な理由として示しつつ，株主総会を撹乱しないような者であれば議決権行使代理人として認めても代理人資格制限規定には反しないという形で，代理人資格制限規定をその目的に即して縮小解釈したわけである。

Ⅲ. 本判決以降の裁判例の動向

しかしながら，定款に代理人資格制限規定が置かれていたとしても株主以外の者による議決権の代理行使を認める本判決の論理からすると，今度は，株主総会を撹乱しないような立場の者については，代理人として議決権を行使させなければならないのではないか，という問題が生じてくる。これに関して，神戸地尼崎支判平成12・3・28判タ1028号288頁は，弁護士が株主総会を混乱させるおそれがあるとは一般的に認め難いことを理由として，弁護士を代理人とした議決権行使を認めないことは違法であるとした。しかしながら，他方で，株主以外の属性で代理人資格の有無を判断するとなると，株主総会の会場で代理人の資格の有無をいちいち確かめなければならず，株主総会の受付事務を混乱させ，円滑な株主総会の運営を阻害することも懸念される。[*2] そのような観点から，職種を根拠に代理資格制限規定の例外を認めることに消極的な裁判例もある（宮崎地判平成14・4・25金判1159号43頁，東京高判平成22・11・24資料版商事法務322号180頁）。

このように，代理人資格制限規定は有効であるという昭和43年最判が定立した判例法理を前提としても，当該規定の具体的な運用，すなわち，株主以外にどのような者を議決権行使代理人として認めるべきかについての判断は大きく揺れている。そのような判断は，結局のところ，議決権行使機会の確保という株主の利益と，株主総会の混乱防止や事務処理の円滑といった会社の利益のどちらをより重視するかの問題であると言えるが，その判断に際しては，株主が多数存在する上場会社か，株主が限られた少人数のみとなるような全株式譲渡制限のついた会社か，といった会社の属性に応じて区分して検討する必要があるとの主張が有力である。もっとも，そのように区分して検討したとしても，なお難しいバランスが要求されることに変わりはなく，一筋縄ではいかない問題である。[*3]

＊2
本件では，資格がないかもしれない代理人が議決権を行使したことが問題とされたが，他方，資格があるかもしれない代理人に議決権行使をさせなかった場合にも，決議方法の法令・定款違反あるいは著しい不公正として決議取消しが問題となる。微妙な場合にとりあえずどちらかに決め打ちして処理（たとえば，資格があるかないかわからない場合にはとりあえず資格があるものとして取り扱う，といった処理）をすればよい，とはならない点が，この問題の実務的な難しさなのである。

＊3
たとえば，公開会社でない会社（全株式譲渡制限会社）については，株主間の関係が密であるため株主以外の者を排除して株主総会を開催すべき要請が高く，そのような観点からは代理人を株主に限るとする定款規定を厳格に運用することは望ましいと考えられる。しかし，そのような厳格な運用は，孤立して他の株主と連携のとれない株主による議決権の代理行使を困難にすることにもなる。他方，上場会社については，定時株主総会が6月下旬に集中する傾向があることからすれば，自然人の株主であっても本人が実際に株主総会に出席することには限界がある以上，代理人資格の制限を緩やかに解したほうが株主の議決権行使の実効性という観点からは望ましいと考えられる。その反面，会社側としては，総会の議場で多数の株主の受付をしなければならないことを考えれば，事務処理の効率性の観点を無視することも難しいだろう。

06 取締役の説明義務の対象

東京スタイル株主総会決議取消訴訟事件

東京地裁平成16年5月13日判決(金判1198号18頁)

事案をみてみよう

X社は，投資運用会社であり，Y社の株主である。Y社の定時株主総会の取締役選任議案（以下「本件議案」という）の審議に際して，X社の代表者AおよびY社の従業員Bが，Y社が行った有価証券投資に関する監視義務の履行に関して質問したのに対して，議長（Y社代表取締役）は，AとBの質問に一通り回答したものの，Bによるさらに詳細な説明の求めには応じず，そのまま採決が行われ，本件議案が可決された。X社は，取締役の説明義務違反を理由としてこの株主総会決議の取消しを求めた。

読み解きポイント

取締役は，株主総会において，株主から特定の事項について説明を求められた場合には，当該事項について必要な説明をしなければならず(314条)，これに違反する場合には決議方法の法令違反として株主総会決議取消事由(831条1項1号)となる。この説明は，どのような内容について，どの程度までする必要があるだろうか。特に，本件のAやBは，投資運用業に従事する者であるから，有価証券投資のプロであってそれに関する前提知識は他の株主よりも豊富であると思われるところ，Y社の取締役としては，AやBが理解できる程度の説明をすれば足りるのであろうか，それとも有価証券投資のプロではない他の株主が理解できるまで説明をしなければならないだろうか。

判決文を読んでみよう

「取締役及び監査役が負うとされる説明義務の範囲と程度の問題について検討すると，……定時株主総会においては，会議の目的たる事項は，報告事項であると決議事項であると問わず，その範囲に含まれることからすると，同条項〔商法237条の3第1項（会社法314条に相当）〕ただし書を形式的に適用した限りでは，取締役及び監査役が説明を拒み得る事項は，限定されざるを得ないことになる。しかし，……一方で，商法247条1項1号〔会社法831条1項1号に相当〕が，決議の方法が法令に違反したときには，決議の取消しを請求できると定めており，取締役及び監査役の説明義務の違背が決議の取消事由とされていることからすると，ここでいう(1)説明義務の範囲と程度には自(おの)ずから限度があり，株主が会議の目的たる事項の合理的な理解及び判断をするために客観的に必要と認められる事項（以下「実質的関連事項」という）に限定されると解すべきである。」

「[(2)]合理的な理解及び判断を行い得る状況にあったかどうかを判断するに当たっては，……原則として，平均的な株主が基準とされるべきである。なぜなら，説明義務違反が……決議取消事由とされ，裁判所の審査に服する以上，その判断基準には客観性が要求され，また……説明の相手方が多数人であることを考え併せると，当該質問株主や当該説明者の実際の判断を基礎とすることは妥当ではないからである。」そして，その判断にあたっては，「質問事項が本件各決議事項の実質的関連事項に該当することを前提に，当該決議事項の内容，質問事項と当該決議事項との関連性の程度，質問がされるまでに行われた説明（事前質問状が提出された場合における一括回答など）の内容及び質問事項に対する説明の内容に加えて，[(3)]質問株主が既に保有する知識ないしは判断資料の有無，内容等をも総合的に考慮して，審議全体の経過に照らし，平均的な株主が議決権行使の前提としての合理的な理解及び判断を行い得る状態に達しているか否かが検討されるべきである。」

⇩ この判決が示したこと ⇩

① 取締役の説明義務の対象は，株主が会議の目的である事項の合理的な理解および判断をするために客観的に必要と認められる事項に限定される。

② 合理的な理解および判断ができる状況にあったかどうかを判断するにあたっては，原則として，平均的な株主が基準とされるべきであるが，その判断にあたっては，質問株主がすでにもっている知識等も考慮することができる。

解説

Ⅰ．取締役の説明義務

取締役は，株主総会において，株主から特定の事項について説明を求められた場合には，当該事項について必要な説明をしなければならない（314条）。これは，会議においてその参加者が審議事項について質問できるのは当然であるところ，これを取締役の説明義務という形で裏側から規定したものであるとされる。

もっとも，会社法314条の規定は，株主が質問をした場合に説明義務が発生する，という構造であるため，これを裏返して考えれば，株主が質問しない事項についての説明義務は生じないということになる（東京高判昭和61・2・19判時1207号120頁〔百選35〕参照）。したがって，株主からの質問を受けたうえでそれに対する説明が不十分である場合には説明義務違反となり，決議方法の法令違反という決議取消事由となるのに対して，そもそも株主に質問させなかった場合には少なくとも説明義務違反は問題とはならない（問題になるとすれば決議方法の不公正として決議取消事由となるか否かである）。

Ⅱ．説明義務の対象

Ⅰで述べた株主の質問権およびそれに対応する取締役の説明義務は，あくまで議題あるいは議案の審議のために認められるものであることから，取締役が説明すべき対象[*1]も，その目的のために必要十分なものであれば足りると考えられる。本判決においても，取締役の説明義務について，株主が会議の目的たる事項の合理的な理解および判断をするために客観的に必要と認められる事項（「実質的関連事項」）に限定されるとしたのも，そのような趣旨であると解される。ここで「客観的に必要」とされていることの意味は，株主自身が審議するうえで必要だと考えている事項であっても，客観的にみて必要でないと評価された場合には説明義務の対象からは外れるということである。

Ⅲ. 質問株主に特有の事情を考慮することができるか

では，取締役の説明によって株主が会議の目的事項の合理的な理解および判断ができる状況となったか否かは，どのようにして判断すべきか。この問題につき，本判決は，原則として「平均的な株主」が基準とされるべきである旨を述べつつ，その判断にあたっては，質問株主がすでにもっている知識等も考慮することができるとする。

まず，原則として平均的な株主を基準に判断する（以下「平均的株主基準」という）という点については，多くの裁判例がとる考え方であるとされる。平均的株主基準は，簡単にいえば，質問株主の理解力が出席している平均的株主よりも劣っていることを理由として（あるいは質問株主自身が理解していないことを主張して）繰返しの説明を要求することを阻止する機能を果たすことになる。

これに対して，質問株主がすでにもっている知識等も考慮してよいかという問題は，上とは逆に，よく知っている人が質問した場合にはあまり詳しく説明しなくてもよい（平均的株主が理解できるまで説明しなくてもよい）ということを認めるか否かという問題である。本判決はこれを認めており，それに賛同する見解もあるが，平均的株主基準と，質問株主の知識も考慮してよいとする考え方とでは，会社法314条によって取締役が行うべき説明は誰に向けられたものであるかについての相容れない発想に基づいており，したがって，両者を併用するのは矛盾であるとの批判がある。すなわち，平均的株主基準による場合には，質問者が誰であろうと取締役の説明は総会の議場（出席者）全体に向けられるべきものとしてとらえられているのに対して，質問株主の知識も考慮してよいと考える場合には，取締役の説明はあくまで質問をした株主に対して向けられるべきものとしてとらえられていると考えられる。

＊1｜
本判決は，取締役の説明義務の「範囲と程度」についての考え方を示している。説明義務の「範囲」は説明のテーマを，「程度」は説明の態様を示していると考えれば，両者は区別できるようにも見えるが，実際には両者を明確に区分することは困難である。例えば，取締役の選任議案に関して，Aという人物がその会社の取締役にふさわしいか否かを評価する資料となる事項かどうか，が説明義務の「範囲」の問題であり，その事項をどこまで詳しく説明するかが「程度」の問題だと一応は説明できるものの，両者は，結局，Aという人物の行状をどこまで細かく説明しなければならないか，という点では同じ問題だと言える。それにもかかわらず「範囲と程度」という表現を用いると，あたかも2つの基準が別々に存在するかのような印象を生じさせるものでもある（本判決も「範囲と程度」とを分けて議論することはしていない）ことから，以下の本文の説明も，「説明義務の範囲と程度」という1つの基準を示すものとして，「説明義務の対象」という語を用いている。

07 議決権行使の勧誘と利益供与 モリテックス事件

東京地裁平成19年12月6日判決（判タ1258号69頁） ▶百選34

 事案をみてみよう

Y社（株式会社モリテックス）はレンズ等の光応用機器事業等を行う株式会社であり，その発行する株式を東京証券取引所市場第一部に上場している。XはY社の株式の11.31%を保有する第1順位株主である。AはY社の株式の8.29%を保有する第2順位株主である。

Y社の定時株主総会（以下「本件株主総会」という）について，XとAは共同で株主提案権を行使し，B_1からB_8を候補者とする「取締役8名選任の件」およびC_1からC_3を候補者とする「監査役3名選任の件」（以下，併せて「本件株主提案」という）を本件株主総会の目的とすることを請求した。また，XはY社の株主に対して委任状を送付し，議決権の代理行使の勧誘を開始した。[＊1]

Y社は，Y社株主に対して，招集通知，議決権行使書面および「『議決権行使』のお願い」と題する書面（以下「本件書面」という）を発送した。招集通知には第2号議案としてD_1からD_8を候補者とする「取締役8名選任の件」（以下「第2号議案」という）が，第3号議案としてE_1からE_3を候補者とする「監査役3名選任の件」（以下，併せて「本件会社提案」という）が，第4号議案および第5号議案として本件株主提案が記載されていた。

〔会社提案〕

第2号議案
「取締役8名選任の件」
（候補者：D_1からD_8）
第3号議案
「監査役3名選任の件」
（候補者：E_1からE_3）

〔株主提案〕

第4号議案
「取締役8名選任の件」
（候補者：B_1からB_8）
第5号議案
「監査役3名選任の件」
（候補者：C_1からC_3）

本件書面には，有効に議決権行使をした株主1名につきQuoカード1枚（500円分）を贈呈（以下「本件贈呈」という）する旨が記載されるとともに，「各議案に賛成された方も，反対された方も，また委任状により議決権を行使された株主様にも同様に贈呈いたします。」との記載がされていた。

その後，Y社はY社株主に対し，「『議決権行使書』ご返送のお願い」と題するはがき（以下「本件はがき」という）を送付した。本件はがきには，「議決権を行使（委任状による行使を含む）して頂いた株主様には，Quoカードを進呈致します。」との記載がされるとともに，「是非とも，会社提案にご賛同のうえ，議決権を行使して頂きたくお願い申し上げます。」との記載がされていた。

＊1｜「議決権の代理行使の勧誘」というのは，Xが，Y社の他の株主から，「自分の代理人として株主総会で議決権を行使してください」という内容の委任状を取得しようとしているということである。この委任状を手に入れることができれば，自分の持っている議決権に加えて，委任状をくれた株主が持っている議決権についても行使することができるため，対立する提案が行われている場合には，提案を行っている双方の当事者がそれぞれ委任状を取得しようとする，いわゆる「委任状合戦」が行われることもある。

本件株主総会においては，本件会社提案が承認され，本件株主提案は否決された。

Xは，本件会社提案を可決した本件株主総会決議の取消しを求める株主総会決議取消しの訴えを提起した。Xの主張は多岐にわたるが，そのうちの1つは，Y社による本件贈呈の申出は違法な利益供与の申出にあたり，これを手段として議決権行使の勧誘を行ったことは違法であって，株主総会の決議の方法が法令に違反し，または著しく不公正なときにあたるという主張であった。[*2]

*2 会社法831条1項1号により，株主総会の決議の方法が法令に違反する場合には，決議の取消事由となる。Xは，決議の方法が会社法120条に違反するとして，決議の取消しを求めているのである。紙幅の都合上，本解説ではXのその他の主張については取り上げない。

読み解きポイント

会社法120条により，株主権の行使に関する利益供与は禁止されている。本件のQuoカードの贈呈は，禁止されている利益供与に該当するだろうか。

判決文を読んでみよう

「会社法120条1項は，『株式会社は，何人に対しても，株主の権利の行使に関し，財産上の利益の供与（当該株式会社又はその子会社の計算においてするものに限る。……）をしてはならない。』と規定している。同項の趣旨は，取締役は，会社の所有者たる株主の信任に基づいてその運営にあたる執行機関であるところ，その取締役が，会社の負担において，株主の権利の行使に影響を及ぼす趣旨で利益供与を行うことを許容することは，会社法の基本的な仕組に反し，会社財産の浪費をもたらすおそれがあるため，これを防止することにある。

そうであれば，株主の権利の行使に関して行われる財産上の利益の供与は，原則としてすべて禁止されるのであるが，上記の趣旨に照らし，(1)当該利益が，株主の権利行使に影響を及ぼすおそれのない正当な目的に基づき供与される場合であって，かつ，(2)個々の株主に供与される額が社会通念上許容される範囲のものであり，株主全体に供与される総額も会社の財産的基礎に影響を及ぼすものでないときには，例外的に違法性を有しないものとして許容される場合があると解すべきである。」

「本件贈呈が例外的に違法性を有しないものとして許容される場合に該当するか否かについて検討する。」

「個々の株主に対して供与されたQuoカードの金額は500円であり，一応，社会通念上許容される範囲のものとみることができる。また，株主全体に供与されたQuoカードの総額は452万1990円であるところ……経常利益が3億5848万8000円，総資産が150億7296万5000円，純資産が76億8043万6000円であること……中間配当及び期末配当の総額はそれぞれ6912万3500円……であることと比較すれば，上記の総額は会社の財産的基礎に影響を及ぼすとまではいえない。」

「しかしながら，……Y社が議決権を有する全株主に送付した本件はがきには，『議決権を行使（委任状による行使を含む）』した株主には，Quoカードを贈呈する旨を記載しつつも，『【重要】』とした上で，『是非とも，会社提案にご賛同のうえ，議決権を行使して頂きたくお願い申し上げます。』と記載し，Quoカードの贈呈の記載と重要事項の記載に，それぞれ下線と傍点を施して，相互の関連を印象付ける記載がされていることが認められる。

また……Y社は，昨年の定時株主総会まではQuoカードの提供等，議決権の行使を条件とした利益の提供は行っておらず，Xとの間で株主の賛成票の獲得を巡って対立関係が生じた本件株主総会において初めて行ったものであることが認められる。」

「本件は，Xら及びY社の双方から取締役及び監査役の選任に関する議案が提出され，双方が株主の賛成票の獲得を巡って対立関係にある事実であること及び上記の各事実を考慮すると，本件贈呈は，本件会社提案へ賛成する議決権行使の獲得をも目的としたものであると推認することができ，この推認を覆すに足りる証拠はない。」

「以上によれば，本件贈呈は，その額においては，社会通念上相当な範囲に止（とど）まり，また，会社の財産的基礎に影響を及ぼすとまではいえないと一応いうことができるものの，本件会社提案に賛成する議決権行使の獲得をも目的としたものであって，株主の権利行使に影響を及ぼすおそれのない正当な目的によるものということはできないから，例外的に違法性を有しないものとして許容される場合に該当するとは解し得ず，結論として，本件贈呈は，会社法120条1項の禁止する利益供与に該当する」。

「本件株主総会における本件各決議は，会社法120条1項の禁止する利益供与を受けた議決権行使により可決されたものであって，その方法が法令に違反したものといわざるを得ず，取消しを免れない。」

⇩ この判決が示したこと ⇩

① 株主への利益の供与は，会社法120条により原則として禁止されるが，例外的に，①その目的が，株主の権利行使に影響を及ぼすおそれのない正当な目的であり（下線⑴），かつ，②その金額が社会通念上許容される範囲のものであり，会社の財産的基礎に影響を及ぼすものでないとき（下線⑵）には，違法性のないものとして許容される場合がある。

② 本件でのQuoカードの贈呈は，②の金額に関する要件は満たすが，①の目的については，会社提案に賛成する議決権行使を獲得することを目的にしているため，正当な目的とはいえず，①の要件を満たさない。

解説

Ⅰ．株主に対する利益供与が禁止される理由

会社法120条1項は「株式会社は，何人に対しても，株主の権利……の行使に関し[＊3]，財産上の利益の供与……をしてはならない」と定めており，これに違反した場合には取締役は利益供与の金額に相当する額を会社に支払う義務を負うと規定されているほか（120条4項），罰則も設けられている（970条）。

それでは，そもそもなぜ，株主に対する利益供与は禁止されているのだろうか[＊4]。本判決で下線を引いた部分で示されているように，理由は大きく分けて2つある。株主総会の場合を想定すると，1つは会社運営や株主の権利行使の健全性の確保であり，もう1つは会社財産の浪費（＝無駄遣い）を防ぐことである。

1つ目の点に関しては，次の点を理解しておきたい。株式会社では，株主が株主総

＊3 ここでいう「株主の権利の行使に関し」とは，株主の権利行使に影響を及ぼす意図・目的で，という意味だと理解されている。この点が要件となっているのは，利益供与の禁止は，株主による議決権等の権利の行使が金銭等の供与によって歪められないようにすることを目的としているためである。株主総会において特定の方法で議決権を行使してほしい（例えば，会社提案に賛成してほしい）と依頼して株主に金品を供与したような場合には，この「株主の権利の行使に関し」の要件に該当すると考えられる。「株主の権利の行使に関し」の要件が問題とされた有名な裁判例としては，例えば，最判平成18・4・10民集60巻4号1273頁（百選14）がある。

＊4 もともと，会社法（当時は商法）に利益供与の禁止についての規定が導入されたのは，いわゆる「総会屋」に金品を供与することを禁止するためだったといわれている。総会屋とは株主としての権利行使を手段にして会社へのゆすり行為をする者のことをいい，例えば，株主総会をトラブルなく終わらせたいという経営者の気持ちにつけ込んで，「利益を提供してくれれば，会社提案に賛成する発言を行う」「利益を提供してくれないと，会社提案に反対する発言を繰り返す」と申し入れたりする。近年では総会屋の活動は沈静化しているとされる。

会で議決権を行使して取締役を選び，その取締役に会社の経営を任せるという仕組みになっている。会社の経営がうまくいって利益が上がった場合に剰余金の分配や株式の価値の上昇によって利益を受けるのは株主であるため，株主としては有能な者に取締役になってもらいたいと考えているはずであり，株主が取締役を選ぶ仕組みにしておけば，株主は適切な取締役を選ぶはずである，という考え方がその背景にはある。それにもかかわらず，例えば，会社側（＝取締役側）が次の株主総会でも引き続き自分たちを取締役に選んでほしいという希望をもって株主に対して利益の供与（例えば金銭の給付）をし，これに影響された株主が会社側の希望どおりに議決権を行使してしまうと，上記の会社法の基本的な仕組みが働かなくなってしまう。

Ⅱ. 本判決が示した基準

本判決は株主の権利の行使に関して財産上の利益を供与することは原則として禁止されるが，①目的と②金額に関する一定の要件を満たす場合には，例外的に許容される場合があることを示した。[*5]

そのうえで，本件でのQuoカード500円分の提供は，500円という金額は多くなく，また会社の利益や資産，配当の金額と比較した場合には，Quoカードを提供したことが会社の財産的基礎に影響を及ぼすともいえないために②の要件は満たすが，①の要件を満たさないため，違法な利益供与であると判断した。①との関係で，裁判所は，本件では株主Xからの提案とY社側の提案が対立していたことや，Y社が株主に対して送付した本件はがきにおいて，議決権を行使したらQuoカードを提供するという説明とともにY社側の提案に賛成してほしいことが強調されていたことを認定している。こうした事実を踏まえ，今回のY社によるQuoカードの供与には，株主による議決権行使に影響を与える目的があったと認定したと理解できる。

＊5 利益供与の禁止との関係で問題になりうるのが，会社が株主に対して自社の商品や割引券を提供すること（株主優待）や，株主総会に出席した株主に対してお土産を提供することである。これらは日本の多くの会社で慣行的に行われており，厳密にいえば利益供与になる可能性がありそうだが，違法な利益供与にはあたらないという考え方が強い。その理由を本判決の基準に沿って説明すると，①株主優待や株主総会でのお土産は，個人投資家に株主になってもらう目的や，株主総会への出席者を増やして議決権行使を促進する目的で行われるものであって，その目的は不合理ではないこと，②株主優待や株主総会でのお土産として供与されるのは通常は当該会社の商品（食品や食事券）などであり，金額としても多額ではないこと，という点が挙げられるだろう。

Introduction 3

Contents

I-1 法人
I-2 株主総会
ココ! I-3 取締役
I-4 取締役会
I-5 役員の会社に対する責任
I-6 役員の第三者に対する責任

取締役

僕，株式会社 KFM を設立した時からずっと，「取締役」っていうのになってるんだよね。いまさらだけど，それって一体どういう立場なのかな？　お給料ってもらえるのかな？

監査役設置会社において，実際の業務運営については，重要事項は取締役で構成される取締役会（なお，議決権はないが監査役も出席する）が決定し，それ以外の日常的な事項の意思決定および意思決定の執行は代表取締役・業務執行取締役等の取締役が行う。

このように，会社運営において重要な役割を担う取締役は，会社との関係では，他人のために事務処理を行う委任関係（民法第 3 編第 2 章第 10 節）と同様の関係に立つとされている（会社 330 条参照）が，会社法では，民法のルールが変更あるいは詳細化されている場合がある。ここでは，その具体的なルールについての裁判例を見ていく。

まず，取締役は株主総会で選任され解任される（会社 329 条 1 項，339 条 1 項）。解任については，いつでも可能ではあるが，その際「正当な理由」がなければ取締役は会社に対して損害賠償請求ができる（会社 339 条 2 項）とされていることから，どのような場合に「正当な理由」があるかが問題となる〔→判例 **08**〕。

また，取締役は，会社に対して善管注意義務（会社 330 条，民 644 条）および忠実義務（会社 355 条）を負っている。その内容の 1 つとして，会社の利益を犠牲にして，自己または第三者の利益を図ってはならないという義務を負っていると解されている[*1]ところ，そのような義務に関する会社法の具体的なルールとして，競業取引規制と利益相反取引規制がある（会社 356 条）。それぞれについて，どのような行為が規制の対象となるかが問題となる〔→判例 **09**・判例 **10**〕。

他方で，委任関係においては別段の定めがなければ受任者は報酬を受け取れないのが原則である（民 648 条 1 項）が，取締役は職務執行の対価として報酬が支払われるのが通常である。取締役に報酬を支払う際には株主総会の決議が必要である（会社 361 条）が，その際，一人一人の取締役の報酬を個別に決定しないといけないかといった点が問題となる〔→判例 **11**〕。

＊1｜
なお，会社法330条，民法644条が定める善管注意義務と会社法355条が定める忠実義務とは，別個の義務を定めたものではないとするのが判例の立場である（最大判昭和45・6・24民集24巻6号625頁〔判例 **01**〕参照）が，取締役と会社との間で利害が対立する状況において取締役が私利を図らないといった義務のことを特に示すために，「忠実義務」という表現が用いられることも多い。

08 取締役の解任

最高裁昭和57年1月21日判決（判時1037号129頁）　▸百選44

事案をみてみよう

実質的にＸとＡの共同経営下にあるＹ社（発行済株式8000株のうち，Ｘが4350株，Ａが2350株を保有）の代表取締役はＸであり，ＡとＸの妻が取締役を務めていた。

Ｘは，自らの病状が悪化して，療養に専念するため，その持株すべてをＡに譲渡するとともに，ＸはＹ社の代表取締役を辞任し，代わりにＡが代表取締役に就任することが取り決められ，昭和52年9月21日，Ａを代表取締役に選任（現行法では選定）する取締役会決議があった旨の議事録も作成された。昭和52年10月31日，Ａは臨時株主総会を招集し，Ｘを取締役から解任した。これに対して，Ｘは，本件解任には正当な理由がないとして，昭和52年10月分から昭和54年5月分までの20か月分の役員報酬金700万円の損害賠償を請求した。

読み解きポイント

昭和52年9月21日の時点でXは代表取締役を辞任しただけであり，なお取締役としての地位にとどまっていた。この取締役としての任期は昭和54年5月までのようであり，任期途中の昭和52年10月31日に解任された場合，「正当ノ事由」がなければY社はXに対してその生じた損害を賠償しなければならない（平成17年改正前商法257条1項但書〔会社法339条2項に相当〕）。本事案において，正当な理由があると言えるだろうか。

判決文を読んでみよう

原審が適法に確定した事実関係のもとにおいては，「Ｙ社によるＸの取締役の解任につき商法257条1項但書にいう正当な事由がないとはいえないとした原審の判断は，正当として是認することができる」。

この判決が示したこと

持病が悪化したオーナー取締役が，会社の業務から退き療養に専念するため，その有していた会社の株式全部を他の取締役に譲渡し，当該他の取締役と代表取締役の地位を交替した後，当該他の取締役が経営陣の一新を図るために開催した臨時株主総会の決議により取締役から解任された場合には，その解任には正当な理由がないとはいえず，会社は，解任された取締役に対して損害賠償責任を負わない。

解説

Ⅰ．取締役の解任における「正当な理由」の機能

会社がどのような場合に取締役を解任することができるか，という問題は，取締役の地位の保護とでもいうべき問題である。外国法では正当な理由がないと解任できないとする立法もあるが，日本法では，いつでも株主総会決議[*1]によって解任できるとされている（339条1項）から，「正当な理由」がなくとも解任自体は可能とされる一方，「正当な理由」がなければ取締役は会社に対して損害賠償請求ができる。この損害賠償請求に関して，会社の故意や過失は必要とされていない。損害賠償の範囲は，任期の残りの期間と任期満了時に取締役を解任されていなければ得られたであろう利益の額であるとされ，具体的には任期満了までの期間得られたであろう報酬相当額などがこれに含まれることになる。

損害賠償は，文字どおり取締役の損害を賠償するためのものであるが，会社の側から見れば，解任に伴って支払わなければならないコストとなるから，賠償の認められやすさやその金額次第では，取締役の解任をためらわせるという形で間接的に取締役の地位を維持する機能を有することになる。そして，賠償の認められやすさは，「正当な理由」としてどこまでのものが認められるかに依存する。この「正当な理由」の内容の幅と，損害賠償の認められやすさ・認められにくさ，その反射的効果としての取締役の解任されやすさ・されにくさとの関係はややこしいので，以下の表をしっかりと頭に入れておいてほしい。

正当な理由の内容	損害賠償の認められやすさ	取締役の解任されやすさ
広い	認められにくくなる	解任されやすくなる
狭い	認められやすくなる	解任されにくくなる

＊1｜
これは通常いわゆる普通決議で足りる（341条）。

Ⅱ．「正当な理由」の内容

会社法339条2項の「正当な理由」とは，不正・違法行為の存在や業務執行能力の欠如といった事情に限られるというのがX側の主張であったが，原審はこれを排除し，本判決も原審の判断を是認している。

「正当な理由」にあたるものとして，不正・違法行為の存在，本件のような長期の病気休養や，職務不適任[*2]などがある。これに対して，経営判断に失敗したことが「正当な理由」として認められるかについては争いがある。肯定説は，経営判断の失敗について当該取締役にペナルティを与えようとしても，会社が被った損害について当該取締役に賠償を求めるのは経営判断の原則により困難であることが多いため，解任が選択肢として重要であるにもかかわらず，経営判断の失敗は「正当な理由」にならないとされてしまうと，逆に取締役に損害賠償を支払わなければならなくなり問題であるとする。他方，否定説は，経営判断の失敗が「正当な理由」を通じて報酬請求権の喪失に結びつけられることで，経営判断が制約されることを懸念している。

＊2｜
東京高判昭和58・4・28判時1081号130頁。

09 取締役の競業避止義務

山崎製パン事件

東京地裁昭和56年3月26日判決（判時1015号27頁）　▸百選55

事案をみてみよう

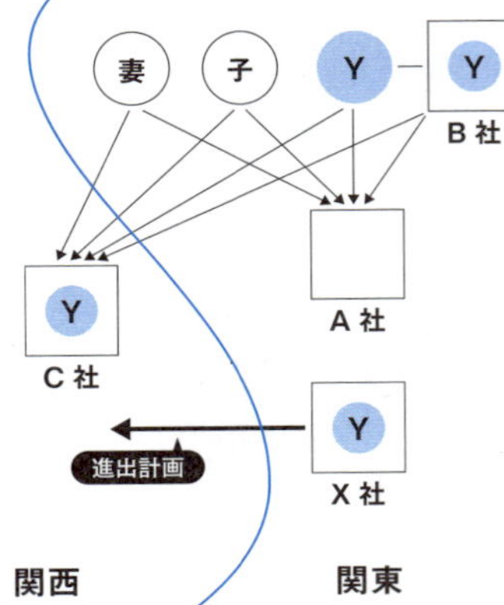

X社は，千葉県下を含む関東一円をその販売区域とするパン，菓子類の製造および販売を行う株式会社であり，YはX社設立以来代表取締役である。

A社は，X社と同様，パン，菓子類の製造および販売を業とし，東京都下および千葉県下でその製品を販売する会社であるが，Yは，自らやその妻子，Yが経営するB社（以下「Yら」という）を通じてA社の株式を他の会社から譲り受け，Y自身はA社の取締役等には就任しなかったものの，絶対的な存在としてA社に君臨し，その経営を意のままに動かした。

他方，X社は，かねてより関西市場への進出を企図して具体的にその市場調査等を進めていたところ，Yは，Yらが全株を保有する別会社（C社）を設立し，代表取締役として関西地区において製パン事業を営んだ。

Yのこれらの活動に関して，X社の取締役会は承認を与えていなかった。

X社は，Yに対し，競業避止義務違反を理由にYらが得た利益相当額の損害賠償を求めた。*1

＊1｜
実際の事案では，X社はYらが保有していたA社およびC社の株式の引渡しを求め，裁判所もこれを認めている。このような解決方法は，A社およびC社が将来的に獲得する利益を含めてX社に帰属させることができる点で，X社の保護に厚い救済であるといえる。もっとも，その法律構成は複雑であることから，本書では請求内容を大幅に簡略化して説明している。

読み解きポイント

A社はX社と市場が競合する事業を営んでいるが，X社の取締役であるYがこの会社を自分の支配下に収めることは，X社との関係で問題はないのだろうか。また，X社がこれから進出しようとしていた地域に，YがC社を作って勝手に事業進出してしまったために，X社は当初の予定に沿った事業展開ができなくなってしまうが，そのようなYの行為はX社との関係で問題はないのだろうか。

判決文を読んでみよう

「Yが……X社の代表取締役であったこと，A社がX社と同種の営業をするものであること，及び東京，千葉を含む関東一円がX社の市場であったことは，当事者間に争いがなく，Yが……A社の事実上の主宰者〔中心となって運営する人〕として，これを経営してきたことは，先に認定したとおりである」ところ，「Yの右行為は，第三者であるA社のために，X社の営業の部類に属する取引をしてきたことに外ならず，……X社に対する競業避止義務に違反することは明らかである。」

「Yは，X社の代表取締役として，善良な管理者の注意をもって会社を有効適切に運営し，その職務を忠実に遂行しなければならない義務があるのに，X社の人的，物的，資金的資源を利用しながら，……C社をX社と全く資本関係のない会社として設立し，X社が自ら又は子会社により関西に進出する機会を奪い，C社……の代表取締役として，X社との競業行為を行ったことは，……X社に対する取締役としての忠実義務，したがって善管注意義務に違背することは明らかである。」

この判決が示したこと

① 会社の取締役が当該会社の承認を得ることなく当該会社と市場が競合する会社の事実上の主宰者となることは，取締役としての義務違反にあたる。

② 会社が進出しようとしていた地域に競合会社を設立して当該地域へ進出する機会を奪うことは，取締役の善管注意義務に反する。

解説

Ⅰ．取締役の競業避止義務

取締役は，会社に対して善管注意義務（330条，民644条）および忠実義務（355条）を負っており，その内容の1つとして，取締役は会社の利益を犠牲にして，自己または第三者の利益を図ってはならないという義務を負っていると解されている。そのような義務の会社法における具体的なあわられとして，競業取引規制と利益相反取引規制がある（356条）。

本事案においては，取締役の競業取引規制が問題となる。これは，取締役が自己または第三者のために会社の事業の部類に属する取引をしようとするときには，取締役会設置会社については取締役会（365条1項参照），取締役会設置会社でない会社については株主総会において，当該取引につき重要な事実を開示し，その承認を受けなければならないとされる規律である（356条1項1号）[*2]。取締役が会社と競合する事業を営むなど，その活動によって会社の利益が減るような場合には，事前に取締役会または株主総会を通じて会社の承認（以下，単に「会社の承認」という）を得なければならないとされているのである。

会社の承認を得ずに競業取引を行った場合には，相手方との関係では当該取引は有効であり，これは必要な承認を得ていないことにつき相手方が悪意であっても変わらないと解されている。取引の主体はあくまで取締役（または「第三者」）と相手方であって，会社はその取引の効力に本来関わる立場にないからである。

しかしながら，そのような取引が当事者間で有効であるとしても，それを放置したのでは会社の利益が害されたままになる。そこで，会社としては，会社の承認なしに競業取引を行ったという義務違反（任務懈怠）に基づく取締役の会社に対する損害賠償責任（423条1項参照）で対処することになる[*3]。特に，競業取引を行った取締役については，当該取引により当該取締役または第三者が得た利益の額を会社の損害額と推

＊2

取締役会決議による承認の場合，競業を行う取締役は特別利害関係者として議決に加わることができない（369条2項［判例**14**］参照）と解されている。

＊3

なお，会社の承認を得て競業取引を行ったにもかかわらず，結果として会社に損害が生じた場合，会社の承認があったからといって当該取締役が直ちに免責されるわけではない。後述の損害の推定規定（423条2項）は働かないものの，取締役の責任を追及する側が当該取締役の任務懈怠（けたい）を証明すれば，会社に対する損害賠償責任が認められる。つまり，競業取引についての会社の承認に免責の効果はないのである。

＊4

「推定」であるから，取締役の側で反証すれば推定を覆せる。

＊5

なお，平成17年改正前商法264条3項では，取締役が会社の承認を得ずに自己のために競業取引をした場合には，取締役会の決定によってその取引を会社のためにしたものとみなすという，「介入権」と呼ばれる権利が会社側に認められていた。もっとも，会社がこの権利を行使したとしても，直ちに会社が当該競業取引の相手方に対して直接何らかの請求ができる立場に立つわけではなく，当該競業を行った取締役が当該取引関係から生じる経済的効果を会社に帰属させる義務を負うにとどまると解されていた。このため，平成17年の会社法制定時に，当該取引により当該取締役または第三者が得た利益の額を会社の損害額と推定する旨の規定に置き換えられることとなった。

定する旨の規定（423条2項）があり[*4]，取締役の責任を追及する側の証明負担が軽減されている[*5]。

Ⅱ．どのような活動態様が競業取引規制に係るか

会社法356条1項1号により取締役会または株主総会の承認が必要となるのは，取締役が，①「自己又は第三者のため」に，②「会社の事業の部類に属する取引」をする場合である。

①「自己又は第三者のため」とは，典型的には，取締役自身が取引の当事者となったり（「自己……のため」），取締役が競合会社の代表取締役となってその競合会社を代表して（「第三者のため」）取引を行う場合などである[*6]。本件のように，会社（X社）と競合する事業を営んでいる主体が取締役自身（Y）ではなく会社（A社）であって，当該取締役がその競合会社の取締役・代表取締役（Y）ではない場合であっても，当該取締役が競合会社を実質的に支配し事実上の主宰者となっている場合には，「自己又は第三者のため」に該当するという結論に争いはないようである[*7]。

他方，②「会社の事業の部類に属する取引」とは，会社の事業と市場において競合する取引のことをいうと解されており，その場合の会社の事業とは，原則として現に行っている事業を指すと解されている。もっとも，本件における関西での事業展開がまさにそうであるように，会社が進出を計画している事業を，先んじて取締役が競合会社を通じて営むことで，会社の進出が阻まれるようなことがあると，進出計画時の支出等が無駄になり会社を害することになりかねないことから，規制の対象に含まれると解されている。

＊6｜

なお，かつては，取締役や第三者が当該競業取引に係る権利義務の主体になるという意味（「名義説」と呼ばれる）か，当該競業取引による経済的損益が取締役や第三者に帰属するという意味（「計算説」と呼ばれる）かについて盛んに争われた。しかし，名義説か計算説かは，競業取引が自己のために行われたのか第三者のために行われたのかで異なる効果が生じていた平成17年改正前の制度（＊5参照）においては重要な意義を有していたが，その区分がなくなった現行会社法の下においてはほとんど実益のない議論であるということができる。

＊7｜

本事案の場合には，競業取引に関してYの名義で権利義務を取得するわけでもなければ，YがA社を代表して権利義務を取得するわけでもないので，名義説を形式的にとらえれば「自己又は第三者のために……取引をし」たとはいえないが，名義説の立場からも，YがA社を意のままに操っていた点を重視して，A社の名義で競業をしていたと評価されている。他方，計算説の立場からは，YがA社の株式を実質的にすべて保有している点をとらえて，Yに計算を帰属させるために競業をしていたと評価することができる。

10 利益相反取引規制とそれに違反した場合の取引の効力

最高裁昭和43年12月25日大法廷判決（民集22巻13号3511頁） ▸百選58

事案をみてみよう

Y社の代表取締役Aは，X社に対するAの個人債務265万円につき，Y社を代表して債務引受[*1]を行った（以下「本件債務引受」という）が，その際，本件債務引受につきY社の取締役会の承認を得ていなかった。X社がY社に対して債務の履行を求めたのに対して，Y社は，本件債務引受は取締役会の承認がないため無効であると主張して支払を拒絶した。

＊1 債務引受とは，債務の内容を変えずに債務者が交替することをいう。本件では，Y社がX社に対して265万円を弁済する債務を負うことになる。

読み解きポイント

Y社が取締役Aの個人債務を引き受けることによって，Aは債務を肩代わりしてもらえることになって嬉しいかもしれないが，Y社は何の見返りもなく債務を負担させられることになってしまうのであれば，損害を被ることになる。そこで，取締役の債務を会社が引き受ける場合には，会社の承認が必要であり，取締役会設置会社であればこれは取締役会により行われる必要があるとされている（356条1項3号，365条1項）。本件ではこの規制に違反してY社の取締役会の承認を得ずに債務の引受けが行われているが，その効力はどうなるだろうか。

判決文を読んでみよう

取締役が商法265条（会社法356条・365条に相当）の規定に違反して，取締役会の承認を受けることなく取引を行ったときは，「本来，その行為は無効と解すべきである。このことは，同条は，(1)取締役会の承認を受けた場合においては，民法108条の規定を適用しない旨規定している反対解釈として，その承認を受けないでした行為は，民法108条違反の場合と同様に，一種の無権代理人の行為として無効となることを予定しているものと解すべきであるからである。

取締役と会社との間に直接成立すべき利益相反する取引にあっては，会社は，当該取締役に対して，取締役会の承認を受けなかったことを理由として，その行為の無効を主張し得ることは，前述のとおり当然であるが，(2)会社以外の第三者と取締役が会社を代表して自己のためにした取引については，取引の安全の見地より，善意の第三者を保護する必要があるから，会社は，その取引について取締役会の承認を受けなかったことのほか，相手方である第三者が悪意（その旨を知っていること）であることを主張し，立証して始めて，その無効をその相手方である第三者に主張し得るものと解するのが相当である。」

「そして，本件債務引受は，会社以外の第三者との間で取締役が会社を代表して自己のためにした取引であることは，前叙のとおり明らかなところ，右取引に関しY社の取締役会の承認の決議の不存在についてX社が悪意であったことについては，主張・立証がなく，したがって，Y社は，X社に対し，その無効を主張しえない」。

この判決が示したこと

① 利益相反取引規制に反して取締役会の承認を受けなかった取引は，原則として無効である。

② ただし，会社以外の第三者と取締役が会社を代表して自己のためにした利益相反取引については，会社は，取引の相手方の悪意を証明しない限り，善意の第三者に対して無効を主張することはできない。

解説

Ⅰ. 利益相反取引規制の概要

取締役会設置会社において，①取締役が当事者として，または，他人の代理人・代表者として，会社と取引をしようとするとき（356条1項2号参照[*2]），あるいは，②会社が取締役の第三者に対する債務を保証する等，第三者との間で会社と取締役との利害が相反する取引をしようとするとき（356条1項3号参照）には，取締役会の承認を受けなければならない（365条1項）。これらの規制は利益相反取引規制と呼ばれ，取締役が会社の利益を犠牲にして自己または第三者の利益を図ることを防止する趣旨で設けられている[*3]。

かつては，法律の文言上①の取引類型（「直接取引」と呼ばれる）のみが利益相反取引規制の対象とされていたが，規律の趣旨にかんがみると，②の取引類型（「間接取引」と呼ばれる）についても取締役が会社の利益を犠牲にして自己または第三者の利益を図る危険性は同様にあると考えられることから，（上には引用していないが）本判決によって，間接取引も利益相反取引規制の対象となることが明らかにされ，現行法でも，その旨が明記されている。

Ⅱ. 規制の対象となる具体的な取引態様

直接取引を，取締役が当事者として，または，他人の代理人・代表者として，会社と行う取引であると理解する[*4]と，会社の承認が必要な類型は図1のようになる（いずれも「P社」の承認が必要な取引）。青色の人物が会社を代表していることを示しているが，特に会社間の取引（第三者のための取引）の場合に，誰がどの会社を代表したときに，どちらの会社の取締役会の承認が必要であるか，という点は混乱しやすいので要注意である。

間接取引は，第三者との間で行われる，会社と取締役との利害が相反する取引であるが，典型的には図2の左側のように，会社が取締役の第三者に対する債務を保証

*2 条文上は「自己又は第三者のために」会社と取引をする場合とされていることから，「自己又は第三者のために」とはどのような意味なのかについて争いがある。本文で述べたように，ⓐ自ら当事者となってあるいは第三者を代表してという意味に理解する考え方を「名義説」というのに対して，ⓑ行為の経済的効果が自己または第三者に帰属するという意味に理解する「計算説」という考え方もある。

*3 利益相反取引規制は，株主の利益を保護するための規制であるため，株主全員が同意している場合には，取締役会の承認がなくともその取引が無効となることはないと解されている（最判昭和49・9・26民集28巻6号1306頁〔百選56〕）。

*4 他の理解については，*2参照。

図１　２号：直接取引

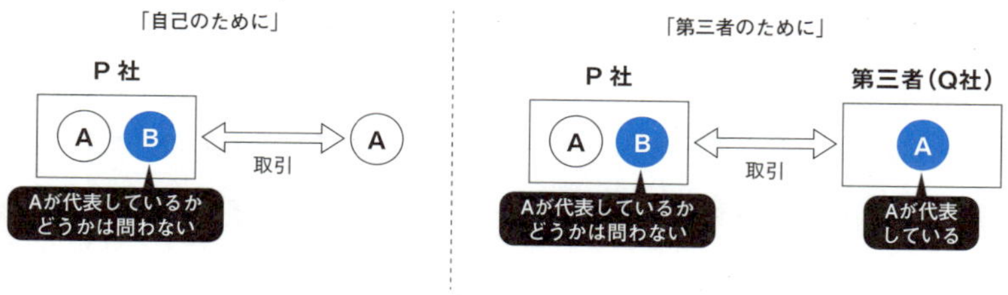

「自己のために」
P社
A　B
取引
A
Aが代表しているかどうかは問わない

「第三者のために」
P社
A　B
取引
第三者（Q社）
A
Aが代表しているかどうかは問わない
Aが代表している

する場合が考えられる。他方，会社の取締役が代表取締役を務める別の会社の債務を保証する場合（図２右側参照），会社と利益が相反するのは第三者たる別の会社であって取締役本人でない以上，文言上は「会社と……取締役との利益が相反」しているとはいえないが，判例[*5]ではこれも利益相反取引規制の対象となるとされ，その考え方はおおむね支持されている。

図２　３号：間接取引

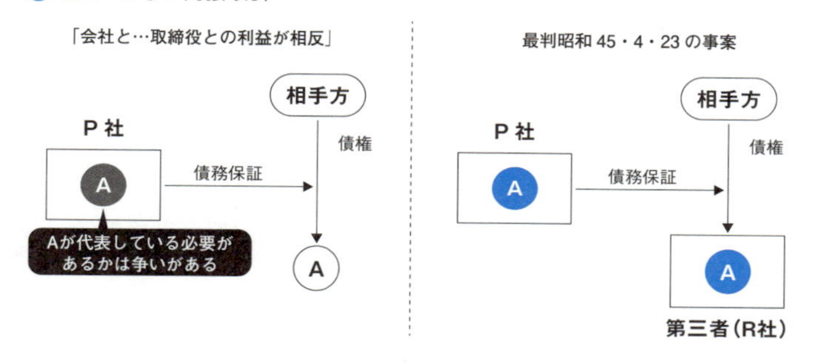

Ⅲ．利益相反取引に該当する場合の手続とそれに違反した場合の効果

1 ▸▸ 手続

利益相反取引に該当する場合，取締役会設置会社については当該取引に関する重要事実を開示した上で取締役会の承認が必要である[*6]（356条１項２号・３号，365条１項）。この場合，取引の相手方となり，あるいは会社と利益が相反する取締役は特別利害関係者として議決に参加することができない（369条２項［→判例**14**］）。

取締役会の承認が得られれば，自己契約あるいは双方代理となる場合であっても，民法108条は適用されず，取引は有効となる（356条２項）。また，取引の実施後に，遅滞なく当該取引についての重要な事実を取締役会に報告しなければならない（365条２項）[*7]。

2 ▸▸ 違反の場合の取引の効果

利益相反取引に該当するにもかかわらず，有効な取締役会の承認がない場合は，本判決によれば「一種の無権代理人の行為」として「無効となることを予定している」とする。しかしながら，会社にとっては無効とすべき悪しき取引であっても，相手がいる以上は，取引の相手方の保護にも配慮する必要がある。

もっとも，直接取引の場合には，取引の相手方として登場する人物が取締役自身であって会社の内情を知っており，取締役会の承認がないことを理由として無効として

＊5｜最判昭和45・4・23民集24巻4号364頁（ただし，間接取引が明文で規律される以前の判例）。

＊6｜取締役会設置会社でない会社については株主総会の承認が必要となる（356条1項2号・3号）。

＊7｜利益相反取引の取締役会承認には，関与した取締役の責任を免除する効果はない。したがって，利益相反取引によって会社が損害を被った場合には，取締役会の承認があったかなかったかにかかわりなく，関係する取締役には会社に対する損害賠償責任が発生しうる。役員等につき会社に対する損害賠償責任が発生するための一般的な要件は「任務を怠った」ことであり（423条1項），通常は責任を追及する側がこれを証明する責任を負うが，利益相反取引の場合には，そもそも取引類型として会社を害しやすいものであることから，会社に損害が生じた場合には，取締役が任務を怠ったことが推定されるとする規定が設けられている（423条3項）。また，直接取引の当事者として相手方となった（＝「自己のため」に取引をした）取締役については無過失責任とされている（428条）。

も不意打ちにはならない[*8]ことから，会社は当該取引の無効を主張できるのが原則である。例外としては，直接取引の目的物が第三者の手に渡った場合が考えられる。判例では，会社が取締役を受取人として手形を振り出した場合には，当該取締役との関係においては，会社は原則どおり手形の無効を主張することができるものの，当該手形が取締役により裏書譲渡されるなどして第三者に渡った場合には，間接取引の場合と同様に，当該第三者が取締役会の承認を欠くことにつき悪意であることを会社側が証明しなければ手形上の責任を免れないとするものがある[*9]。

他方で，間接取引の場合には，相手方が会社の内情を知っているとは限らない。そこで，本判決では，会社側が取引の相手方の悪意を証明するのでなければ，取引の無効を主張できない（「相対的無効説」と呼ばれる）という形で会社の保護と取引の相手方の保護とのバランスをとっている。

＊8

自己のためにする直接取引の場合は，まさに取引の相手方＝取締役であるから利益相反取引の効果を享受させなくとも問題はないと考えられる。
他方，第三者のためにする直接取引の場合は，当該取引の権利義務が帰属するのは取締役とは別の権利主体である他の会社（「第三者」）であり，自己のためにする直接取引とは利害関係が若干異なる。しかしながら，当該他の会社も，取引が無効とされるような者に会社を代表させたという点で落ち度があり保護の要請が後退すると考えることができる。

＊9

最大判昭和46・10・13民集25巻7号900頁（百選57）。

11 取締役の報酬の決定

最高裁昭和60年3月26日判決(判時1159号150頁)

事案をみてみよう

Y社は，昭和57年6月28日に開催された定時株主総会において，取締役の報酬額には使用人（従業員）兼務取締役[*1]の使用人分給与は含まない旨を明示して，取締役全員の報酬総額を月額1200万円以内から1500万円以内に改定する旨の決議（以下「本件決議」という）をした。本件決議において，使用人兼務取締役が取締役として受けるべき報酬の額は個別に定められていなかった。Y社の株主であるXは，①取締役が使用人を兼務している場合には，当該取締役が取締役として受けるべき報酬額を個別に明示して定めるのが商法269条（会社法361条1項に相当）の規定の要請するところであるのに，本件決議はそれを明示していない，②使用人兼務取締役が使用人として受ける給与は取締役の受ける報酬額に含まれないとするのは，その規定の脱法行為である，などと主張して，本件決議の無効確認を請求した。

＊1｜使用人兼務取締役というのは，典型的には「取締役総務部長」といった肩書きの人のことであり，「総務部長」という従業員としての身分を有したまま「取締役」となったような人のことである。

読み解きポイント

会社法361条1項は，取締役の報酬は，定款に定めていなければ株主総会決議によって定めると規定している。この規定は，各取締役の個人別に受け取る報酬の額を株主総会で定めることを要求するものだろうか。また，株主総会で定めなければならないとされている報酬の中には，使用人兼務取締役が従業員としての立場で受ける給与も含まれるのだろうか。

判決文を読んでみよう

「(1)[(1)]商法269条〔会社法361条1項に相当〕の規定の趣旨は取締役の報酬額について取締役ないし取締役会によるいわゆるお手盛りの弊害を防止する点にあるから，株主総会の決議で取締役全員の報酬の総額を定め，その具体的な配分は取締役会の決定に委(ゆだ)ねることができ，株主総会の決議で各取締役の報酬額を個別に定めることまでは必要ではなく，この理は，使用人兼務取締役が取締役として受ける報酬額の決定についても，少なくともY社のように使用人として受ける給与の体系が明確に確立されており，かつ，使用人として受ける給与がそれによって支給されている限り，同様であるということができる，(2)右のように[(2)]使用人として受ける給与の体系が明確に確立されている場合においては，使用人兼務取締役について，別に使用人として給与を受けることを予定しつつ，取締役として受ける報酬額のみを株主総会で決議することしても，取締役としての実質的な意味における報酬が過多でないかどうかについて株主総会がその監視機能を十分に果たせなくなるとは考えられないから，右のような内容の本件株主総会決議が商法269条の脱法行為にあたるとはいえない，(3)代表取締役以外の通常の取締役が当該会社の使用人を兼ねることが会社の機関の本質に反し許されないということもできない，とした原審の判断もまた，正当として是認(ぜにん)することができ」る。

この判決が示したこと

① 取締役の報酬規制の趣旨はお手盛りの弊害を防止する点にあるから，株主総会の決議で取締役全員の報酬の総額を定めれば足り，各取締役の報酬額を個別に定めることまでは必要ない。

② 使用人として受ける給与の体系が明確に確立されている場合においては，使用人兼務取締役について，別に使用人として給与を受けることを予定しつつ，取締役として受ける報酬額のみを株主総会で決議することとしても，会社法361条1項の脱法行為にあたるとはいえない。

解説

Ⅰ．取締役の報酬規制の趣旨とこれまでの実務対応

取締役と会社とは委任の関係に従うとされており，委任は無償が原則である（民648条1項）ものの，現実には取締役は会社からその職務執行の対価として報酬等を受け取るのが通常である。

取締役が会社から報酬を受け取るにあたって，取締役会や代表取締役がその額を自由に決められるとすると，報酬額が不当に釣り上げられる（これを「お手盛り」という）おそれがある。そこで，会社法361条1項では，指名委員会等設置会社以外の取締役の報酬等は，定款か株主総会決議によって定めるという形で，株主が決定に関与する仕組みを設けている。[*2]

もっとも，これまでの考え方は，取締役に対して不相当に高い報酬額を支払うことは，会社財産の不当な社外流出であり，それによって株主が不利益を被ることが問題であるととらえたうえで，361条1項の規定は，取締役への報酬という形でどれだけの会社財産を社外流出させてよいかを株主に決めさせる趣旨であると理解してきた。このような理解からは，最大限いくらの社外流出があるかが重要であって，取締役個人個人にいくら支払われるかは重要ではないことになるから，各取締役がそれぞれいくらの報酬を受け取るかを明示せず，総額いくらを上限として各取締役に支払う，という形の株主総会決議も適法なものと評価されることになる。実務においても古くからこのような理解に基づいて取締役の報酬等の額が決定されており，[*3] 判決文(1)では，その適法性が改めて確認されている。[*4]

なお，このような理解を前提とすると，たとえば「取締役全員に対する報酬を今年は年間総額5億円とする」といった形の株主総会決議が毎年行われていることを想

*2｜指名委員会等設置会社については，社外取締役が過半数を占める（400条3項参照）報酬委員会が取締役・執行役の報酬等の内容を個人別に決める（404条3項）。

*3｜総額の決定で足りるとするリーディングケースは，大判昭和5・4・30法律新聞3123号8頁であるとされる。

*4｜総額いくらを上限として報酬を支払うという株主総会決議をとった場合，判決文(1)では，誰にいくらを支払うかという具体的な金額は取締役会が決めることが想定されている。実務的にはさらに取締役会で具体的な金額を決めずに代表取締役等の特定の取締役に決定を委任する（再一任，などと呼ばれる）ことも行われているようであり，その当否についても議論がある。

像するかもしれないが，いったん決議した内容（報酬総額）に変更がない限りは，重ねて同一内容の株主総会の決議をとる必要はないものとして取り扱われている（本事案が報酬総額の上限額の改定の決議に関する事件であったことにも注目してほしい）。

Ⅱ．会社から取締役への支払のどこまでを「報酬等」として規制すべきか

定款や株主総会で定めなければならない「報酬等」とは，「報酬，賞与その他の職務執行の対価として株式会社から受ける財産上の利益」を指す。

ここで，いわゆる給与やボーナスは「報酬」「賞与」に含まれることは容易に理解できると思われるが，そのほかに「報酬等」に該当して定款の定めまたは株主総会の決議が必要であるかが問題とされたものとしては，退職金（退職慰労金）がある。退職金も在職中の職務執行の対価としての性質を有する限りは「報酬等」に含まれると解されている[*5]。

本事案で問題になったのは，使用人兼務取締役が使用人としての立場で受ける給与がこれに含まれるのかである。会社法は取締役という会社の機関の構成員についての規律を設けているにすぎないという観点からは，報酬の決定に株主の関与を求める会社法 361 条 1 項の規定の射程は，「取締役」としての職務執行の対価についてしか及ばないと考えることが一応はできそうである。しかしながら，「使用人として」あるいは「取締役として」といっても同一人物なのであるから，取締役としての職務執行の対価という名目で支払われると株主総会の決定を要し金額を増やすことが難しいのであれば，そのような手続の必要のない使用人としての報酬（給与）という名目で支払うことで，361 条 1 項の規定を簡単にすり抜けることができる。

そこで，本判決では，使用人として受ける給与の体系が明確に確立されている場合，すなわち，使用人としての給与に取締役としての報酬を混ぜ込む余地がない場合に限って，取締役として受ける報酬額のみを株主総会で決議することとしても，361 条 1 項の脱法行為にあたるとはいえないとした。

Ⅲ．近時の動き

ところで，取締役の報酬について，総額（全員の合計額）のみを提示して株主総会決議をとったり，総額の改定がない限り株主総会に付議しなくてよいとする取扱いは，個人の収入や給料を表沙汰にしないというわが国のプライバシー意識と取締役による自己利益優先の防止の要請との妥協の産物という側面が強い[*6]。

では，そのような形で解釈された会社法 361 条 1 項に関する現状のルールが望ましいものであるかというと，必ずしもそうではないという考え方が有力である。とりわけ近時は，報酬が取締役に与えるインセンティブ効果，すなわち，取締役個人個人の成果に見合った報酬が支払われるような制度にしたほうが，各取締役が真面目に職務遂行に励むことになり会社の発展にとって望ましい，という観点から，個々の取締役に対して支払われる報酬額を明示して株主総会に付議し，あるいは少なくとも取締役会で決定された個人別の報酬金額を株主に開示すべきであるという考え方も有力になりつつある。

＊5｜最判昭和39・12・11民集18巻10号2143頁（百選61）。

＊6｜退職慰労金に至っては，退任取締役の氏名およびその者に一定の基準に従って支給することのみを示して株主総会決議をとれば，総額いくらの退職慰労金を支給するかといったことを明示していなくても違法にならないとするのが確立した実務である（＊4の最判昭和39・12・11参照）。これは，その年に退任する取締役が複数人いるとは限らないため，退職慰労金の総額を株主総会で明示して決議をとると，その金額を当該年度に唯一退任する取締役が受け取ることが明らかになってしまうといった事態がままあることから，プライバシー上問題があると実務上考えられていることに由来する。

Introduction

4

Contents

I - 1　法人
I - 2　株主総会
I - 3　取締役
ココ！ I - 4　取締役会
I - 5　役員の会社に対する責任
I - 6　役員の第三者に対する責任

取締役会

僕も株式会社の取締役だから，取締役会っていうのにも出席しないといけないみたいなんだけど，そこでは何をどんな形で決めるのかな？

取締役会は，会社の重要事項について決定するとともに，取締役の業務執行を監督することが任務とされている（362条2項）。しかしながら，そもそも，重要事項であって取締役会の決議を要すると定められている取引に該当するにもかかわらず，取締役会の決議を欠いたまま当該取引が進められた場合には，その取引の効力が問題となる〔→判例 **12**〕。

また，意思決定については，取締役会の日の1週間前までに全取締役に招集通知が発送されなければならないのが原則である（368条1項）ところ，招集通知漏れがあった場合に，その取締役会の決議の効力がどのようになるか，という問題がある〔→判例 **13**〕。

さらに，利益相反取引の承認の場合における相手方当事者でもある取締役など，特別利害関係者は取締役会で議決に加わることができないとされている（369条2項）にもかかわらず，特別利害関係者が取締役会に出席し議決権を行使した場合に，その取締役会の決議の効力はどのように解するべきか，という問題もある〔→判例 **14**〕。

12 取締役会決議を経ない重要な財産の処分の効力

最高裁昭和40年9月22日判決（民集19巻6号1656頁） ▸百選64

事案をみてみよう

X 社の代表取締役 A は，X 社が工場として保有していた土地建物（以下「本件土地建物」という）を Y（協同組合）に対して譲渡し（以下「本件譲渡」という），譲渡代金の大半を A が自分のものにした。

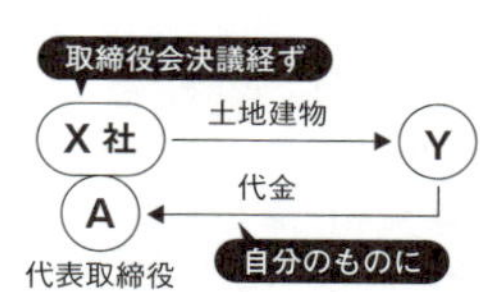

X 社は，本件譲渡は取締役会の決議が必要な重要な財産の譲渡にあたるにもかかわらず，取締役会決議を経ていないから無効であるとして，本件土地建物の明渡しを Y に対して請求した。[*1]

読み解きポイント

取締役会設置会社が重要な財産の処分を行うに際しては，取締役会決議が必要である（362条4項1号）。本件では，X社の代表取締役AはX社の取締役会の承認を得ずに，重要な財産である本件土地建物をYに対して譲渡（処分）してしまっている。X社の立場からすれば，必要な手続を経ていない違法な譲渡であるからこれを遡って無かったことにしたいが，X社のそのような主張は認められるだろうか。

判決文を読んでみよう

「株式会社の一定の業務執行に関する内部的意思決定をする権限が取締役会に属する場合には，代表取締役は，取締役会の決議に従って，会社を代表して右業務執行に関する法律行為をすることを要する。しかし，代表取締役は，株式会社の業務に関し一切の裁判上または裁判外の行為をする権限を有する点にかんがみれば，代表取締役が，取締役会の決議を経てすることを要する対外的な個々的取引行為を，右決議を経ないでした場合でも，右取引行為は，内部的意思決定を欠くに止（とど）まるから，原則として有効であって，ただ，相手方が右決議を経ていないことを知りまたは知り得べかりしときに限って，無効である，と解するのが相当である。」

「これを本件についてみるに，……買主である Y が右決議を経ていなかったことを知りまたは知り得べかりし事実は……認められない」。

*1 本来の事案は，X社が所有していたものの訴訟当時はYが使用するに至った本件土地建物が，X社からYに貸与されたにすぎないのか，X社からYに譲渡されたものであるのか，という点から争われている。本件土地建物を返してほしいX社としては，仮に譲渡があったと認定されたとしても本件土地建物を取り返せるように，売買契約の効力を争っているのである。その主張は，本件土地建物の譲渡がX社の事業目的の範囲外であること，本件土地建物の売却はその代金をX社の代表取締役Aが自分のものにするための権限濫用行為でありYもこれを知りまたは知りうべきであった（民93条参照）こと，重要財産処分の取締役会決議を欠いていること，事業の重要な一部の譲渡の株主総会決議を欠いていること（[判例**38**] 参照）など多岐にわたる。

⇩ この判決が示したこと ⇩

代表取締役が，取締役会の決議を経ることが必要な取引行為につき決議を経ないでした場合でも，当該取引行為は原則として有効であるが，相手方が決議を経ていないことを知っているか，または知ることができた場合には無効とすることができる。

解説

Ⅰ．取締役会決議が必要な重要な財産の処分

取締役会は，会社の業務執行を決定する権限を有し，特に，「重要な財産の処分及び譲受け」については，代表取締役等に委任することはできない（362条4項）。これは，これらの重要事項については，取締役全員の協議により適切な意思決定がなされることが期待されているから，と説明されており，取締役全員の協議を要求することで，一人または少数の取締役，特に代表取締役が暴走して会社に損害を与えることを防止することに意味があるといえる。[＊2]

このように，会社が第三者との間で行う取引が，「重要な財産」の処分または譲受けに該当する場合には，取締役会でその内容等を決議する必要があるが，では，どのような場合に「重要な財産」の処分または譲受けに該当するのであろうか。

この問題に関して，最高裁の判例があり，「重要な財産の処分に該当するかどうかは，当該財産の価額，その会社の総資産に占める割合，当該財産の保有目的，処分行為の態様及び会社における従来の取扱い等の事情を総合的に考慮して判断すべき」であるとする（最判平成6・1・20民集48巻1号1頁〔百選63〕）。もっとも，この最高裁が示した基準によって重要な財産の処分かどうかが簡単に判別できるわけではないことから，実際にどのような場合に取締役会の決議が必要な重要な財産の処分または譲受けに該当するかの判断は悩ましい。[＊3]

＊2 この趣旨は，Ⅲで後述する最判平成21・4・17において明確に述べられている（「重要な業務執行についての決定を取締役会の決議事項と定めたのは，代表取締役への権限の集中を抑制し，取締役相互の協議による結論に沿った業務の執行を確保することによって会社の利益を保護しようとする趣旨に出たものと解される」）。

＊3 なお，最判平成6・1・20では，関係先企業の株式という財産の処分に関して，重要な財産の処分に該当しないとした原審を破棄差戻ししているが，その判断に際して，①「当該財産の価額，その会社の総資産に占める割合」につき，帳簿価額は7800万円で会社の総資産の約1.6％に相当し，その代価いかんによっては会社の資産・損益に著しい影響を与えうるものであること，②「財産の保有目的」につき，関係先企業の株式の処分は当該企業との関係に影響を及ぼすこと，③「処分行為の態様」につき，当該財産処分は事業のために通常行われる取引ではないこと，④「従来の取扱い」につき，より少額の株式譲渡についても従来は取締役会決議を経ていたことを挙げている。

Ⅱ．取締役会決議を経ない重要な財産の処分の効力

いずれにせよ本件では，譲渡の対象となった工場は重要な財産に該当すると評価されており，これを譲渡（処分）するには取締役会の決議が必要となる。それにもかかわらず，本件において，AはX社の取締役会決議を経ずに本件譲渡を行っていることから，その取引の効力が問題となる。重要な財産の処分または譲受けにつき取締役会決議が要求されている趣旨を，処分・譲受けを行う会社の代表取締役の暴走を阻止するためのものと解する限りは，決議を経ない取引は無効としておくほうが当該会社（ひいてはその株主）にとって好ましいことであるといえる。しかしながら，当該取引の相手方からしてみれば，取締役会決議という社内手続を経ていないことを理由として取引の効力を否定されるのでは，安心して取引ができない。

このような相対立する利益をどのように考えるかについて，本判決は，取締役会の決議を経ないでした取引も原則として有効であるとして，相手方の保護を優先する姿勢を示した。しかしながら，正しい手続を経ていないことを知っているような相手方

までを保護する必要は乏しいとも考えられる。そこで，本判決は，同時に，例外的に取締役会の決議を経ないでした取引が無効になる場合として，相手方が決議を経ていないことを知っているかまたは知ることができた場合を示している。

Ⅲ. 無効を主張できる者の範囲

本判決によれば，取締役会の決議を経ないでした取引であることを相手方が知っているか知ることができた場合には当該取引は例外的に無効となる。例外的にではあれ，取引を無効とするのは会社を保護するためであるから，取引の無効を主張できるのは原則として会社のみである（最判平成21・4・17民集63巻4号535頁[*4]）。

＊4｜
事案は，次のようなものであった。負債を抱えて事実上倒産したA社が，倒産の時までに，唯一価値のあると思われるY社に対する過払金返還請求権（以下「本件債権」という）をX社に対して譲渡した（以下「本件債権譲渡」という）が，そのことについてA社は取締役会決議を経ておらず，これらの事情をX社も知っていた。X社が，本件債権につきY社に対して支払を請求したのに対して，Y社は，A社の取締役会決議を経ていないことを理由に，本件債権譲渡の無効を主張して支払を拒否した。
最高裁は，無効主張は原則として当該会社のみが主張することができ，当該会社以外の者は，「当該会社の取締役会が上記無効を主張する旨の決議をしているなどの特段の事情」がない限り無効を主張できないとした。そのうえで，本件債権譲渡はA社の重要な財産の処分に該当するが，A社の取締役会が本件債権譲渡の無効を主張する旨の決議をしているなどの特段の事情はうかがわれないとして，Y社は，X社に対し，A社の取締役会の決議を経ていないことを理由とする本件債権譲渡の無効を主張することはできないとした。

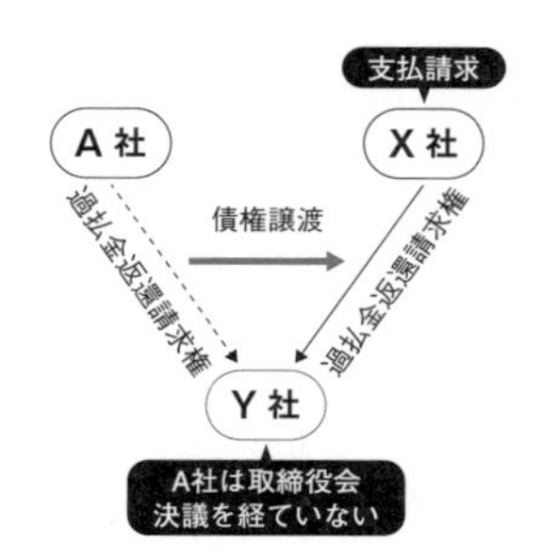

13 招集手続の瑕疵と取締役会決議の効力

最高裁昭和44年12月2日判決(民集23巻12号2396頁)　▸百選65

事案をみてみよう

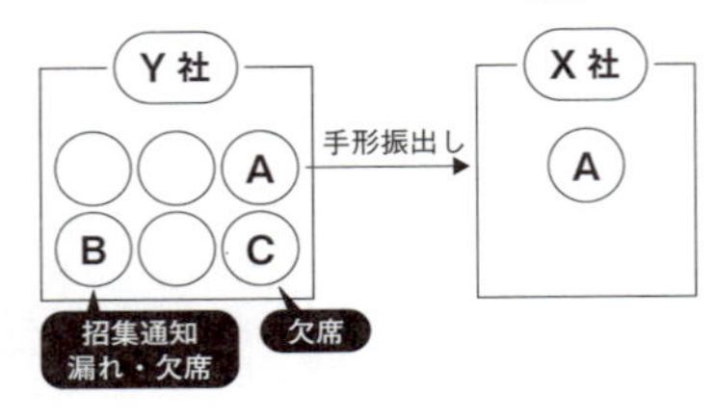

Y社の代表取締役Aは，X社に対して手形を振り出した（以下「本件手形振出し」という）。

AがX社の代表取締役も兼ねていたことから，本件手形振出しのためのY社の取締役会決議がなされた（356条1項，365条参照）が，その際に，取締役6名のうち，Bに対する招集通知漏れがあり，また，Bと取締役Cはこの取締役会に出席していなかった。

X社がY社に手形金請求をしたのに対して，Y社は，瑕疵ある手続により招集された取締役会決議に基づく本件手形振出しの無効を主張した。

読み解きポイント

株主総会の場合には，そのメンバーである株主への招集通知を欠いた場合には，その会合でなされた決議は取消しの訴えの対象となる（831条1項1号）。それでは，取締役会で同じようにそのメンバーである取締役への招集通知を欠いた場合には，その会合でなされた決議の効力はどうなるだろうか。

判決文を読んでみよう

「(1)取締役会の開催にあたり，取締役の一部の者に対する招集通知を欠くことにより，その招集手続に瑕疵があるときは，特段の事情のないかぎり，右瑕疵のある招集手続に基づいて開かれた取締役会の決議は無効になると解すべきであるが，(2)この場合においても，その取締役が出席してもなお決議の結果に影響がないと認めるべき特段の事情があるときは，右の瑕疵は決議の効力に影響がないものとして，決議は有効になると解するのが相当である」。

「X社は，原審において前記特段の事情を主張していた」が，「原判決は，……X社の前記主張については格別の判断を示さないまま本件承認決議は無効であると断定し，これが有効であることを前提とするX社の請求を排斥しているのである」。「してみれば，原判決には当事者の主張に対する判断を遺脱した違法があるが，右主張の成否は原判決の結論に影響を及ぼすものであるから，……原判決は破棄を免れない。」

⇩ この判決が示したこと ⇩

取締役会の開催にあたり，取締役の一部の者に対する招集通知を欠くことにより，その招集手続に瑕疵があるときは，当該瑕疵のある招集手続に基づいて開かれた取締役会の決議は無効になるのが原則であるが，その取締役が出席したとしても決議の結果に影響がないと考えられる特段の事情があれば，決議は有効となる。

解説

Ⅰ. 取締役会の招集手続の意義

取締役会は，取締役全員で組織され，会社の重要な意思決定を行う（362条1項・2項）。取締役会の開催にあたっては，招集権限のある者が取締役会の日の1週間前まで（定款でそれよりも短い期間を定めた場合には，その期間の前まで）に各取締役（および監査役設置会社の場合，各監査役）に招集通知を発送しなければならない（368条1項）。これは，取締役会という会議体のメンバーの出席の機会を確保するため求められている規律である。

Ⅱ. 招集通知漏れの場合の取締役会決議の効力

では，招集通知が一部の取締役について送られなかった場合に，そのような形で招集された取締役会の会合で行われた決議の効力はどのようなものとなるだろうか。株主総会とは異なりこれに関する明文の規定はないことから問題となるが，これについては，招集通知を送られなかった取締役がその会合に出席したかどうかで異なると考えられている。

1 ▸▸ 当該取締役が出席した場合

まず，招集通知を受けていない取締役が，他の取締役や従業員等から取締役会の会合があることを聞きつけるなどして，結果的に当該会合に出席し議決に参加することができたのであれば，これにより行われた取締役会決議は有効であると考えられている（この点で，株主全員が開催に同意して出席したという条件付きで決議取消しの瑕疵の治癒を認める株主総会の招集に関する判例のルール［→判例**03**］とはかなり異なる）。これは，招集通知を受け取って議題を見てから，出席するか否か，出席するとして議決権をどのように行使するかを決めることが想定されている株主総会における株主とは異なり，取締役会のメンバーである取締役（や監査役）にはその任務として取締役会に出席すべき義務があると解されていることから，招集手続は（議案に対して準備をさせる機会を与えるといったことよりも）当日出席することを確保するための手続という側面が強く出ることによると考えられる。[*1]

2 ▸▸ 出席しなかった場合

他方で，本件の取締役Bのように，招集通知を受けておらず，取締役会の会合に出席できなかった取締役がいた場合に，その取締役抜きで行われた決議の法的効力はどのように考えるべきか。

＊1｜取締役会の招集通知の具体的な内容について特別の規定が設けられているわけではないが，取締役会が開催される日時と場所を通知する必要があるものの，取締役会の目的事項（議題）を特定する必要はないと考えられている（株主総会の招集通知に関する299条4項と対比）。

この問題に対して，本判決では，(1)において，「特段の事情」がないかぎり，決議は無効になるとする。取締役会という会合も，出席すべきメンバーが出席したうえで議決がなされることがあるべき姿であるから，出席すべきであったメンバーが出席していないのであればその会合で有効な決議を行ったものとして取り扱うことはできない，という考え方が基礎にあるのであろう。

もっとも，取締役が取締役会に出席するのはあくまでそれが職務とされているからであって，出席の機会を与えるのも取締役としての職務を果たさせるための一つの手段にすぎない[*2]のだと考えれば，各取締役に招集通知を送らなければならないとする規律も，会社の意思決定が適切に行われるための前提条件を整備するために定められているにすぎないと考えることもできる。このような考え方からすれば，招集通知を受けておらず出席していない取締役が出席していたとしても同じ結論に達したであろうといえるのであれば，会合で実際に行われた決定の効力を否定することは無駄だといえる。本判決も，(2)において，招集通知を受けておらず出席していない取締役が出席してもなお決議の結果に影響がないと認めることのできる「特段の事情」があるときは，決議は有効になるとしている。

Ⅲ．特段の事情

問題は，どのような場合に「出席してもなお決議の結果に影響がない」と認めることのできる「特段の事情」があるといえるかであるが，本判決ではその具体的な内容は示されていない。下級審裁判例の中には，会社運営を他の取締役に一任し会社の業務に関わっていなかった名目的取締役に対して通知を欠いた場合[*3]などにこれを認めるものがあるが，特段の事情を認めることには慎重であるべきであるとする考え方も有力である[*4]。いずれにせよ，単純に「通知を受けていない取締役が出席していたら賛否どちらに投票していたか」を実際の賛否の票数に加算するだけで「決議の結果に影響がない」といえるかを判断すべきではないとする点では一致しているようである。

*2｜この点において，株主総会の招集が株主に出席の機会を与えること自体を目的としているのとは異なることになる。

*3｜東京高判昭和48･7･6判時713号122頁。

*4｜平成17年の会社法制定以前は，株式会社には規模の大小にかかわらず取締役が3名以上存在していなければならないという規律があった（平成17年改正前商法255条）ことから，中小企業においては，会社の業務に一切関わらない者が数合わせのために取締役として名義を貸している名目的取締役が数多く見られた。いわば，必要悪として何もしない取締役の存在が認められやすい状況であったといえる。これに対し，現行法では，株式会社であっても取締役は最低1名存在していればよいとされた（326条1項）ことから，何もしない取締役を置く必要性は法制上存在しなくなった。そうなると，この取締役は数合わせで何もしない人なのだから取締役会の通知を受けなくても決議の結果に影響はないはずだ，という評価を簡単に下すことは難しくなったのかもしれない。

14 取締役会決議における特別利害関係者の議決排除

最高裁昭和44年3月28日判決（民集23巻3号645頁） ▸百選66

事案をみてみよう

昭和30年4月28日，X社の有する債権につき，その取締役AがX社を代表してYに譲渡する契約をYとの間で締結した（以下「本件債権譲渡契約」という）。

しかしながら，本件債権譲渡契約締結に先立つ昭和30年1月5日に開催されたX社の取締役会（以下「本件取締役会」という）では，当時X社の代表取締役であったAを代表取締役から解職する（当時の規定では「解任」だが，以下判決文を除いて「解職」で統一する）決議が諮られたところ，出席取締役4名（A・B・CおよびD）のうち，CとDはこれに賛成する一方，AとBは反対したため，可否同数となっていた。

そのような状況を踏まえて，X社はCを代表者としてYを相手に本件債権譲渡契約の無効確認の訴えを提起した。その理由は，Aを代表取締役から解職する決議についてAは特別の利害関係を有する者に該当して議決に加われないのが本来であるから，本件取締役会において，Aの代表取締役からの解職は賛成多数で可決されている。したがって，本件債権譲渡契約締結時点においてAは代表取締役ではなく，X社を代表する権限がないからYとの債権譲渡契約もX社に対しては効力を有しない，というものであった。

Aの解職に

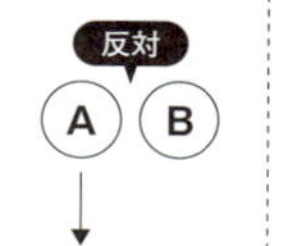

票数にカウントしてよいか？

Yes → 可否同数で Aの解職決議不成立

No → 2対1で Aの解職決議成立

読み解きポイント

本事案は，直接的には本件債権譲渡契約の効力が争われているものであるが，その結論を決めるポイントとして，本件債権譲渡契約締結当時AがX社の代表取締役であったか否かという問題があり，さらに，それを考えるにあたって，本件取締役会で諮られた，Aを代表取締役から解職する取締役会決議が有効に成立しているかどうかが問題とされている。

会社法369条2項は，決議について特別の利害関係を有する者（以下「特別利害関係者」という）は議決に加われないことを定めている。本件取締役会におけるAの議決権行使が有効であれば，Aの代表取締役解職決議は可否同数となって成立しない（決議は出席取締役の「過半数」で行う必要がある〔369条1項〕）が，Aが特別利害関係者に該当し，議決に加われない（369条2項）のであれば，2対1で解職の決議が有効に成立していると考えることができる。果たして，解職の対象となっている代表取締役は特別利害関係者に該当するのであろうか。

判決文を読んでみよう

「代表取締役の解任に関する取締役会の決議については，当該代表取締役は，商法260条ノ2第2項により準用される同法239条5項〔会社法369条2項に相当[*1]〕にいう特別の利害関係を有する者にあたると解すべきである。

けだし〔考えてみると，といった意味〕，代表取締役は，会社の業務を執行・主宰(しゅさい)し，かつ会社を代表する権限を有するものであって……，会社の経営，支配に大きな権限と影響力を有し，したがって，本人の意志に反してこれを代表取締役の地位から排除することの当否が論ぜられる場合においては，当該代表取締役に対し，一切の私心を去って，会社に対して負担する忠実義務……に従い公正に議決権を行使することは必ずしも期待しがたく，かえって，自己個人の利益を図って行動することすらあり得るのである。それゆえ，かかる忠実義務違反を予防し，取締役会の決議の公正を担保するため，個人として重大な利害関係を有する者として，当該取締役の議決権の行使を禁止するのが相当だからである。

それゆえ，原判決が，X社の代表取締役Aの解任に関する取締役会の決議について，同人をいわゆる特別利害関係人にあたるとして，その議決権の行使を排除したのは，正当である」。

この判決が示したこと

代表取締役解職の決議につき，解職の対象とされている代表取締役は，特別利害関係者に該当し，議決に加わることができない。

解説

Ⅰ. 取締役会の機能・運営方法と特別利害関係者の議決からの排除の制度

取締役会設置会社において，取締役会は重要な業務執行の決定や代表取締役・執行役等の業務執行者の監督など，株主の利益を保護するために重要な役割を果たす。

取締役会は，一人一票（頭数での多数決）で決議を行うし，株主総会とは異なり代理人による議決権行使も許されないと解されている。これは，取締役は，株主総会によって，それぞれの専門的知識等に対する株主の信頼を基礎に選ばれていることによる。

また，取締役は会社に対して善管注意義務・忠実義務を負っている（会社330条，民644条，会社355条）から，その職務として，取締役会において会社の利益に適(かな)うような議決をしなければならないということになる。この点に関して，もし，特定の取締役の個人的利害によって取締役会の決定が歪められることがあれば，会社ひいては株主の利益が害されることになる[*2]。そこで，取締役の個人的利害関係が強い局面においては，当該取締役を議決に参加させないという形で事前の予防をしておいたほうが安全であることから，これを制度として定めたのが会社法369条2項である。

*1 本件は昭和56年改正前商法の事案であるが，当時は，株主総会決議でも特別利害関係者の議決権排除が定められており（昭和56年改正前商法239条5項），この規定を取締役会の決議にも準用する（昭和56年改正前商法260条ノ2第2項）という形であった。昭和56年改正により，株主総会決議取消事由につき，特別利害関係者の議決権行使により著しく不当な決議が成立した場合を追加した（平成17年改正前商法247条1項3号）うえで特別利害関係者の議決権行使を排除する規定を削除する改正を行ったことから，準用関係を改め，取締役会決議に固有の規定として平成17年改正前商法260条ノ2第2項の規定が定められた。その際，議決権を行使することができない，とされていた条文の文言が，決議に参加することができない，に変更されている。

*2 本判決で，「当該代表取締役に対し，一切の私心を去って，会社に対して負担する忠実義務……に従い公正に議決権を行使することは必ずしも期待しがた〔い〕」としているのは，**Introduction**でも述べた，取締役と会社との間の利害対立状況において私利を図らない義務としての「忠実義務」が想定されていると考えられる。

Ⅱ. どのような場合に特別利害関係者に該当するか

問題は，いかなる決議についていかなる立場の取締役が特別利害関係者となるかである。

この問題に関しては，競業取引・利益相反取引の承認決議（356条，365条1項）につき当該取引を自ら行う取締役[*3]，会社に対する責任の一部免除決議（426条1項）につき免除の対象となる取締役，監査役設置会社以外の会社における会社・取締役間の訴えの会社代表者の選任（364条）につき訴えの相手方たる取締役，などが特別利害関係者にあたる点ではおおむね一致している。

本件は，代表取締役の解職決議につき解職の対象となっている代表取締役が特別利害関係者にあたるかが問題とされている[*4]が，これについては考え方が分かれている。

本判決では，代表取締役は，会社の経営，支配に大きな権限と影響力を有しているため，解職対象者本人の意志に反してその職を解くべきかを議論する際には，私心なく公正に議決権を行使することは期待しがたいとして，議決への参加をあらかじめ排除する対象とすべきことを述べている。この考え方は基本的に支持されているが，これとは違う考え方もある。これは，特に小規模閉鎖会社の紛争の一環として代表取締役の解職が争われたときには，会社と当該代表取締役との間の利益衝突の問題というよりもむしろ，経営陣の派閥争いの側面のほうが強く，その場合に解職の対象者を特別利害関係者としてしまうと，本件がまさにそうであるように，派閥争いに影響を与えかねないことを重視する。

＊3｜
［判例10］のⅡの直接取引の図1でいうならば，P社で当該利益相反取引を承認する際の取締役会において，取締役Aが特別利害関係者に該当する。

＊4｜
これに対して，代表取締役の選定決議につき候補となっている取締役は特別利害関係者に該当しないと解するのが一般的な考え方である。

Ⅲ. 特別利害関係者に該当した場合の取扱い

決議を行うために必要な出席者数のことを「定足数」というが，これを会社法は「議決に加わることができる」取締役の過半数としている（369条1項）ことから，議決に加わることができない特別利害関係者はこの定足数から除外されることになる。また，決議は出席取締役の過半数をもって行うが，この出席取締役には，定足数としてカウントできる取締役のみがカウントされることから，特別利害関係者はこれにも含まれないことになる。本件では，Aは定足数から外され出席取締役にもカウントされずその議決権行使もなかったことになる結果，出席取締役の過半数の賛成（3人が出席し，うち2人が賛成）によりAの解職決議が成立したと評価されることになる。

このように，本件は，特別利害関係者性が争われた取締役が決議に参加した結果として可否同数となっていた（成立しないとして取り扱われていた）決議が，特別利害関係者の議決排除によって結果的に成立したものとして取り扱われるべきこととなった事例である。他方で，本事案とは異なり，成立した取締役会決議につき特別利害関係者が議決に加わっていた場合の処理も問題となる。そのような場合であっても，特別利害関係者たる取締役を除いてなお決議の成立に必要な多数が存在する場合は，有効であると考えられる[*5]。

＊5｜
最高裁は，漁業協同組合の理事会の事案についてであるが，最判平成28・1・22民集70巻1号84頁において本文で述べた考え方を示している。

Introduction 5

Contents

I-1 法人
I-2 株主総会
I-3 取締役
I-4 取締役会

I-5 役員の会社に対する責任
I-6 役員の第三者に対する責任

役員の会社に対する責任

株式会社 KFM がどんどん大きくなって，業務も複雑になっているから，取締役としての僕の責任も重大だよね！
会社法では取締役が会社に対して損害賠償責任を負う場合が定められているって聞いたことがあるんだけど，一体どういう場合に責任を負うんだろう？　心配だから，あらかじめ勉強しておきたいな。

1. 任務懈怠責任（会社法 423 条）

会社法 423 条 1 項は次のように規定する。

> 取締役，会計参与，監査役，執行役又は会計監査人（以下この節において「役員等」という。）は，①その任務を怠ったときは，株式会社に対し，③これによって生じた ②損害を賠償する責任を負う。

この条文は，取締役や監査役といった株式会社の役員が会社に対して責任を負う場合について規定しており，この条文に基づいて会社が取締役に対して責任を追及するためには，会社が次の 3 点を主張立証する必要がある。①役員がその任務を怠ったこと（＝「任務懈怠（にんむけたい）」という），②会社に損害が発生していること，③役員の任務懈怠と会社の損害との間に因果関係があること（「これによって」を漢字で書くと「これに因って」となり，この部分が因果関係が必要であることを表している）である。ただし，この 3 つが主張立証された場合でも，責任を追及されている役員側が，④任務懈怠について自分に帰責事由（故意・過失）がなかったことを主張立証した場合には，役員は責任を負わない。

では，①「任務懈怠」とは何を意味するのだろうか。以下で説明するように，役員の「任務」とは，法令を遵守しながら（守りながら），「善良なる管理者の注意」を払って（善管注意義務）職務を行うことを意味する。そのため，「任務懈怠」は，役員に善管注意義務違反があった場合と法令違反があった場合に大きく分けることができる。

2. 善管注意義務違反

会社法 330 条は，「株式会社と役員及び会計監査人との関係は，委任に関する規定に従う」と規定しており，このことから，取締役をはじめとする会社の役員は，委任の受任者が民法644条によって負うのと同様の「善管注意義務」を負うことになる。[*1]役員がこの善管注意義務に違反した場合には，①「その任務を怠った」（＝任務懈怠）ということになり，他の要件を満たせば，会社に対して損害賠償責任を負う。役員が善管注意義務に違反したかどうかが問題になるのは，例えば次のような場面である。なお，以下では「役員」の中でも主に取締役を取り上げて説明しているが，監査役等の他の役員も会社法423条1項に基づいて責任を負う。

まず，取締役の経営判断の結果，会社に損害が発生した場合である。取締役の経営判断に善管注意義務違反があったかどうかを裁判所がどのように審査するかが問題になる〔→判例**15**〕。

また，自分以外の取締役が不適切な行為をした結果会社に損害が発生した場合には，不適切行為をした取締役以外の役員も責任を追及されることがある。各取締役はその職務の一部として他の取締役の職務の執行を監視する必要があり，監視を行う際にも善管注意義務を負う。必要な注意を払って監視をしないなど，監視という職務について善管注意義務に違反した場合には，任務懈怠となる（この場合を「監視義務違反」と呼ぶこともある[*2]）。

さらに，大規模な会社の場合には，取締役は「内部統制システム構築・運用義務」を負う。この義務は善管注意義務の一環であると理解されており，「内部統制システム構築・運用義務」に違反した取締役や，内部統制システムの整備についての助言・勧告を行わなかった監査役の責任が問題となる場合がある〔→判例**16**・判例**17**〕。

3. 法令違反

取締役が法令に違反する行為を行った場合にも，①「その任務を怠った」ことになり，任務懈怠責任が問題となる。どのような法令に違反した場合に任務懈怠責任を負うのかについては複雑な問題がある〔→判例**18**〕。

4. 株主代表訴訟

会社法423条1項が定める責任は取締役が会社に対して負う責任であるため，本来であれば会社が原告となって訴訟を提起することが考えられる。ただし，会社法はこのほかに「株主代表訴訟」という制度を用意しており（847条），一定の場合には株主が原告となり，会社のために責任追及の訴えを起こすことができる。では，株主が「株主代表訴訟」の制度を使って追及できるのは，取締役が会社に対して負っている責任のうちどのような責任についてなのだろうか〔→判例**19**〕。

＊1｜民法644条：受任者は，委任の本旨に従い，善良な管理者の注意をもって，委任事務を処理する義務を負う。

＊2｜監視義務違反が問題となった事案として，〔判例**20**〕を参照。

15 取締役の善管注意義務と経営判断原則

アパマンショップ事件

最高裁平成22年7月15日判決（判時2091号90頁）　▶百選50

事案をみてみよう

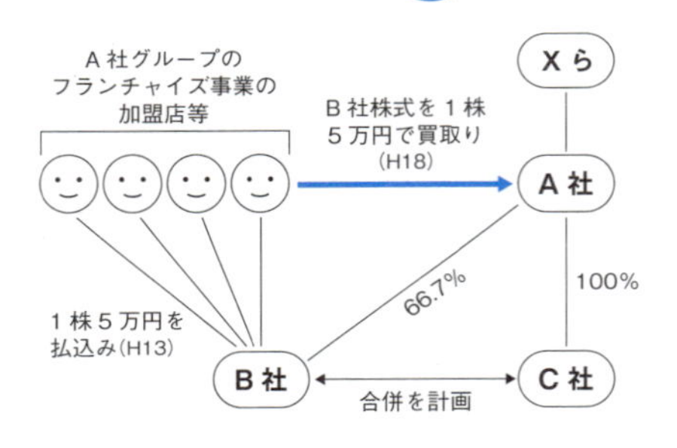

本件でA社がB社を完全子会社とするための計画

① A社が加盟店等からB社株式を1株5万円で買い取る。
② 1の買取りに応じない加盟店等がいることが想定されるため，A社とB社との間で株式交換を行い，B社の株主が有しているB社株式を，A社がすべて取得する（B社の株主には対価としてA社の株式等が交付される）。

A社（株式会社アパマンショップホールディングス）は，B社を含む子会社等をグループ企業として，不動産賃貸あっせんのフランチャイズ事業を行っていた[*1]。B社は平成13年に設立された会社であり，設立に際し，A社が66.7%を出資すると同時に，A社グループのフランチャイズ事業の加盟店等（「加盟店等」）も1株5万円の払込金額を支払って出資していた。

A社は機動的なグループ経営を図るため，関連会社の統合再編を進めており，B社については，A社の完全子会社（100%子会社）であるC社に合併して不動産賃貸管理業務等を担わせることを計画した。

A社の経営会議において，①A社の重要な子会社であるC社は，完全子会社である必要があり，そのためにはB社もC社との合併前に完全子会社とする必要があること[*2]，②B社を完全子会社とする方法は，A社の円滑な事業遂行を図る観点から，株式交換ではなく，可能な限り任意の合意に基づくB社株式の買取りを実施すべきであること[*3]，③その場合の買取価格はB社設立時の払込金額である5万円が適当であることなどが提案された。A社から助言を求められた弁護士は，任意の買取りにおける価格設定は必要性とのバランスの問題であり，合計金額もそれほど高額ではないから，B社の株主である重要な加盟店等との関係を良好に保つ必要性があるのであれば許容範囲である旨の意見を述べた。協議の結果，1株当たり5万円の買取価格でB社株式の買取りを実施することが決定され（「本件決定」），併せて，買取りに応じないことが予想された株主については株式交換の手続が必要となる旨の説明がされ，了承された。

A社は株式交換に備えて監査法人等2社に株式交換比率の算定を依頼したところ，1社ではB社の1株当たりの株式評価額は9709円，もう1社では1株当たりの株主資本価値が6561円ないし1万9090円とされた。

A社は，B社の株主のうち買取りに応じなかった1社を除く株主から，B社株式3160株を1株当たり5万円，代金総額1億5800万円で買い取った（「本件取引」）。

A社の株主Xらは，A社の取締役であるYらに対し，A社がB社株式を1株当たり5万円の価格で買い取る旨の決定をしたことについて，取締役としての善管注意義務違反があり，会社法423条に基づきA社に対して損害賠償責任を負うとして，

*1　フランチャイズとは，コンビニエンス・ストア等で用いられている事業の形態であり，「フランチャイザー」が「フランチャイジー」（加盟店）に対して，フランチャイザーの商号（店の名前）やノウハウ等を利用することを許諾し，フランチャイジーは，その対価として，売上の一部等をフランチャイザーに支払う（これを「ロイヤリティ」と呼ぶ）。フランチャイザーにはロイヤリティを受け取ることができるというメリットがあり，フランチャイジーにはフランチャイザーの知名度やノウハウを利用できるというメリットがある。

株主代表訴訟を提起した。[*4]

読み解きポイント

取締役は会社に対して善管注意義務を負い（会社330条，民644条），善管注意義務に違反した場合には，会社に対してこれにより会社に生じた損害を賠償する責任を負う（会社423条1項）。

それでは，本件でA社の取締役であるYらは善管注意義務に違反しただろうか。確かに，買取価格として設定された5万円は監査法人の算定結果よりも高額である。Yらが高めの買取価格を決定するにあたってA社とフランチャイズ事業の加盟店等との良好な関係を維持することを考慮したことや，決定にあたって弁護士の意見を聴いていることは，どのように評価されるのだろうか。

判決文を読んでみよう

「本件取引は，B 社を C 社に合併して不動産賃貸管理等の事業を担わせるという A 社のグループの事業再編計画の一環として，B 社を A 社の完全子会社とする目的で行われたものであるところ，このような事業再編計画の策定は，完全子会社とすることのメリットの評価を含め，将来予測にわたる経営上の専門的判断にゆだねられていると解される。そして，この場合における株式取得の方法や価格についても，取締役において，株式の評価額のほか，取得の必要性，A 社の財務上の負担，株式の取得を円滑に進める必要性の程度等をも総合考慮して決定することができ，その決定の過程，内容に著しく不合理な点がない限り，取締役としての善管注意義務に違反するものではないと解すべきである。」

「A 社が B 社の株式を任意の合意に基づいて買い取ることは，円滑に株式取得を進める方法として合理性があるというべきであるし，その買取価格についても，B 社の設立から 5 年が経過しているにすぎないことからすれば，払込金額である 5 万円を基準とすることには，一般的にみて相応の合理性がないわけではなく，A 社以外の B 社の株主には A 社が事業の遂行上重要であると考えていた加盟店等が含まれており，買取りを円満に進めてそれらの加盟店等との友好関係を維持することが今後における A 社及びその傘下（さんか）のグループ企業各社の事業遂行のために有益であったことや，非上場株式である B 社の株式の評価額には相当の幅があり，事業再編の効果による B 社の企業価値の増加も期待できたことからすれば，株式交換に備えて算定された B 社の株式の評価額や実際の交換比率が前記のようなものであったとしても，買取価格を 1 株当たり 5 万円と決定したことが著しく不合理であるとはいい難い。そして，本件決定に至る過程においては，A 社及びその傘下のグループ企業各社の全般的な経営方針等を協議する機関である経営会議において検討され，弁護士の意見も聴取されるなどの手続が履践（りせん）されているのであって，その決定過程にも，何ら不合理な点は見当たらない。

以上によれば，本件決定についての Y らの判断は，A 社の取締役の判断として著しく不合理なものということはできないから，Y らが，A 社の取締役としての善管注

*2
やや複雑なので補足する。B社がA社の完全子会社でない状態（＝B社にA社以外にも少数株主が存在する状態）でB社を消滅会社，C社を存続会社とする吸収合併を行うと，消滅会社であるB社の少数株主に対しても，合併対価を交付する必要があり，合併対価としては存続会社であるC社の株式が用いられる場合が多い。その結果，合併後のC社はA社の完全子会社ではなくなってしまう。

*3
株式交換は組織再編行為であり，株主総会の特別決議といった会社法上要求されている手続を行えば，株主の個別の同意を得なくても，子会社となる会社（ここでいうB社）のすべての株主から株式を取得することができる。A社としては，最初からこのような形で一括してB社株式を取得するよりも，できる限りB社の株主一人一人との間で個別に買取りを行ったほうが，今後のA社とB社株主との信頼関係を確保する観点からみて望ましいと判断したと考えられる。

*4
株主代表訴訟とは，取締役等の役員が会社に対して責任を負う場合に，一定の要件を満たした株主が自ら原告となって，会社のために，取締役等の責任を追及する訴えを提起することができるという制度である（847条）。

意義務に違反したということはできない。」

この判決が示したこと

事業再編計画における株式取得の方法や価格の決定については，その決定の過程，内容に著しく不合理な点がない限り，取締役としての善管注意義務に違反しない。

解説

Ⅰ．経営判断原則

本判決は，取締役の善管注意義務違反の有無を判断する際の基準として，最高裁判所が初めていわゆる「経営判断原則」の考え方を採用した判決である。つまり，本判決は，事業再編計画の策定における株式取得の方法や価格について，「決定の過程，内容に著しく不合理な点がない限り，取締役としての善管注意義務に違反するものではない」と述べており，「決定の過程，内容」に，単に不合理な点があるだけでは取締役の善管注意義務違反には該当せず，それらに「著しく」不合理な点がある場合にのみ善管注意義務に違反することを示している。[*5] ここでいう「過程」とは，例えば，十分な情報を収集し，分析したうえで決定をしたのか，適切な会議を開いて十分な議論を行ったのか，必要に応じて専門家の意見を聴いたのか，といったことを指している。

「著しく」不合理な点がなければ取締役の善管注意義務違反を認めないという経営判断原則が必要とされる理由は次のように説明される。利益を上げるためには利益が上がるかどうかは不確実な事業を行うことが不可欠である。ここで，経営判断に基づく事業が結果的に失敗に終わったからといって安易に取締役に個人責任を負わせてしまったら，取締役が萎縮してリスク（＝不確実さ）を避けるようになってしまい，効率的な経営が行われなくなってしまうおそれがあるので望ましくない。この点と併せて，善管注意義務違反の有無を判断する裁判官には経営についての知識や経験があるわけではないため，取締役の裁量を尊重すべきであるという点も挙げられる。[*6]

Ⅱ．本件で検討された事情

本判決では，Ｙらの５万円でＢ社株式を買い取るという経営判断について，善管注意義務違反は認められなかった。判決文からは裁判所が考慮した要素を読みとることができる。経営判断の「内容」について，裁判所は，「加盟店等との友好関係を維持すること」が今後のＡ社グループの事業遂行に有益であることを挙げている。フランチャイズの形態で事業を行っているＡ社にとって，加盟店等との友好関係を維持することは重要である。加盟店等は５年前にＢ社が設立された際に，１株５万円を払い込んでＢ社株式を取得しており，たった５年後にそれよりも安値でＢ社株式を買い取られれば，面白くないと感じるかもしれない。また，経営判断の「過程」については，「経営会議において検討され」たことや，「弁護士の意見も聴取され」たことなど，経営判断に至るまでに慎重な検討が行われたことが指摘されている。

＊5
やや応用的な話であるが，経営判断原則の基準をどのように理解すべきかについての考え方は必ずしも一つではない。経営判断原則の基準のうち，決定の「内容」について，「著しく不合理」な点がなければ善管注意義務にあたらないと理解することについては大きな争いはない。これに対して，決定の「過程」についても「著しく不合理」でなければ善管注意義務にあたらないと理解すべきかどうかについては見解が分かれる可能性がある。
この点，もし「過程」については（単なる）「不合理」があれば善管注意義務違反にあたると考えてしまうと，過程の審査をしているという名目で実際には決定内容についての判断が行われてしまう可能性（「〜という判断をするのなら，〜の点についてもっと検討すべきであり，判断の過程が不合理だった」という指摘は，判断の過程を問題にしているように見えて，実は判断の内容を問題にしているということ）があるため，両方について「著しく不合理」な点がないかどうかという基準を用いるべきだとする有力な考え方がある。

＊6
経営判断原則は，取締役と会社の利害関係が対立する場面（例えば，取締役が売主となり会社が買主となって売買契約を締結する場面など）では適用されないと考えられている。取締役が会社に不利益な判断をする危険が大きいため，取締役に善管注意義務違反がなかったかを，より慎重に審査する必要があるためである。また，経営判断原則は，法令違反行為にも適用されない。

16 内部統制システム

最高裁平成21年7月9日判決(判時2055号147頁)　▶百選52

 事案をみてみよう

Y社は東証第二部に上場している株式会社であり，AはY社の代表取締役である。Y社の事業の中には，大学向けの事務ソフト等を開発し販売するパッケージ事業があり，パッケージ事業本部にはG事業部が設置されていた。G事業部には，営業部のほか，注文書や検収書の形式面の確認を担当するBM課（ビジネスマネージメント課）および事務ソフトの稼働の確認を担当するCR部（カスタマーリレーション部）が設置されていた。

G事業部の部長とG事業部の営業部の部長を兼任していたBは，高い業績を達成し続けて自らの立場を維持するため，G事業部の営業担当者である部下数名（以下「営業社員ら」という）に対し，注文書を偽造するなどして売上げを架空計上する（以下「本件不正行為」という）よう指示した。

Y社のパッケージ事業は，顧客である販売会社に製品を販売し，販売会社がエンドユーザーである大学等にさらにこれを販売するというものであった。次ページの図で示すように，具体的には，①G事業部の営業担当者が販売会社から注文書を受け取り，②営業担当者は，注文書をBM課に送付し，③BM課は受注処理を行ったうえで，営業担当者を通じて販売会社に検収（検収とは受取りを確認することを意味する）を依頼し，④CR部の担当者が，販売会社の担当者および大学の関係者とともに納品された事務ソフトの検収を行い，⑤BM課は，販売会社から検収書を受領したうえ，売上処理を行い，⑥Y社の財務部に売上報告をし，⑦財務部は，BM課から受領した注文書，検収書等を確認し，これを売上げとして計上する，という内部事務手続がとられていた（以上を「本件事務手続」という）。Bの指示により，営業社員らは①と②に関して，偽造印を用いて販売会社名義の注文書を偽造してBM課に送付し，③④⑤に関して，BM課が注文書の偽造に気づかずに作成した検収依頼書を販売会社に渡すことなく検収済みであるかのように検収書を偽造してBM課に返送した。

また，⑧Y社の財務部は毎年9月に，⑨Y社との間で監査契約を締結していた監査法人は毎年3月に，売掛金残高確認書（未払いの代金がいくらあるかを確認するための書類）を販売会社に郵送し，確認のうえ返送するよう求めていた。[*1] ⑧と⑨に関して，Bの指示を受けた営業社員らは，販売会社の担当者に対し売掛金残高確認書は送付ミスであると告げて回収したうえで，販売会社の偽造印を押して返送した。

その後，本件不正行為が発覚したため，Y社はこれを公表した。これらの事実が新聞報道された後，Y社の株価は大幅に下落した。

＊1｜このような手続は，一般的に，架空売上げがないかを確認する効果がある。会社の内部者（本件でいうBら）が，本当は売上げがないのに，第三者（Pとする）に対する売上げがあったように見せかけ，会社に対して「Pと取引が成立したので，今後Pから○○円の代金が支払われる予定です」という嘘の報告をしていたとする。会社の監査部門や財務部門，監査法人などからPに対して「あなたはY社に対してあと○○円の未払代金がありますね」という確認書が送付されれば，Pとしては確認書を送ってきた監査部門等に対して「いえ，Y社に対して未払代金はありません」と返事をするはずで，これにより，架空の売上げが計上されていたことが発覚する。

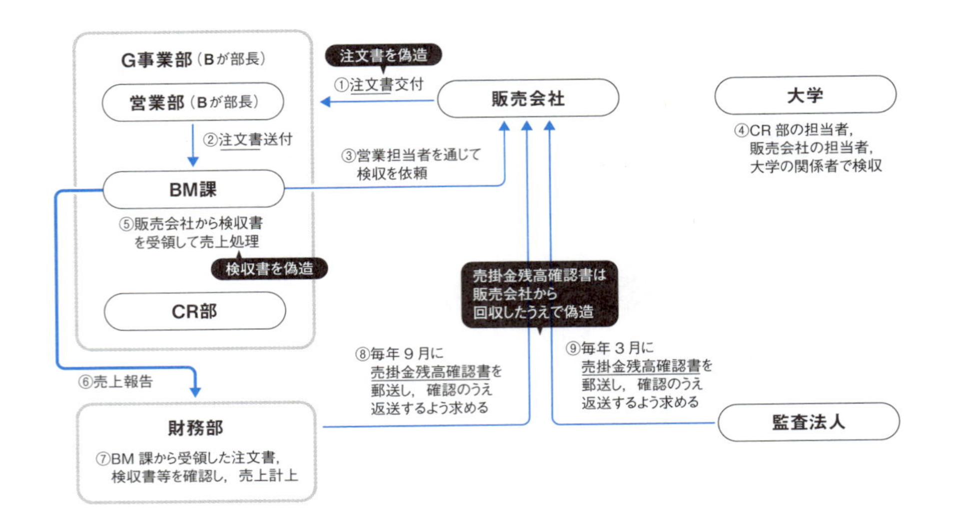

Xは本件不正行為が公表される前にY社株式を取得していたY社の株主である。Xは，Y社の代表取締役Aには従業員らの不正行為を防止するためのリスク管理体制を構築すべき義務に違反した過失があり，その結果Xが損害を被ったなどと主張して，Y社に対し，会社法350条[*2]に基づき損害賠償を請求した。

＊2
会社法350条は，代表取締役等が職務を行う際に不法行為により第三者に損害を加えた場合には，会社も第三者に対して損害を賠償する責任を負うことを定めた規定である。

読み解きポイント

Y社の代表取締役であるAには，不正行為を防止するためのリスク管理体制（「内部統制システム」）を構築すべき義務に違反した過失があるといえるだろうか。

判決文を読んでみよう

「本件不正行為当時，Y社は，①職務分掌（ぶんしょう）規定等を定めて事業部門と財務部門を分離し，②G事業部について，営業部とは別に注文書や検収書の形式面の確認を担当するBM課及びソフトの稼働確認を担当するCR部を設置し，それらのチェックを経て財務部に売上報告がされる体制を整え，③監査法人との間で監査契約を締結し，当該監査法人及びY社の財務部が，それぞれ定期的に，販売会社あてに売掛金残高確認書の用紙を郵送し，その返送を受ける方法で売掛金残高を確認することとしていたというのであるから，Y社は，通常想定される架空売上げの計上等の不正行為を防止し得る程度の管理体制は整えていたものということができる。そして，本件不正行為は，G事業部の部長がその部下である営業担当者数名と共謀して，販売会社の偽造印を用いて注文書等を偽造し，BM課の担当者を欺（あざむ）いて財務部に架空の売上報告をさせたというもので，営業社員らが言葉巧みに販売会社の担当者を欺いて，監査法人及び財務部が販売会社あてに郵送した売掛金残高確認書の用紙を未開封のまま回収し，金額を記入して偽造印を押捺した同用紙を監査法人又は財務部に送付し，見掛け上はY社の売掛金額と販売会社の買掛金額が一致するように巧妙に偽装するという，通常容易に想定し難い方法によるものであったということができる。」

「また，本件以前に同様の手法による不正行為が行われたことがあったなど，Y社の代表取締役であるAにおいて本件不正行為の発生を予見すべきであったという特別な事情も見当たらない。」

「Y社の代表取締役であるAに，Bらによる本件不正行為を防止するためのリスク管理体制を構築すべき義務に違反した過失があるということはできない。」

⇩ この判決が示したこと ⇩

Y社は，通常想定される架空売上げ等の不正行為を防止できる程度の管理体制は整えていた。本件では確かに不正行為が行われてしまったが，本件不正行為が巧妙で通常容易に想定することは難しい方法だったからであり，Y社が十分な管理体制を整えていなかったからではない。そのため，代表取締役Aに過失があったとはいえない。

解説

Ⅰ. 会社法350条

本件は，内部統制システム構築義務に関する初めての最高裁判例である。ただし，内部統制システム構築義務は主に取締役の善管注意義務との関係で説明されることが多いが，本件では会社法350条に基づくY社の責任（＊2を参照）が追及されており，本件の主要な争点は代表取締役の不法行為責任の有無（特に過失の有無）であることには注意が必要である。

Ⅱ. 内部統制システム（リスク管理体制）

「内部統制システム」とは，会社の業務執行が適切に行われることを確保するための仕組みを指し，「リスク管理体制」と呼ばれることもある。業務を執行する取締役は，担当部署の従業員が適法かつ適切にその業務を行うことを確保する必要があるが，従業員の数が多い大規模な会社では一人一人について取締役が監督することは不可能である。そのため，従業員による不適法・不適切な業務執行が行われないようにし，また，仮に行われてしまった場合にはこれを早期に発見できるような仕組みが必要になる。これが内部統制システムと呼ばれる仕組みである。[＊3]

例えば，本件でいえば，営業部の売上げをBM課が処理するためには，CR部の担当者が販売会社の担当者や大学の関係者とともに検収を行い，検収書が提出される必要があるとされていることは，複数部署のチェックによって架空の売上げが計上されないようにするための仕組みであると評価することができる。

Ⅲ. 内部統制システム構築義務と運用義務

内部統制システム構築・運用義務は善管注意義務の一環であり，①内部統制システムを決定し構築する義務と②これを運用する義務とに整理して理解されることが多い。

1 ▸▸ 内部統制システムを決定し，構築する義務

大会社である取締役会設置会社においては，取締役会が内部統制システムの概要を

＊3｜
「内部統制システム」の語は，本文で説明したように従業員を監督するシステムという意味で使われるほか，取締役を監督するシステムという意味で使用されることもある。
会社法の条文としては，362条5項・4項6号が，大会社である取締役会設置会社では，「取締役の職務の執行が法令及び定款に適合することを確保するための体制その他株式会社の業務並びに当該株式会社及びその子会社から成る企業集団の業務の適正を確保するために必要なものとして法務省令〔会社則100条〕で定める体制の整備」を取締役会が決定することを要求している。

決定することが義務づけられている（362条5項・4項6号。＊3を参照）。そのため，各取締役は，取締役会の構成員として，その会社にふさわしい内部統制システムを決定する義務を負う。なお，内部統制システムをどのような内容にするかについては，一律の内容が要求されているわけではなく，取締役にある程度の裁量を認めるべきだとする考え方が有力である。

この取締役会による決定に基づき，代表取締役をはじめ，業務を執行する取締役が，内部統制システムを構築する義務を負う。

取締役がこれらの義務に違反した場合には，善管注意義務違反として任務懈怠責任を追及されることになる。

2 ▸▸ 内部統制システムを運用する義務

このようにして内部統制システムが決定・構築されたら，その後はこれを適切に運用することが必要であり，代表取締役をはじめ，業務を執行する取締役がこれを運用する義務を負う。この義務に違反した場合には，善管注意義務違反として任務懈怠責任を追及されることになる。

なお，構築された内部統制システムが外形上機能しており，疑念を持つような事情がない場合には，[＊4] 各取締役（ここでは「取締役P」とする）は，職務を分担して内部統制システムの運用を行っている他の取締役や従業員を信頼することが許され，不正を見落としてしまったとしてもその取締役Pは善管注意義務違反とは評価されないという，いわゆる「信頼の原則」（「信頼の権利」とも呼ばれる）の考え方が有力である。このような考え方をとる理由は，職務を分担することにより，より効果的かつ効率的に内部統制システムを運用することができると期待できるからである。

＊4｜逆に言えば，内部統制システムが外形上機能しておらず，疑念を持つべき事情がある場合，つまり，不正が行われている可能性をうかがわせる事情がある場合（たとえば，同じような手法による不正行為が過去に何度も行われているといった事情や，担当者の説明が不合理であるといった事情がこれにあたるだろう）には，調査を行うなどの積極的な対応をとらなければ義務違反になる可能性があるということである。

3 ▸▸ 本件へのあてはめ

本件において，判決文は「Y社は，通常想定される架空売上げの計上等の不正行為を防止し得る程度の管理体制は整えていたものということができる」としたうえで，さらに，「本件不正行為は……通常容易に想定し難い方法によるものであったということができる」と述べている。

つまり，裁判所は，内部統制システムを構築する義務について，「通常想定される」不正行為を防止しうる程度の体制が構築されていれば構築義務に違反したことにはならないと解したうえで，本件ではY社はこの程度の体制を備えていたにもかかわらず不正行為が「通常容易に想定し難い方法」によるものであったためにY社の内部統制システムによっては防げなかったと整理し，本件では内部統制システムを構築する義務に違反はなかったと評価している。

続けて裁判所は「本件以前に同様の手法による不正行為が行われたことがあったなど……Aにおいて本件不正行為の発生を予見すべきであったという特別な事情も見当たらない」ことなどを指摘している。これは，本件では疑念を持つような事情が認められないことから，代表取締役であるAは他の取締役や従業員を信頼することが許され，不正の見落としがあったとしてもAに義務違反があったとは評価されないということだと理解することができる。

17 監査役の任務懈怠

大阪高裁平成27年5月21日判決（判時2279号96頁） ▸百選A29

事案をみてみよう

分譲マンションの企画・販売を行うA社には，日本監査役協会が定めた「監査役監査基準」にほぼ準拠した監査役監査規程（以下「本件監査役監査規程」という）が設けられており，特にその21条では，監査役は，会社の取締役会決議に基づいて整備される取締役および使用人の職務の執行が法令および定款（ていかん）に適合することを確保するための体制等（内部統制システム）に関して，必要があると認めたときは，取締役または取締役会に対しその改善を助言または勧告しなければならない旨が定められていた。

A社の代表取締役Bは，平成21年8月頃から資金流用や濫発的な手形振出しを行うようになり，それに対して監査役X（公認会計士の資格を有する）らはしばしば疑義を表明するなどしていた。

平成22年12月29日，A社は株主割当てによる新株発行（以下「本件新株発行」という）を行い，4億円あまりの払込金を得たものの，Bは，直ちに財務担当の取締役であるCらに指示して，払込金から8000万円を出金し第三者に交付した。かかる第三者への交付は，本件新株発行の決定の際に取締役会が定めた資金使途（使いみち）には含まれていなかった。

平成23年5月2日，A社に対して破産手続開始決定が出され，A社の破産管財人Yは，Xに対して，A社の取締役・取締役会に内部統制システムの整備および代表取締役の解職についての助言・勧告を行わなかった任務懈怠（けたい）があるとして，A社に対する損害賠償責任（423条）を追及した。[*1]

*1｜役員の会社に対する責任を追及する訴訟では，会社側（株主代表訴訟の場合の株主を含む）が原告，役員側が被告となるのが通常であるが，本件では，原告X＝責任を追及された監査役，被告Y＝責任を追及した破産管財人となっている。これは，会社の破産手続の中で役員の責任を追及する場合には，まず，破産管財人の申立てまたは裁判所の職権により破産会社の役員の会社に対する責任の査定の裁判が行われ（破178条），責任を追及される役員側がそれに不服がある場合には異議の訴えにより破産管財人を訴えて責任額の変更等を求める（破180条）という構造になっており，本判決は責任査定の異議の訴えにかかるものだからである。

読み解きポイント

本件において，Bの暴走を止められるような仕組みを備えたり，暴走するBをA社の代表取締役の地位から引きずり下ろすことをしていれば，A社の倒産を防げた可能性がある。しかしながら，内部統制システムの整備に関する決定も代表取締役の解職も取締役会で決めるべき事項（362条2項3号・4項6号・5項）であるのに対して，本件で責任を追及されているXは監査役であってそれらの事項を決定する権限はない。では，Xは，Yが主張するように，取締役・取締役会に対して内部統制システムの整備や代表取締役の解職を行うべきことを助言する義務を負い，それをしなかったがゆえに任務懈怠により会社に対する責任を負うと考えるべきであろうか。

判決文を読んでみよう

「A社の取締役らは，平成22年12月7日の時点において，Bが，A社の資金を，定められた使途に反して，合理的な理由なく不当に流出させるといった任務懈怠行為を行う可能性があることを具体的に予見することが可能であったといえ，取締役らの中でも，経営管理本部長であり，財務担当の取締役であるCは，このような事態の発生を防止するための内部統制システムを，取締役会において整備すべき義務を負っており，具体的には，現金及び預金の管理規程を制定し，即時，これを施行することを取締役会に提案し，取締役会においてこれを決定すべき義務を負っていた」ものの，「Cが，Bに対して，このような行為を止めさせるための具体的な方策を取ろうとした形跡も存しない」。

「以上のような事情と，……Xが……公認会計士であり，……平成22年度の監査役の監査業務の職務分担上，経営管理本部管掌業務を担当することとされていたことに加えて，取締役会への出席を通じて，Bによる一連の任務懈怠行為の内容を熟知していたことをも併せ考えると，Xには，監査役の職務として，本件監査役監査規程に基づき，取締役会に対し，A社の資金を，定められた使途に反して合理的な理由なく不当に流出させるといった行為に対処するための内部統制システムを構築するよう助言又は勧告すべき義務があったということができる。そして，Xが，A社の取締役ら又は取締役会に対し，このような助言又は勧告を行ったことを認めるに足りる証拠はないのであるから，Xが上記助言又は勧告を行わなかったことは，上記の監査役としての義務に違反するものであったということができる。」

「Bの一連の行為は，BがA社の代表取締役として不適格であることを示すものであることは明らかであるから，監査役として取締役の職務の執行を監査すべき立場にあるXとしては，A社の取締役ら又は取締役会に対し，Bを代表取締役から解職すべきである旨を助言又は勧告すべきであったということができる。」

この判決が示したこと

監査役が，監査役監査規程に従って内部統制システムの整備についての助言・勧告を行うことをせず，また，不適格な代表取締役の解職を取締役会に助言・勧告しなかった場合には，任務懈怠責任が生じる場合がある。

解説

Ⅰ．監査役の職務

監査役は，取締役の職務の執行を監査する機関であり（381条1項），特に，取締役の職務執行に，法令・定款に違反する事実または著しく不当な事実があるか否かを監査する権限を有するものとされている（382条，384条参照[*2]）。

では，実際に取締役が違法・著しく不当な業務執行をした場合，あるいはしそうである場合に，監査役にはどのような対応をとることが求められるか。

＊2｜伝統的には，監査役の職務は，業務執行の法令・定款違反をチェックし指摘することであって，取締役の裁量的判断一般の当否のチェックは含まれないと考えられてきた。たとえば2つの選択肢のどちらをとるほうが会社の利益にかなうか，といった「妥当性」は，会社の経営を担っている取締役会あるいは業務執行取締役等が評価すべき問題であって，お目付役である監査役が口を出すべきではない，という考え方である。このような考え方を端的に示すものとして「監査役の監査は適法性に関するものにとどまり，妥当性には及ばない」といった表現が用いられることもある。もっとも，取締役の裁量に属するものであっても，会社に損失が生じることが明白であるような場合については，「著しく不当」または善管注意義務（330条，民644条）違反という法令違反の問題として，監査役にも一定の対応策をとることが要求されると解されている。

一般論としては，取締役会へ報告（382条）し，必要に応じて取締役会の招集権者（366条1項）に対し取締役会の招集を請求（383条2項）し，さらに，差止請求権（385条1項）を行使すべきであると解されているが，これらの手段のうちどの手段をとることが監査役の義務となるかは，事案に応じて異なると考えられている。

Ⅱ．取締役会等への助言・勧告は監査役の法定の義務に含まれるか

もっとも，本件では，XがBの暴走を止めなかったこと自体ではなく，Bの暴走を止められるような仕組み（内部統制システム）を整備すべきこと，および，暴走するBを代表取締役の地位から引きずり下ろすべきことを取締役・取締役会に助言をしなかったことが問題とされているが，**読み解きポイント**でも述べたとおり，これらの事項はいずれも法律上取締役会が決定すべき事項であるため，そのような事項について監査役がどの程度関与しなければならないかが問題となる。

一つの考え方としては，①監査役が有する法定の権限の範囲内でのみ義務と責任を負うというものが考えられる。これによれば，最終的に取締役会が決する事項であって監査役がその決定を左右する法的権限を有しない（差止権等の対象とならない）性質の事項については，監査役としては自発的に取締役や取締役会に助言・勧告することができるとしても，それを法的義務として認識すべきではなく，したがって，監査役が助言・勧告を行わなかったとしても任務懈怠責任は生じないと考えることになる。

他方，②監査役の法定の職務権限では覆すことができない事項であっても，当該事項について最終的な決定権限のある取締役会等の意思決定への働きかけを行うことは監査役の善管注意義務に含まれるという考え方もありうる。この考え方からすれば，取締役会が最終的に決定すべき事項につき監査役が適切に助言・勧告を行わなかった場合には任務懈怠責任が問われうることになる。

Ⅲ．本件の特殊性

もっとも，本判決が，Ⅱで示した①と②の考え方のいずれを採用しているのかは明らかではない。というのも，本件では，社内規程として「監査役監査規程」が設けられており，その中に内部統制システムについての助言・勧告義務が定められているからである。①の考え方のように会社法の規定そのものから助言・勧告義務を導くことができないとしても，監査役が会社の内部規程を遵守していないことをもって任務懈怠があるとすることで，本判決の結論を正当化することができる可能性があるからである。

18 法令違反の行為と取締役の責任

野村證券損失補てん事件

最高裁平成12年7月7日判決（民集54巻6号1767頁） ▶百選49

事案をみてみよう

A社はいわゆる「営業特金」と呼ばれる方法で10億円の資産運用をしていた。これは，信託銀行に信託されたA社の資産について，証券会社であるB社（野村證券株式会社）の指図に従って有価証券の売買等を行う取引であった。[*1] この取引の結果，A社には3億6000万円の損失が発生した。A社はB社の大口顧客であったことから，B社は，将来のA社との取引関係を失うおそれがあることも考慮し，A社に生じた3億6000万円の損失を補てんした上で（「本件損失補てん」[*2]），営業特金を解消した。

B社の株主であるXは，本件損失補てんについて，B社の代表取締役であったYらが法令に違反する行為を行い会社に損害を与えたと主張して，株主代表訴訟を提起した。[*3]

なお，当時の商法266条1項5号は，次のように定めていた。

旧商法266条1項

左ノ場合ニ於テハ其ノ行為ヲ為シタル取締役ハ会社ニ対シ連帯シテ第1号ニ在リテハ違法ニ配当又ハ分配ノ為サレタル額，第2号ニ在リテハ供与シタル利益ノ価額，第3号ニ在リテハ未ダ弁済ナキ額，第4号及第5号ニ在リテハ会社ガ蒙リタル損害額ニ付弁済又ハ賠償ノ責ニ任ズ

〔1号から4号は省略〕

5号　法令又ハ定款ニ違反スル行為ヲ為シタルトキ

*1　つまり，10億円をどのように運用するかについての実際の投資判断はB社に任されているということである。

*2　具体的には，特定の有価証券をB社がA社に売却し，その日のうちにB社がA社からこれを高値で買い戻すという方法によって，A会社に3億6000万円の利益を与えた。

*3　株主代表訴訟とは，取締役等の役員が会社に対して責任を負う場合に，一定の要件を満たした株主が自ら原告となって，会社のために，取締役等の責任を追及する訴えを提起することができるという制度である（847条）。

読み解きポイント

B社による本件損失補てんは，不公正な取引方法（ここでは，不当な利益による顧客誘引）を禁止する独占禁止法（私的独占の禁止及び公正取引の確保に関する法律）19条に違反すると判断された。[*4]

取締役が法令に違反する行為をした場合には，会社に対して損害賠償責任を負う（旧商法266条1項5号。会社423条1項，355条）。それでは，取締役を対象とする法令に違反した場合ではなく，取締役の行為により会社が会社を対象とする法令に違反した場合にも，取締役は会社に対して損害賠償責任を負うのだろうか。その場合，会社が対象となっているあらゆる法令について，取締役は会社に対して法令違反を理由とする損害賠償責任を負うのだろうか。

判決文を読んでみよう

「本規定〔旧商法266条。会社423条1項，355条参照〕は……法令に違反する行為をした取締役はそれによって会社の被った損害を賠償する責めに任じる旨を定めるものであるところ，取締役を名あて人とし，取締役の受任者としての義務を一般的に定める商法254条3項〔会社330条〕（民法644条），商法254条ノ3〔会社355条〕の規定（以下，併せて「一般規定」という。）及びこれを具体化する形で取締役がその職務遂行に際して遵守すべき義務を個別的に定める規定が，本規定にいう『法令』に含まれることは明らかであるが，さらに，商法その他の法令中の，会社を名あて人とし，会社がその業務を行うに際して遵守すべきすべての規定もこれに含まれるものと解するのが相当である。けだし〔なぜならば〕，会社が法令を遵守すべきことは当然であるところ，取締役が，会社の業務執行を決定し，その執行に当たる立場にあるものであることからすれば，会社をして法令に違反させることのないようにするため，その職務遂行に際して会社を名あて人とする右の規定を遵守することもまた，取締役の会社に対する職務上の義務に属するというべきだからである。したがって，取締役が右義務に違反し，会社をして右の規定に違反させることとなる行為をしたときには，取締役の右行為が一般規定の定める義務に違反することになるか否かを問うまでもなく，本規定にいう法令に違反する行為をしたときに該当することになるものと解すべきである。」

「株式会社の取締役が，法令又は定款に違反する行為をしたとして，本規定に該当することを理由に損害賠償責任を負うには，右違反行為につき取締役に故意又は過失があることを要するものと解される〔最判昭和51・3・23集民117号231頁参照〕」。

本件の「事実関係の下においては，Yらが，本件損失補てんを決定し，実施した平成2年3月の時点において，その行為が独占禁止法に違反するとの認識を有するに至らなかったことにはやむを得ない事情があったというべきであって，右認識を欠いたことにつき過失があったとすることもできない」。

＊4　独占禁止法19条は不公正な取引方法を用いることを禁止しており，公正取引委員会の告示である一般指定の9により，不公正な取引方法として，「正常な商慣習に照らして不当な利益をもって，競争者の顧客を自己と取引するように誘引すること」が挙げられている。本判決は「証券会社が，一部の顧客に対し，有価証券の売買等の取引により生じた損失を補てんする行為は，証券業界における正常な商慣習に照らして不当な利益の供与というべきである」と述べ，本件損失補てんが一般指定の9に該当し，独占禁止法19条違反であると判示している。

この判決が示したこと

① 会社を名宛人（対象）とする法令について，取締役の行為によって会社がこの法令に違反することになった場合には，取締役は会社に対して法令違反を根拠とする損害賠償責任を負う。

② 取締役が法令違反を理由に損害賠償責任を負うには，法令違反行為について故意または過失があることが必要だが，本件では取締役に過失はなかった。

解説

I. 法令違反と取締役の責任

旧商法266条1項5号は，取締役が法令または定款に違反する行為をしたときには，会社に対して損害を賠償する責任を負うと規定していた。この規定を引き継いだ会社法 423 条 1 項は，取締役は「その任務を怠ったときは」損害賠償責任を負うと規定しており，規定の仕方は変更されているが，取締役が法令に違反する行為をした場合には取締役は会社に対して損害賠償責任を負うという点において変更はない。

現在の会社法 423 条の下では，取締役は，法令違反行為をした場合には任務懈怠責任を負うことになる。取締役は法令を遵守する義務を負っているためである。

有力な考え方によれば，取締役の責任を追及する側（本件でいう X）は，法令違反の事実があったことさえ主張・立証すれば足り[*5]，責任を否定したい取締役の側（本件でいう Y ら）が，故意や過失といった帰責事由がなかったことを証明する必要があると考えられている[*6]。以下ではこの考え方を前提として説明する。

*5 本判決も，取締役の行為により会社が（会社を名宛人とする）法令に違反することになった場合には「取締役の右行為が一般規定の定める義務〔善管注意義務など〕に違反することになるか否かを問うまでもなく」，266条1項5号に該当することになると述べている。

*6 この考え方とは異なり，取締役の責任を追及する側は，法令違反の事実があったことだけでなく，その法令違反行為が善管注意義務違反であると評価されることまでも主張・立証する必要があると考える立場もある。

Ⅱ．会社を名宛人とする法令に違反した場合についての議論

本判決で主に問題となったのは，取締役を名宛人（対象）とする法令ではなく，会社を名宛人とする法令について違反があった場合にも，取締役は責任を負うのかどうかである。理解のために必要な学説（考え方）を簡単に紹介しておきたい。

取締役の行為により会社が会社を名宛人とする法令に違反することになった場合に会社に対して損害賠償責任を負うかという点をめぐっては，①取締役が損害賠償責任を負うのは，会社の財産の健全性を確保することを目的とする規定に違反した場合に限られるとする考え方や，会社・株主の利益を保護することを意図して立法された規定および公序規定に違反した場合に限られるとする考え方（限定説）と，②現行の法令すべてについて，法令に違反した場合には損害賠償責任を負うとする考え方（非限定説）が存在していた。

本件の事案で問題となった独占禁止法 19 条は会社を名宛人としており，限定説をとった場合と非限定説をとった場合とでは，次のような違いが生じる可能性があった。仮に限定説に立ち，独占禁止法 19 条に違反したとしても取締役は法令違反を根拠とする損害賠償責任は負わないと理解した場合には，取締役に対して損害賠償責任を追及するためには，別途，取締役に善管注意義務違反があったことを主張・立証しなければならないことになる。これに対して，非限定説に立った場合には，取締役の行為により会社が独占禁止法 19 条に違反したことさえ主張・立証されれば，取締役に善管注意義務違反があったことを別途主張・立証するまでもなく，取締役は会社に対して損害賠償責任を負うことになる（ただし，後述する過失の有無の問題は残る）。

本判決は，「商法その他の法令中の，会社を名あて人とし，会社がその業務を行うに際して遵守すべきすべての規定もこれに含まれる」と述べることで，非限定説の立場をとることを明確にした。本判決は，非限定説をとることの理由として，会社がすべての法令を守るべきであるのは当然であり，会社を経営する立場にいる取締役は，会社が法令に違反しないようにする義務を負っていることを挙げている。

Ⅲ．過失の有無について

さらに，本判決は，取締役に法令違反行為があったとしても，故意または過失がなければ損害賠償責任を負わないことを明確にした。

結局，本判決では，Ｙらには法令違反行為はあったものの，法令違反についての過失はなかったとしてＹらの責任は認められなかった。本件でＹらの過失が否定された背景には，やや特殊な事情がある。本件当時，損失補てんが独占禁止法に違反するかどうかという問題は，関係している役所においてさえ取り上げられておらず，独占禁止法を管轄している公正取引委員会も損失補てんが独占禁止法に違反するとの見解をとっていなかったことが認定されている。こうした事情の下，本判決は，当時Ｙらが損失補てんが独占禁止法に違反するという認識を欠いたことについては過失があったとはいえないと判断したのである。

19 株主代表訴訟の対象となる取締役の責任の範囲

最高裁平成21年3月10日判決（民集63巻3号361頁）　▸百選67

 事案をみてみよう

Ｘは，Ａ社の株主であり，ＹはＡ社の取締役である。Ｘは，株主代表訴訟の方法で，Ｙが所有者として登記されている土地（「本件各土地」）について，Ａ社を所有者とする所有権移転登記手続を行うように求める訴えを起こした。Ｘの主張は本件各土地はＡ社が第三者から買い受けてその所有権を取得したものであるにもかかわらず，Ａ社ではなくＹへの所有権移転登記がされているというものであり，次の主位的請求と予備的請求[*1]により，Ａ社を所有者とする所有権移転登記手続を求めている。

主位的請求は，本件各土地を買い受けたのはＡ社であり，Ａ社が所有者であるとして，Ａ社の所有権に基づきＡ社への真正な登記名義の回復を原因とする所有権移転登記手続を求める，所有権に基づく物権的請求である。

予備的請求は，本件土地を第三者から買い受ける際に，Ａ社はＹとの間で期限の定めのないＹ所有名義の借用契約を締結し，Ｙに本件各土地についてＹ名義で所有権移転登記手続をすることを委託していたが，この借用契約は終了したとして，名義の借用契約の終了に基づき，Ａ社への真正な登記名義の回復を原因とする所有権移転登記手続を求めるものである。つまり，契約の終了に伴い，Ａ社を所有者とする登記をすることを請求している。

本件で主な争点となったのは，これらの請求を行うために株主代表訴訟の制度を用いることができるか否かという点である。

この点について，原審は，株主代表訴訟によって追及することのできる取締役の責任は，旧商法266条1項各号所定の責任など（会社法423条1項に規定する責任などを指す），商法が取締役の地位に基づいて取締役に負わせている厳格な責任に限られており，取締役がその地位に基づかないで会社に負っている責任を含まないとして，本件でＸが追及している責任は，Ｙが取締役の地位に基づいて負っている責任ではないから，株主代表訴訟の対象とならないと判断していた。

＊1｜予備的請求とは，主位的請求が認められない場合に備えて行われる，主位的請求とは両立しない内容の請求をいう。本件では，予備的請求では本件土地を買い受ける際にA社とYとの間でY所有名義の借用契約が締結されたことが前提とされているが，主位的請求ではこのような借用契約の存在は前提とされておらず，主位的請求と予備的請求とは内容が両立しない。

読み解きポイント

取締役が会社に対して負う責任の中には，①取締役の地位に基づく責任，②取締役の会社に対する取引債務についての責任，③所有権に基づく物権的請求についての責任などがあるが，このうち，どの範囲が株主代表訴訟の対象になるだろうか。

判決文を読んでみよう

「商法 267 条〔会社 847 条〕所定の株主代表訴訟の制度は，取締役が会社に対して責任を負う場合，役員相互間の特殊な関係から会社による取締役の責任追及が行われないおそれがあるので，会社や株主の利益を保護するため，会社が取締役の責任追及の訴えを提起しないときは，株主が同訴えを提起することができることとしたものと解される。そして，会社が取締役の責任追及をけ怠（たい）するおそれがあるのは，取締役の地位に基づく責任が追及される場合に限られないこと，同法 266 条 1 項 3 号[*2]は，取締役が会社を代表して他の取締役に金銭を貸し付け，その弁済がされないときは，会社を代表した取締役が会社に対し連帯して責任を負う旨定めているところ，株主代表訴訟の対象が取締役の地位に基づく責任に限られるとすると，会社を代表した取締役の責任は株主代表訴訟の対象となるが，……貸付けを受けた取締役の取引上の債務についての責任は株主代表訴訟の対象とならないことになり，均衡を欠くこと，取締役は，このような会社との取引によって負担することになった債務（以下「取締役の会社に対する取引債務」という。）についても，会社に対して忠実に履行すべき義務を負うと解されることなどにかんがみると，同法 267 条 1 項にいう『取締役ノ責任』〔会社法 847 条 1 項にいう「役員等……の責任」〕には，取締役の地位に基づく責任のほか，取締役の会社に対する取引債務についての責任も含まれると解するのが相当である。」

「これを本件についてみると，X の主位的請求は，A 社の取得した本件各土地の所有権に基づき，A 社への真正な登記名義の回復を原因とする所有権移転登記手続を求めるものであって，取締役の地位に基づく責任を追及するものでも，取締役の会社に対する取引債務についての責任を追及するものでもないから，上記請求に係る訴えを却下した原審の判断は，結論において是認することができる。

これに対し，X の予備的請求は，本件各土地につき，A 社とその取締役である Y との間で締結された Y 所有名義の借用契約の終了に基づき，A 社への真正な登記名義の回復を原因とする所有権移転登記手続を求めるものであるから，取締役の会社に対する取引債務についての責任を追及するものということができる。そうすると，予備的請求に係る訴えは，株主代表訴訟として適法なものというべきである。」

*2 旧商法266条1項3号は会社法制定に際して削除されている。

この判決が示したこと

①取締役の地位に基づく責任，②取締役の会社に対する取引債務についての責任，

③所有権に基づく物権的請求についての責任のうち，①と②は株主代表訴訟の対象となるが，③は株主代表訴訟の対象とならない。

解説

Ⅰ．株主代表訴訟の制度の趣旨

取締役が会社に対して責任を負っている場合，本来であれば，会社が原告となって訴えを提起し，取締役の責任を追及することが考えられる[*3]。しかし，本判決の判決文も指摘しているように，会社に対して責任を負っている取締役とそれ以外の役員とは，一緒に仕事をしてきた同僚の関係にあることから，同僚の取締役を訴えるのはしのびないといった理由で本来なら訴えを起こすべき場面で訴えを起こさない可能性がある（判決文中の「役員相互間の特殊な関係」という言葉に注目してほしい）。そこで，株主が原告となり，会社のために訴訟を起こすことができることにしたのが，株主代表訴訟の制度である[*4]。

＊3｜株主代表訴訟の方法ではなく，原則どおりに，会社自身が原告となって取締役の責任を追及することもできる。このように会社が取締役に対して訴えを提起する場合には，代表取締役が会社を代表して訴訟を行うと，同僚としての意識により，責任追及を手加減してしまうおそれがあることから，例外的に，監査役が会社を代表することとされている（386条1項1号）。

＊4｜株主はあくまでも「会社のために」訴訟を行うのであり，原告が勝訴した場合には，取締役から会社に対する金銭の支払が命じられることになる。

Ⅱ．株主代表訴訟の対象となる取締役の責任の範囲

本判決で問題となったのは，取締役が会社に対して負っている責任のうち，どの範囲について，株主代表訴訟の制度を用いて追及することができるかという点である。

取締役が会社に対して負う責任を整理すると，①会社法423条の任務懈怠（けたい）責任のような，「取締役の地位に基づく責任」，②会社が取締役に対して金銭を貸し付けた場合のような，「取締役の会社に対する取引債務についての責任」，③会社が所有権を有している不動産を取締役が権限なく占有しているため会社が所有権に基づいて明渡しを請求する場合のような、物権的請求についての責任などがある。

このうち①「取締役の地位に基づく責任」が株主代表訴訟の対象になることには争いがなかった。②「取締役の会社に対する取引債務についての責任」について，本判決は「会社が取締役の責任追及をけ怠するおそれがあるのは，取締役の地位に基づく責任が追及される場合に限られないこと」などを理由として，株主代表訴訟によって追及できるとした。取締役が会社に対して負っているのが取引債務である場合にも，同僚である他の役員が責任の追及をためらう可能性があるということであり，妥当な判断だろう。

その一方で，本判決は，③所有権に基づく物権的請求についての責任は株主代表訴訟によって追及できる取締役の責任には含まれないという判断をしている。しかし，会社が所有権を有している土地について取締役名義の登記がされている場合に，他の取締役が登記の名義人となっている取締役に遠慮して，登記名義の移転を求める訴えを提起しないという状況も考えられるのであり，所有権に基づく物権的請求の場合にも「会社が取締役の責任追及をけ怠するおそれがある」ことには変わりがないはずである。そこで，本判決の考え方からすると，③所有権に基づく物権的請求についての責任も株主代表訴訟の対象になるのではないかという考え方もある。

Introduction 6

Contents

I-1 法人
I-2 株主総会
I-3 取締役
I-4 取締役会
I-5 役員の会社に対する責任

I-6 役員の第三者に対する責任

役員の第三者に対する責任

取締役である僕が株式会社 KFM に対して責任を負う場合があるっていうことはわかったけど，会社の取引先とかに対しても取締役が個人的に責任を負う場合はあるのかな？

取締役等の役員は，I-5 の Introduction で紹介したように会社に対して責任を負う場合があるほか，取引先等の第三者に対して責任を負う場合もある。

会社法 429 条 1 項は次のように規定する。

> ①役員等がその職務を行うについて悪意又は重大な過失があったときは，当該役員等は，③これによって ②第三者に生じた損害を賠償する責任を負う。

この条文は，役員が第三者に対して責任を負う場合について規定しており，この条文に基づいて第三者が取締役に対して責任を追及するためには，①役員に悪意または重大な過失があったこと（悪意重過失），②第三者に損害が発生していること，③役員の悪意重過失がある行為と第三者の損害との間に因果関係があること，の 3 点を主張立証する必要がある。

ここで問題となるのは，①の悪意重過失は何について要求されるのかという点である。取締役としての任務を怠ったこと（任務懈怠）についての悪意重過失が求められているのだろうか。それとも，第三者に対して加害行為を行ったことについての悪意重過失が求められているのだろうか〔→判例 **20**〕。

応用問題であるが，もし，取締役をすでに辞任したにもかかわらず，辞任したという登記がされていない取締役（辞任登記未了の取締役）がいた場合，その者は会社法 429 条に基づく第三者に対する責任を負うのだろうか〔→判例 **21**〕。

20 取締役の第三者に対する責任の法的性質

最高裁昭和44年11月26日大法廷判決（民集23巻11号2150頁） ▸百選70

事案をみてみよう

A社はBが代表取締役としてその経営にあたってきたが，業績が不振となったため，Yの地位や信用を利用するためにYに代表取締役社長に就任することを依頼し，Yはこれを承諾した。Yは，自分は多忙であるから週2，3回しか出社できないと伝え，社長印をBに預け，A社の社長であるYの名前で小切手を振り出す権限もBに与え，業務の一切をBに任せきりにしていた。

BはX社から鋼材を買い受け，その際X社に対し，振出人欄に「A社取締役社長Y」と記載された約束手形を交付した。しかし，この約束手形についての支払が行われなかったことから，X社は，Yを被告として，旧商法266条ノ3第1項（会社法429条）に基づく損害賠償の支払を求めて本件訴えを提起した。

読み解きポイント

会社法429条1項で要求されている「悪意又は重大な過失」は，取締役としての任務を懈怠（けたい）したことについての要件なのか[*1]，それとも，第三者に対する加害行為についての要件なのか。「悪意又は重大な過失」が取締役としての任務懈怠についての要件だとすれば，本件では業務をBに任せきりにしていたYには取締役としての任務懈怠があり，また，そのことに重過失もあると考えられるため，Yは責任を負うことになりそうである。他方で，「悪意又は重大な過失」が第三者に対する加害行為についての要件だとすれば，そもそもYには第三者であるX社に対する加害行為があったとはいえず，Yは責任を負わないことになりそうである。[*2]

*1 任務懈怠とは何かについては，I-5のIntroductionを参照。

*2 本件で問題になっている争点は，理論的に極めて複雑である。何が問題になっているのかよくわからない読者には，**解説**を読んだ後に，もう一度**読み解きポイント**と**判決文**を読んでみることをお勧めしたい。

判決文を読んでみよう

「会社と取締役とは委任の関係に立ち，取締役は，会社に対して受任者として善良な管理者の注意義務を負い（商法254条3項〔会社330条〕，民法644条），また，忠実義務を負う（商法254条ノ2〔会社355条〕）ものとされているのであるから，取締役は，自己の任務を遂行するに当たり，会社との関係で右義務を遵守しなければならないことはいうまでもないことであるが，第三者との間ではかような関係にあるのではなく，取締役は，右義務に違反して第三者に損害を被らせたとしても，当然に損害賠償の義務を負うものではない。

しかし，法は，株式会社が経済社会において重要な地位を占めていること，しかも株式会社の活動はその機関である取締役の職務執行に依存するものであることを考慮して，第三者保護の立場から，取締役において悪意または重大な過失により右義務〔取締役の会社に対する善管注意義務および忠実義務〕に違反し，これによって第三者に損害を被らせたときは，取締役の任務懈怠の行為と第三者の損害との間に相当の因果関係があるかぎり，会社がこれによって損害を被った結果，ひいて第三者に損害を生じた場合であると，直接第三者が損害を被った場合であるとを問うことなく，当該取締役が直接に第三者に対し損害賠償の責に任ずべきことを規定したのである。」

「以上のことは，取締役がその職務を行なうにつき故意または過失により直接第三者に損害を加えた場合に，一般不法行為の規定によって，その損害を賠償する義務を負うことを妨げるものではないが，取締役の任務懈怠により損害を受けた第三者としては，その任務懈怠につき取締役の悪意または重大な過失を主張し立証しさえすれば，自己に対する加害につき故意または過失のあることを主張し立証するまでもなく，商法266条ノ3〔会社429条〕の規定により，取締役に対し損害の賠償を求めることができる」。

「少なくとも，代表取締役が，他の代表取締役その他の者に会社業務の一切を任せきりとし，その業務執行に何等(なんら)意を用いることなく，ついにはそれらの者の不正行為ないし任務懈怠を看過(かんか)するに至るような場合には，自らもまた悪意または重大な過失により任務を怠ったものと解するのが相当である。」

＊以上が多数意見からの抜粋であるが，本判決には3つの反対意見があり，ここでは松田二郎裁判官の反対意見の一部を紹介する。

「私の解するところによれば，同条〔266条ノ3〕第1項は，取締役が対外的の業務執行につき第三者に対し不法行為に因(よ)って損害を与えた場合における規定であって，次のような性質を有するものである。第一に，そこにいう『悪意又ハ重大ナル過失』は，取締役の対外関係について存することを必要とする。すなわち，それは取締役の対会社関係の任務懈怠において存するものではない。第二に，不法行為についてのこの規定は，民法709条に対して特別規定の関係に立ち，同条の適用を排除するものである。すなわち，この場合，取締役は，対外的の業務執行上の不法行為につき，悪意又は重大な過失のある場合に限り，第三者に対してその責に任ずるのであって，軽過失については責に任ずるものではない。第三に，この規定は，いわゆる『直接損害』についての取締役の責任に関するものであって，いわゆる『間接損害』に関するものではない。」

⇩ この判決が示したこと ⇩

① 会社法429条1項（旧商法266条ノ3第1項）が定めている取締役の第三者に対する責任は，不法行為責任ではなく，特別の法定責任である。

② 「悪意・重過失」の要件は，取締役としての任務懈怠について要求されるのであって，第三者に対する加害行為について「悪意・重過失」があることが要件となる

わけではない。

③ 会社法429条1項は，取締役の任務懈怠により会社が損害を被り，その結果として第三者に損害を生じた場合（いわゆる「間接損害」の事案）にも，取締役の任務懈怠により直接第三者が損害を被った場合（いわゆる「直接損害」の事案）にも適用される。

④ 会社法429条1項が定める取締役の第三者に対する責任の性質は不法行為責任ではないので，取締役に対して，同条の責任とは別に，民法709条に基づく損害賠償責任が認められる場合もある。

解説

Ⅰ．会社法 429 条 1 項（旧商法 266 条ノ 3 第 1 項）の責任の法的性質

本件で問題となっているのは，会社法 429 条 1 項（旧商法 266 条ノ 3 第 1 項）に定められている取締役の第三者に対する責任の法的性質である。会社法 429 条は基本的に旧商法 266 条ノ 3 第 1 項の内容を引き継いでいるため，以下では会社法 429 条に基づいて解説する。

会社法 429 条 1 項は，「役員等がその職務を行うについて悪意又は重大な過失があったときは，当該役員等は，これによって第三者に生じた損害を賠償する責任を負う」と規定する。この条文の理解の仕方をめぐっては，本判決の多数意見と反対意見に代表されるように，2 つの考え方が対立する（表を参照）。

	①責任の性質	②「悪意又は重大な過失」の要件は何について要求されるか	③適用対象	④民法 709 条との関係
多数意見	特別の法定責任	取締役の会社に対する任務懈怠について	直接損害の事案・間接損害の事案の両方を対象とする。	本条の責任のほかに民法 709 条の責任が別途成立する可能性がある（民法 709 条の責任と競合する）。
反対意見	不法行為責任	取締役の第三者に対する加害行為について	直接損害の事案のみを対象とする。	本条は民法 709 条の特別規定なので，本条の責任のほかに民法 709 条の責任が別途成立する余地はない（民法 709 条の責任とは競合しない）。

本判決の多数意見の背景にあるのは，株式会社の取締役が重要な立場にいることを重視して，第三者保護のために，取締役に対して積極的に責任を負わせる必要があるという考え方であり，一方で，反対意見の背景にあるのは，取締役個人に第三者に対する責任を負わせることには慎重になるべきだという考え方である。これを念頭に置いて，多数意見の考え方を中心に見ていこう。

まず，①会社法 429 条 1 項（旧商法 266 条ノ 3 第 1 項）が定める責任の法的性質についてである。多数意見は，同条項の責任は，法が取締役の立場の重要性にかんがみて第三者を保護するために規定した責任，つまり，特別の法定責任であると整理している。この点，反対意見が，同条項の責任を不法行為責任であり，民法709条の特別規定であると述べていることと異なる。これと関連して，②悪意・重過失の要件は何についての要件かという点については，多数意見は，「悪意または重大な過失により右義務〔取締役の会社に対する善管注意義務および忠実義務〕に違反し」たこと，つまり，「その任務懈怠につき取締役の悪意または重大な過失」があることが要件となっており，悪意・重過失は「〔第三者〕に対する加害」についての要件ではないとする。この点，同条項の責任を不法行為責任と解する反対意見が，取締役の第三者に対する対外的な行為についての悪意・重過失を要件とするのと異なる。

ここで，多数意見の考え方と反対意見の考え方とでは，結論に違いが出る可能性がある。本件の事案の場合，代表取締役社長であったYには，代表取締役であるにもかかわらず，A社の経営をほったらかしにして，Bによる不適切な約束手形の振出しを見逃したという任務懈怠が認められる。本判決の多数意見の立場に立って判断した場合，Yにこの任務懈怠について「悪意・重過失」があれば，YのX社に対する責任を認めることができる。これに対し，反対意見の立場に立った上でYの責任を認めるためには，YにX社に対する加害行為があったこと，そして，YのX社に対する加害行為について，Yに「悪意・重過失」があったことを主張立証する必要がある。本件のような事案では，YにX社に対する加害行為があったと主張立証することは相当難しいように思われる。

次に，③会社法429条1項（旧商法266条ノ3第1項）が適用される行為の対象について，多数意見は，同条項が適用される行為の対象には，取締役の任務懈怠により直接第三者が損害を被った場合（いわゆる直接損害の事案）だけでなく，取締役の任務懈怠により会社が損害を被り，その結果として第三者に損害を生じた場合（いわゆる間接損害の事案）も含まれることを明確に述べている[*3]。この点でも，反対意見が同条項の対象は直接損害の事案だけであると解するのと異なる。

さらに，④同条項の責任とは別に民法709条に基づく不法行為責任が成立するかという点について，多数意見は，同条項の責任は不法行為責任ではないので，取締役に対しては，別途民法709条に基づく不法行為責任が成立する余地があることを明確にしている。この点でも，反対意見が同条項は民法709条の特別規定であるとして同条項の責任とは別に不法行為責任が成立することを否定しているのと異なる[*4]。

Ⅱ．取締役の監視義務違反

本事案で問題となったのは，取締役（Y）が他の取締役（B）を監視することについて善管注意義務違反がなかったかどうかである（違反があった場合には，「監視義務違反」と表現されることがある[*5]）。取締役はその職務の一部として他の取締役の職務の執行を監視する必要があり，監視を行うという職務についても当然に善管注意義務を負う。この善管注意義務に違反すれば，任務懈怠となる。Ⅰで説明した多数意見の考え方によると，Yの責任が認められるためには，Yの任務懈怠について（ここでは，Bの監視に善管注意義務違反があったことについて），「悪意・重過失」があったことが要求されることになる。

＊3

間接損害と直接損害とは明確に整理できない場合もあるが，さしあたり次のように理解すればよいだろう。取締役が行為を行った時点（例えば，大量の仕入れを行った時点）では会社の経営は順調であったが，仕入れた商品が全く売れなかったことにより会社に損害が発生して経営が傾き（＝まず会社に損害が発生），その結果として，会社は会社債権者に対して支払ができなくなった（＝第三者に損害が発生）という場合には，取締役の行為と第三者に生じた損害との間に，取締役の行為の結果として会社に損害が発生したという段階が挟まっているため，第三者の損害は間接損害と表現される。これに対して，取締役がその行為（大量の仕入れ）を行った時点ではすでに会社が傾いており，取締役は会社が仕入れ先に対して代金を払える目途もないのに仕入れをし，結局代金を支払うことができなかったという場合には，取締役の行為の結果，まず会社に損害が発生したという段階は挟まらないため，第三者に生じた損害は直接損害と整理される。

＊4

反対意見の考え方をとった場合，通常の民法709条の不法行為責任は行為者に悪意・重過失または軽過失のいずれかがあれば成立するのに対し，取締役の第三者に対する責任については，取締役に軽過失があったにすぎない場合には，取締役には不法行為責任が成立しないことになり，取締役の責任は通常の不法行為責任の場合よりも認められにくくなる。

＊5

監視義務については，Ⅰ-5のIntroductionも参照。

21 辞任登記未了の取締役の第三者に対する責任

最高裁昭和62年4月16日判決(判時1248号127頁) ▶百選72

事案をみてみよう

A社はBが設立した会社であり，Bはその代表取締役であった。Y_1・Y_2・Y_3（あわせて「Yら」という）はA社の取引先であるC社の取締役であったが，C社がA社に対して資金援助をすることに関連して，A社の取締役にも就任した。ただし，YらはC社での業務を抱えていたことから，A社の経営には全く関与せず，せいぜい年1回の役員会に出席して，Bが作成した決算関係書類に対して意見を述べる程度であった。

A社は昭和50年8月末ころに倒産し，Yらは同じころにA社が倒産したことを知り，同年9月13日にBに対しA社の取締役を辞任する旨の意思表示を行い，Bもこれを了承した[*1]。以後，YらはA社の取締役としての行為を一切行っていない。会社法上，取締役が辞任した場合には，会社は2週間以内に辞任についての登記をすることが義務づけられている（915条1項，911条3項13号）。しかし，Bが多忙であったことなどから，当時，Yらの取締役辞任登記手続は行われなかった（3名の辞任登記が行われたのは本件の訴えが提起された後の昭和53年3月28日である）。

*1 なお，取締役を辞任した場合であっても，辞任によって取締役の人数が足りなくなる場合には，新たな取締役が選任され就任するまでは，引き続き取締役としての権利義務を負うこととされている（346条1項）。しかし，本件では取締役の人数が足りなくなるといった事情はなかった。

その後，A社は事業を継続しながら債務を返済していくことになり，その過程でA社はX社から原料を買い入れる取引を行ったが，結局A社は最終的に倒産し，X社はA社に対する約5900万円の売掛金債権を回収することができなくなった。

A社はYらに対し，旧商法266条ノ3（会社法429条に相当）に基づき，約5900万円の損害賠償を支払うことを求める訴えを提起した。

読み解きポイント

X社との取引の時点では，YらはすでにA社の取締役を辞任しているが，辞任の登記はされていないため，登記簿上は取締役としての記載が残っていることになる。

このように辞任したにもかかわらず辞任登記が行われていない取締役は，会社法429条に基づく取締役の第三者に対する責任を負うのだろうか。

判決文を読んでみよう

「株式会社の取締役を辞任した者は，辞任したにもかかわらずなお積極的に取締役として対外的又は内部的な行為をあえてした場合を除いては，辞任登記が未了であることによりその者が取締役であると信じて当該株式会社と取引した第三者に対しても，商法……266条ノ3第1項前段〔会社429条〕に基づく損害賠償責任を負わないものというべきである〔最判昭和37・8・28集民62号273頁参照〕が，右の取締役を辞任した者が，登記申請権者である当該株式会社の代表者に対し，辞任登記を申請しないで不実の登記を残存させることにつき明示的に承諾を与えていたなどの特段の事情が存在する場合には，右の取締役を辞任した者は，同法14条〔会社908条2項〕の類推適用により，善意の第三者に対して当該株式会社の取締役でないことをもって対抗することができない結果，同法266条ノ3第1項前段にいう取締役として所定の責任を免れることはできないものと解するのが相当である。

これを本件についてみるに，Y_1，Y_2，Y_3が，A社の代表取締役であるBに対し，取締役を辞任する旨の意思表示をした際ないしその前後に，辞任登記の申請をしないで不実の登記を残存させることにつき明示的に承諾を与えていたなどの特段の事情の存在については，原審においてなんら主張立証のないところである。そうすると，YらはX社に対し商法266条ノ3第1項前段〔会社429条〕に基づく損害賠償責任を負うものではないとした原審の判断は，結論において是認することができる。」

この判決が示したこと

① 取締役を辞任した者は，辞任したにもかかわらず積極的に取締役としての行為をした場合を除いては，辞任登記がされていないためにその者が取締役であると信じて会社と取引をした第三者に対して，会社法429条に基づく損害賠償責任を負わない。

② ただし，取締役を辞任したが辞任登記が行われていない者が，自分が取締役であるという不実の登記を残すこと（＝辞任登記を行わないこと）について会社の代表者に対して明示的に承諾を与えていたというような特段の事情がある場合には，会社法908条2項（旧商法14条）の類推適用により，自分が取締役を辞任したことを知らない善意の第三者に対しては自分が取締役ではないということを主張できない結果，その第三者に対して会社法429条の責任を負うことになる。

解説

Ⅰ．会社法908条2項（旧商法14条）

旧商法14条に対応する会社法908条2項は，「故意又は過失によって不実の事項を登記した者は，その事項が不実であることをもって善意の第三者に対抗することができない」と規定し，不実の登記が行われた場合，つまり，事実がないのに登記が行われている場合のルールを規定している。この規定により，例えば，会社が，本当は取締役ではない者を取締役として登記したところ，[*2] その者が会社の取締役を名乗って第三者と取引をし，第三者が会社に対して取引に基づく支払を請求してきた場合には，会社は不実の登記であること（＝その者は本当は取締役でないこと）を第三者に対して主張できない結果，第三者に対して支払を行う義務を負うということになる。

＊2　なぜ不実の登記が行われるのだろうか。かつては旧商法によりすべての株式会社について3名以上の取締役を置くことが義務づけられており，登記簿上の体裁を整えるため，本当は取締役には就任していない者を取締役として登記することが行われていた可能性がある。

Ⅱ. 本判決の理解

1 ▸▸ 辞任登記未了の取締役が第三者に対して責任を負う場合

本判決はまず，取締役を辞任した者は，辞任後も積極的に取締役としての行為をしている場合を除いては，辞任登記が未了であるとしても，会社法 429 条に基づく第三者に対する責任を負わないという原則を述べる。そして，これに続く部分で例外を示し，取締役を辞任した者が，積極的に取締役としての行為をしていない場合であっても，「辞任登記を申請しないで不実の登記を残存させることにつき明示的に承諾を与えていたなどの特段の事情が存在する場合」には，会社法 429 条に基づく第三者に対する責任を負うとする。

つまり，本判決によれば，辞任登記未了の取締役が第三者に対して責任を負うのは，①辞任後も積極的に取締役としての行為をしている場合と，②辞任後は積極的に取締役としての行為はしていないが，不実の登記を残存させることについて明示的に承諾を与えていたなどの特段の事情がある場合の 2 つの場合だということになる。

2 ▸▸ 「明示的に承諾」

取締役の選任登記や解任登記を含め，株式会社に関する登記の申請は代表者が行うことになっている。辞任した取締役が，株式会社の代表者に対して，自分が退任したという内容の登記を申請せず，自分が引き続き取締役であるかのような不実の登記を残すことについて「明示的に承諾」を与えていた場合には，その者は 429 条の責任を免れることができないことになる。

ここでは「明示的に承諾」を与えることが要求されており，「黙示的に承諾」していただけでは足りない。辞任した取締役が，辞任登記がされていないことを知っていたけれども何も言わずにそのまま放っておいたというような場合には，黙示的な承諾があったと認められる可能性はあっても明示的な承諾があったとは言えないことから，本判決の考え方の下では，この者は第三者に対する責任を負わないことになるだろう。

3 ▸▸ 法律構成

以上の結論を導く法律構成として，本判決は会社法 908 条 2 項（旧商法 14 条）を類推適用し，取締役として登記されている者は，善意の第三者に対して自分が取締役でないということを主張することができなくなる結果，当該第三者に対する取締役としての責任を免れることができないと整理している。ここで会社法 908 条 2 項（旧商法 14 条）を使用したのは，辞任の登記をしないことによりすでに取締役ではない者について取締役としての登記を残すことは，実質的に見れば，不実の登記を行うことと同様または類似していると理解できるためだろう。[*3][*4]

＊3 | なお，辞任登記が行われていない取締役の第三者に対する責任の問題に対応するためには，本判決のように旧商法14条に相当する会社法908条2項を用いるほか，旧商法12条に相当する会社法908条1項を用いることも考えられる。会社法908条1項は，「この法律の規定により登記すべき事項は，登記の後でなければ，これをもって善意の第三者に対抗することができない。（以下略）」と規定し，登記すべき事項について登記がなかった場合のルール，つまり，事実が存在しているのに登記が行われていない場合のルールを規定している。辞任登記がされないという状況は，登記すべき事項について登記がなかった場合であることから，会社法908条2項ではなく同1項を使用することも考えられるが，本判決はこの構成は採用しなかった。

＊4 | 本判決が会社法908条2項（旧商法14条）の「適用」ではなく「類推適用」をしているのは，会社法908条2項は「不実の事項を登記した者」（旧商法14条は「不実の登記をした者」。典型的には，登記の申請権者であり義務を負っている会社）に対して適用される規定であるところ，辞任した取締役は登記の申請権者ではないためである。

Ⅲ. 関連する裁判例：選任決議を欠く登記簿上の取締役

本件で問題となったのは，辞任したにもかかわらず辞任登記が行われていないために登記簿上は取締役である者が第三者に対して責任を負うか否かであったが，これと類似の問題として，株主総会における選任決議が行われていないにもかかわらず，不実の取締役選任登記が行われたために登記簿上は取締役である者が第三者に対して責任を負うか否かという問題がある。

これが問題となったのが本判決に先立つ最判昭和47年6月15日（民集26巻5号984頁）である。最高裁は「就任の登記につき取締役とされた本人が承諾を与えたのであれば，同人もまた不実の登記の出現に加功した〔加担した〕ものというべく……〔旧商法14条（会社908条2項）〕の規定を類推適用して，……同人に故意または過失があるかぎり，当該登記事項の不実なことをもって善意の第三者に対抗することができない」とした。本判決と同様の考え方だといえる。

ファイナンス

本章で学ぶこと

1. 株式
2. 新株・新株予約権
3. 計算

Chapter Ⅱでは，株式会社のファイナンスに関係する判例を取り上げる。ファイナンスは，金融などと訳されるが，要するに，お金の流れのことである。

株式会社に関するお金の流れには，まず，株式会社が人々から資金を調達するというものがある。株式会社の資金調達方法は多様であるが，中でも特徴的なのは，株式を発行して人々から出資を受けるという方法である。ここで株式とは，剰余金の配当を受ける権利，株主総会の議決権など，出資者が出資の対価として得る，会社に対するさまざまな権利の総体のことを指す。

まず**1**では，こうした株式につき，その権利行使方法や譲渡をめぐる問題が争われた判例を，次いで**2**では，株式会社による株式発行をめぐる問題が争われた判例を取り上げる。

株式会社に関するお金の流れには，資金調達だけでなく，事業活動によって収益を得る，株主に剰余金を配当するといったさまざまなものがあるところ，株主や会社債権者にとっては，そうしたお金の流れや株式会社の財産状態についての情報は重要な意味をもつ。**3**では，この点に関係する判例を取り上げることにしよう。

Introduction

1

Contents

Ⅰ-1　株式
Ⅰ-2　新株・新株予約権
Ⅰ-3　計算

株式

1. 株式の譲渡と権利行使の方法

なんか，お金が儲(もう)かりすぎて，使い切れないな。ここは思い切って，非上場のベンチャー企業の株式でも買ってみようかな。非上場会社の株式の譲渡には，どんな手続が必要なんだろう。株式を譲り受ければ，すぐに株主として扱ってもらえるのかな。

株式の譲渡方法は，当該株式にかかる株券が発行されるかどうか，そして，上場株式かどうかで異なる。かつてはすべての株式会社に株券の発行が義務づけられていたが，現行の会社法では，原則として会社は株券を発行できず，例外的に定款で定めた場合にかぎって株券を発行できるとされている。そうした定款の定めを設けた会社のことを株券発行会社という（117条7項，214条）。

株券発行会社の株式の譲渡は，当事者の意思表示と株券の交付とによって行われる（128条1項）。これに対し，株券発行会社でない会社の株式の譲渡は，当事者の意思表示のみによって行われる。

ただし，いずれの株式にせよ，株式の譲受人が株主としての権利を行使するためには，会社の株主名簿に自己を株主として記載・記録してもらう（株主名簿の名義書換をしてもらう）必要がある（130条）。そうしていったん株主名簿に株主として記載・記録されると，その後はいちいち他の方法で自己が株主であることを証明することなく，株主としての権利を行使することができる。

ここでの一つの問題は，株式譲受人が適法な名義書換請求をしたにもかかわらず，会社が故意に名義書換を拒絶したり，過失によって名義書換をしない（放置する）場合にも，株式譲受人は名義書換が未了である以上，株主としての権利を行使できないのかどうかである〔→判例**22**〕。

なお，上場会社の株式については，上場会社が株券不発行会社である（定款で株券を発行できる旨を定めない）ことを前提に，「社債，株式等の振替に関する法律」に基づく特別な制度（振替制度）が用意されており，その制度のもとで株式の譲渡や株主名簿の名義書換も行われる。

2. 譲渡制限株式の場合

会社法上，株式の譲渡は自由であるのが原則である（127条）。ただし，会社の株主にとって好ましくない者が株式を取得して会社経営に関与してくることを防ぐなどの理由から，株式の譲渡について会社の承認を要する旨を定めることも許されている（107条1項1号，108条1項4号）。そのように株式の譲渡が制限されている株式のことを譲渡制限株式という（2条17号）。

譲渡制限株式については，それを譲り受けたとしても，会社の承認を得ていなければ，株主名簿の名義書換を請求することができず（134条1号・2号），それゆえ，株主としての権利を行使することもできない（130条）。そこで，譲渡制限株式が譲渡される場合には，会社に対し，譲渡人が譲渡前に譲渡承認請求をするか（136条），または，譲受人が譲渡後に譲渡承認請求をする（137条）ことになる。

しかし，会社が譲渡を承認してくれるかどうかは不明であり，なかなか承認してくれなければ，実質的には，譲渡が禁止されているのと変わらない。そうすると，株主は投下資本を回収できないため，会社法は，譲渡承認請求とあわせて，もし会社が譲渡を承認しない場合には会社自身が株式を買い取るか，または株式を買い取ってくれる者（指定買取人）を指定するよう請求することができる（136条〜138条）。それでは，そのような請求がなされた結果，会社や指定買取人が譲渡制限株式を買い取ることになった場合，当該株式の売買価格はどのようにして決まるのだろうか〔→判例 **23**〕。

ところで，実務上は，譲渡制限株式の制度を用いずに，契約で株式譲渡を制限することが行われる場合も少なくない。こうした譲渡制限契約の効力については，どのように解すべきだろうか〔→判例 **24**〕。

3. 株式の共有

友だちのお父さんが亡くなった後，遺産相続をめぐって，家族が大もめだって。
相続財産の中心は，お父さんが創業した会社の株式で，誰がその株式を相続して，会社を継ぐかが大問題らしい。そのための協議（遺産分割協議）には全員の同意が必要だから，協議は長引きそうだけど，その間，その株式について誰が株主として権利行使するんだろう。

一般に，株式会社の株式について相続人が複数存在する共同相続の場合，遺産分割協議（民907条1項）が調うまでは，当該株式は，相続分（遺言がなければ法定相続分）に応じて共同相続人の準共有（民264条）になると解されている。

会社法は，こうした準共有株式について権利を行使するためには，準共有株主が権利行使者を1人定めたうえで会社に通知をしなければならず，そうして初めて，その1人の権利行使者だけが株主権を行使できる旨を規定している（106条本文）。それでは，この権利行使者は，どのような方法で選定すべきなのだろうか〔→判例 **25**〕。

22 会社の過失による名義書換未了と株式譲渡人の地位

最高裁昭和41年7月28日判決（民集20巻6号1251頁） ▶百選15

事案をみてみよう

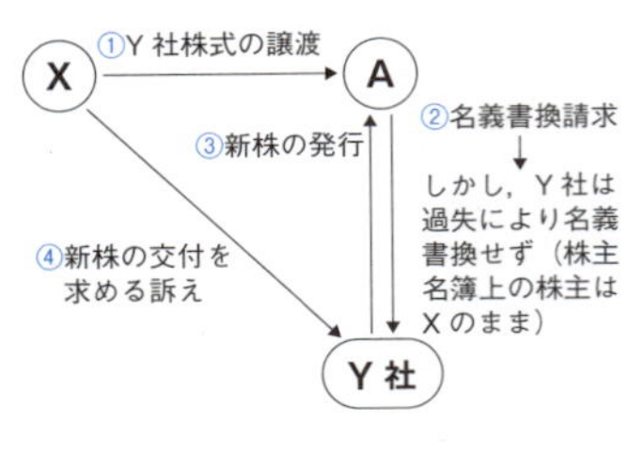

Y株式会社は，新株発行を行うに際し，昭和34年12月2日に開催した取締役会において，①昭和35年2月29日午後5時（本件基準日）現在，株主名簿に記載されている株主に対し，その所有株式1株につき新株2株の割当てを受ける権利を与えること，②株主による新株引受けの申込期間は同年4月25日から5月10日までとすること，③払込金（1株50円）の払込期日は同年5月21日とすることなどを決議した。

Y社の株主Xは，昭和35年1月28日に保有するY社株式500株をAに譲渡した。Aは，同株式につき，同年2月16日にY社に株主名簿の名義書換（かきかえ）を請求したが，Y社の過失により名義書換は行われなかったので，本件基準日の当時も依然（いぜん）として，株主名簿上はXが同株式の株主と記載されていた。このため，Y社は当初Xに新株割当ての通知をし，Xは1000株分の新株（本件新株）につき引受けの申込みをして，払込金の払込みもした。ところが，その後，Y社はAに改めて新株割当ての通知をし，Aが本件新株につき引受けの申込みをして，払込金の払込みもしたので，Y社はAに本件新株を発行した。なお，それに伴い，Y社は，Xから払い込まれた払込金はXに返還している。

これに対し，Xは，Y社に対して本件新株の交付を求めて訴えを提起した。第1審，控訴審とも，Xの請求を棄却したので，Xは上告した。

読み解きポイント

本件の争点は，株式譲受人（A）から株主名簿の名義書換請求があったにもかかわらず，会社が正当な事由なく，故意または過失によって名義書換に応じなかったために，株式譲渡人（X）が依然として株主名簿上の株主である場合，会社は株主名簿上の株主（X）と株式譲受人（A）のいずれを株主として取り扱うべきかである。Xは，Y社は株主名簿上の株主である自己を株主として取り扱うべきであり，それゆえ，本件新株も自分に発行すべきであったと主張したが，そのようなXの主張は認められるべきであろうか。

判決文を読んでみよう

「正当の事由なくして株式の名義書換請求を拒絶した会社は，その書換のないことを理由としてその譲渡を否認し得ないのであり〔大判昭和3・7・6民集7巻546頁参照〕，従って，このような場合には，会社は株式譲受人を株主として取り扱うことを要し，株主名簿上に株主として記載されている譲渡人を株主として取り扱うことを得ない。そして，この理は会社が過失により株式譲受人から名義書換請求があったのにかかわらず，その書換をしなかったときにおいても，同様であると解すべきである。」

この判決が示したこと

株式譲受人（A）から株主名簿の名義書換請求があったにもかかわらず，会社が正当な事由なく故意に名義書換を拒絶したり，過失により名義書換をしなかったために，株式譲渡人（X）が依然として株主名簿上の株主である場合には，会社は株式譲受人（A）を株主として取り扱わなければならない。

解説

Ⅰ．株式譲渡の対会社対抗要件としての株主名簿の名義書換

株式会社では，株主が多数になるケースも予想され，また株式の譲渡も当事者の意思表示によって（株券発行会社では当事者の意思表示と株券の交付とによって〔128条1項〕）会社のあずかり知らないところで行われる。そのため，株主に権利を行使させるべき場合に，そのつど，会社が株主は誰かを調査し確定しなければならないとすると，会社の負担が大きくなりすぎる可能性がある。

そこで，会社法130条は，たとえ株式を譲り受けたとしても，株式譲受人は株主名簿に株主として記載・記録されなければ（株主名簿の名義書換がなされなければ），株式譲渡の効力を会社に対抗する（株式を譲り受けて自分が株主になったことを会社に主張する）ことができない旨を規定している。そのため，株式譲受人が株主としての権利（株主権）を行使するためには，法定の手続（133条，会社則22条[*1]）に従い，会社に請求して名義書換をしてもらわなければならない。この結果，会社としては，株主名簿に株主として記載・記録されている者（株主名簿上の株主）に株主権を行使させればよいことになるから好都合である。上記のような株主名簿の効力は，名義書換をしないかぎり株式譲受人が会社に譲渡を対抗できないという点に着目して対抗力と呼ばれたり，あるいは，会社が権利行使させるべき株主を確定できるという点に着目して確定的効力と呼ばれたりする。

Ⅱ．名義書換の不当拒絶と過失による名義書換未了

ただし，時として，本件のように，株式譲受人（本件ではA）から名義書換請求があったにもかかわらず，正当な事由がないのに，会社が故意に名義書換を拒絶したり，過失によって名義書換をしない（放置する）場合が生じうる（故意による場合は「名義書

*1｜株式譲受人による名義書換請求の方法は，株券発行会社かどうかで異なる。株券不発行会社では，株式譲渡人である株主名簿上の株主またはその一般承継人（株主名簿上の株主が死亡した場合の相続人など）と株式譲受人とが共同して会社に請求する（133条2項）。他方，株券発行会社では，株券を会社に提示して名義書換請求することが許される（133条2項，会社則22条2項1号）。

換の不当拒絶」，過失による場合は「会社の過失による名義書換未了」と呼ばれることが多い[*2]）。このような場合にも，会社法130条をそのまま適用すると，名義書換が未了である以上，株式譲受人は自分が株主であることを会社に主張できないことになる。そのため，会社としては，株主名簿上の株主である株式譲渡人（本件ではX）を株主として取り扱い，株主権を行使させればよいことになりそうである。しかし，こうした結論は妥当だろうか。

この問題について，本判決は，名義書換の不当拒絶と過失による名義書換未了のいずれの場合にあっても，「会社は株式譲受人を株主として取り扱うことを要し，株主名簿上に株主として記載されている譲渡人を株主として取り扱うことを得ない」としている。本判決はこうした見解の理由づけを明らかにしていないが，以下の理由から，本判決の見解を支持できる。すなわち，①会社が故意または過失により，正当な事由なく名義書換に応じなかったにもかかわらず，名義書換が未了であることを理由に，会社が株式譲受人による株主権の行使を認めないことは，信義則（民1条2項）に反するものであって許すべきでない。②とりわけ名義書換請求の不当拒絶は，それを許すと，会社が，誰に株主権を行使させるかを勝手に選べることになりかねないから，許すべきでない。

＊2｜なお，上場会社の株式は，すべて「社債，株式等の振替に関する法律」に基づき，誰がどの株式を何株所有しているかの情報はデータベース（振替口座簿）で管理され，株式の譲渡もデータベース上の処理がなされることで効力が生じるとされている。そのような株式は「振替株式」と呼ばれる。そして，振替株式については，株主名簿の名義書換も，振替口座簿を最終的に管理する振替機関による通知（総株主通知）に従って（株主からの請求なしに）会社が行うものとされる。仮に会社が名義書換を行わなかった場合でも，名義書換が行われたものとみなされるから（社債，株式等の振替に関する法律151条1項，152条1項），名義書換の不当拒絶や会社の過失による名義書換未了といった問題は生じないことになる。

Ⅲ. もう一つの理論構成の可能性

上記のように，Y社が，株主名簿上の株主（X）ではなく，株式譲受人（A）に本件新株を発行したことは妥当であったと思われる。おそらく，その結論には異論がないところであろう。しかし，そのための理論構成としては，本判決が述べたもの以外に，以下のようなものも考えられる。

つまり，最判昭和30・10・20（民集9巻11号1657頁）は，会社法130条は名義書換未了の株式譲受人が株式譲渡の効力を「株式会社……に対抗することができない」と規定していることから，株式譲受人が名義書換未了である場合でも，株式譲受人の側から自分を株主として取り扱うよう主張できないというにすぎず，会社の側から，真の株主である株式譲受人を株主として扱うことは禁じられないとする。そうすると，仮に本件に会社法130条がそのまま適用されたとしても，Y社の側から，真の株主である株式譲受人（A）を株主として扱うことは禁じられないため，Aに本件新株を発行したことにも問題はないことになる。それゆえ，本判決は，こうした理論構成によってXの上告を棄却することも可能であったといえよう。

23 譲渡制限株式の売買価格の算定

大阪地裁平成25年1月31日決定（判時2185号142頁）　▶百選19

 事案をみてみよう

Y_1 株式会社は，不動産賃貸を主たる業とする非公開会社（全株式譲渡制限会社）である。Y_1 社の株主構成をみると，X が発行済株式総数の約 18.9% を保有するが，他の株主・親族グループの保有割合も同程度であり，単独で Y_1 社を支配可能な保有割合を有する株主・親族グループは存在しなかった。

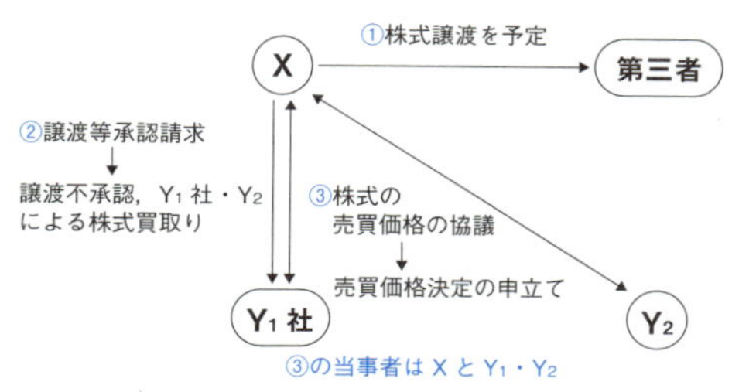

X は，保有する Y_1 社株式の全部（以下「本件株式」という）につき，Y_1 社に譲渡承認を求めるとともに，もし会社が譲渡承認をしない場合は，会社自身が株式を買い取るか，または株式を買い取ってくれる者（指定買取人）を指定するよう請求した（136 条～138 条[*1]）。これに対し，Y_1 社は，譲渡を承認せず，本件株式の半分を Y_1 社自身が買い取り，残り半分の指定買取人として Y_2 を指定する旨を X に通知した。

X と Y_1・Y_2 の間で売買価格の協議が調わなかったため，X は，会社法 144 条 2 項に基づき，裁判所に本件株式の売買価格を決定するよう申し立てた。本件株式の価値評価額については，X・Y_1 社・Y_2 がそれぞれ専門家による鑑定評価を受けて裁判所に提出したが，裁判所は，それらの鑑定評価には中立性が疑われるとして，独自に公認会計士 G に依頼して鑑定評価を受けた。この G の鑑定評価（以下「G 鑑定」という）では，過去の実際の配当額をもとにして「配当還元法」と呼ばれる方法で算出した評価額（1 株 300 円）を 20%，会社の収益予想額をもとにして「収益還元法」と呼ばれる方法で算出した評価額（1 株 3000 円）を 80% の割合で加重平均して（つまり $300 \times 0.2 + 3000 \times 0.8$ という計算式で），本件株式の価格を 1 株 2460 円であるとした。

*1　株主がこうした請求をすることができるとされていることの趣旨につき，**Chapter Ⅱ-1 Introduction** の2参照。

読み解きポイント

本件の問題は，譲渡制限会社の株式の価値をどのように評価すべきかである。その際には，少数株主が保有する株式と支配株主が保有する株式とで，評価方法を変えるべきかどうかも問題となる。

決定文を読んでみよう

「少数株主の企業価値に対する支配は基本的に配当という形でしか及ぶことはないから，その株式価値の評価に当たり，配当に着目した配当還元法をある程度考慮する

ことは不合理ではない。しかも，少数株主は将来の配当をコントロールすることができないから，現状の配当が不当に低く抑えられているとしても，その限度における配当を期待するほかない。したがって，現状の配当を前提に評価することに不合理な点はないというべきである。」

「Xは，他の親族グループとの協力関係を築いてY_1社の支配を獲得する可能性があるだけでなく，Y_1社の支配を望む他の親族グループにとって，無視できない存在である。そうすると，Xの保有割合自体が過半数に達していなくとも，Xが経営に影響を与える可能性がないとはいえず，支配株としての側面を否定することはできないとみるべきである。」

「よって，G鑑定の〔配当還元法20%，収益還元法80%という〕加重平均割合が合理性を欠くものではない。」

「以上によれば，G鑑定のとおり，収益還元法による価格3000円を80%，配当還元法による価格300円を20%の割合で加重平均すると，本件株式の価格は，1株2460円（3000×0.8＋300×0.2）となる。」

この決定が示したこと

本決定は，少数株主が保有する株式は，基本的に，過去の実際の配当額をもとにして「配当還元法」と呼ばれる方法によって評価してよい一方，支配株主が保有する株式は，基本的に，会社の収益予想額をもとにして「収益還元法」と呼ばれる方法によって評価してよいとする。そして，本件のXは，少数株主であるが，支配株主としての側面もないわけではないため，G鑑定のように，配当還元法を20%，収益還元法を80%の割合で併用することには合理性があるとして，Y_1社とY_2はG鑑定による株式評価額（1株2460円）でXの保有株式を買い取るべきであるとした。

解説

Ⅰ．譲渡制限株式の売買価格の申立て

会社自身または指定買取人が譲渡制限株式を買い取ることになった場合，その買取価格（売買価格）は当事者の協議によって定めるが（144条1項），協議が調(ととの)わなければ裁判所が価格を決定する（144条2項・4項）。本件でも，XとY_1社・Y_2間の協議が行われたが，それが調わなかったため，Xが裁判所に対して売買価格決定の申立てを行った。このような売買価格決定の申立てが行われた場合，裁判所は，譲渡承認請求時における会社の資産状態その他一切の事情を考慮して売買価格を決定することになる（144条3項）。それでは，裁判所は，具体的にどのような方法で株式価値を評価して，売買価格を決定すべきなのであろうか。以下では，まず株式評価方法にはどのようなものがあるかを概説したうえで，近時の裁判例の傾向について解説することにしよう。

Ⅱ．各種の株式評価方法

そもそも株式とは，株主の会社に対するさまざまな権利の総体（ひとまとめにしたもの）のことである。[*2] そして，株式の内容は，剰余金配当請求権や残余財産分配請求権のように，会社から金銭等の分配を受ける権利と，株主総会における議決権のように，会社をコントロールする権利に大別される。そうだとすれば，株式の価値評価とは，本来これらの権利の価値を総体として評価することのはずである。しかし，会社のコントロール権の金銭評価は難しいために，金銭等の分配を受ける権利に着目して株式の価値評価が行われることになる。

つまり，(1)剰余金配当請求権に着目するのがインカムアプローチ（収益方式）であり，(2)残余財産分配請求権に着目するのがネットアセットアプローチ（純資産方式）である。また，株式評価の方法としてはほかに，(3)過去の取引事例を参照したり，類似する他の上場会社の株式の市場価格を参考にするといったマーケットアプローチ（比準方式）もみられる。

上記のうち，(1)インカムアプローチでは，①株主が将来いくらの剰余金配当を受けられるかを予測して株式の価値を求めたり（配当還元法），あるいは，②会社が将来いくらの利益を上げるかを予測し，その予測額に基づいて株式の価値を求める。このうち②の方法で，会社の将来の利益を基準とするのは，それが株主への配当の原資となるからである。そうであれば，最初から①配当還元法を用いればよさそうであるが，現実には，税制上の理由[*3]などにより，配当が不当に低く抑えられているといった場合が少なくない。それらの場合に，過去の実績をもとに将来の配当額を予測するのは妥当でない（たとえば配当が低く抑えられている場合だと株式価値もかなり低く評価されてしまう）という考え方から，②の方法では，株主への配当額ではなく会社の利益の額が基準にされている。そして，②の方法が基準とする会社の利益としては，課税後純利益（収益還元法）のほか，フリーキャッシュフロー[*4]（DCF 法）が挙げられる。

また，(2)ネットアセットアプローチでは，会社の１株あたりの純資産額（貸借対照表の数値を用いたり，その数値を時価に引き直したりする）を算定して株式価値を求める。この１株あたりの純資産額というのは，仮に今直ちに会社を解散・清算するとしたときに，株主に対して残余財産の分配として交付される額に相当するものである。

Ⅲ．近時の裁判例の傾向

近時の裁判例は，会社の特徴に着目してさまざまな価値評価方法を採用するが，複数の方法を併用する点ではおおよそ共通している。その基礎にあるのは，いずれの評価方法にも一長一短があり，ひとつの評価方法だけを選択して算出した場合には短所が増幅される危険があるという考え方である。[*5]

仮にこうした考え方に従うと，問題になるのは，どのような評価方法をどのような割合で併用すべきかである。裁判例に一定の傾向を見いだすことは容易でないが，それでも以下のような傾向は認められる。

第１に，収益状況・企業規模・所有財産などの点からみて，会社の継続可能性が高いと考えられる場合には，会社が継続することを想定した評価方法であるインカムアプローチの割合が比較的大きくなる傾向がみられる。

第２に，インカムアプローチの中でも，支配株主の保有株式については，DCF 法

＊2｜
株式については，「株主が会社との間で有する法律関係の総体」あるいは「株主としての資格・地位」とも説明される。ただし，会社との間の法律関係（資格・地位）といっても，株主は会社に対して権利は有するものの，義務は負わないから（104条参照），本文の説明と実質的には変わらない。

＊3｜
会社が利益を上げると，その額を基準に算定される「所得」に法人税がかかるだけでなく，剰余金配当を行うと，今度は配当を受けとった株主にも所得税がかかる。そのため，会社に支配株主が存在する場合，支配株主としては，こうした二重課税のかかる剰余金配当の額は抑える一方，損金算入が認められる（その額の分だけ課税対象となる「所得」の額を減らせる）役員報酬や給与という形で，会社から利益の還元を受ける方が税制上有利である。

＊4｜
フリーキャッシュフローとは，要するに，企業が事業活動で生み出したキャッシュフロー（現金収入）を用いて必要な投資を行い，後に残る分（余剰資金）である。実務上は，会計上の数値を利用して，各期ごとの課税後純利益に非現金支出費用（減価償却費など）を加算したうえで，必要な資本支出額（設備投資額など）を控除することで算出することが少なくない。

＊5｜
福岡高決平成21・5・15 金判1320号20頁など参照。

や収益還元法が用いられることが多いのに対し，議決権割合の小さい少数株主の保有株式については，特に配当還元法が重視される傾向がみられる。また，本決定がそうであるように，裁判例で配当還元法が用いられる場合は，過去における実際の配当額をベースに将来の配当額を予測する方法（実際配当還元法）がとられることが多い。前述のように，実際の配当額は低く抑えられていることが少なくないから，実際配当還元法を用いると，株式評価額はかなり低くなってしまう。しかし，多くの裁判例は，本決定が述べるように，支配株主とは異なり，少数株主は将来の配当額をコントロールできないため，実際の配当が不当に低く抑えられているとしても，そのような配当を期待するほかないという理由から，株式評価額が低くなることもやむをえないとしている。

24 従業員持株制度と株式譲渡制限契約の効力

最高裁平成7年4月25日判決（集民175号91頁） ▸百選20

事案をみてみよう

Y社は同族的な株式会社であり，定款で株式の譲渡につき取締役会の承認を要する旨を定めている。Y社は，昭和43年頃，従業員にY社株式を取得させることにより，従業員の財産形成とともに，会社との一体感を高めてその発展に寄与させることを目的にして，従業員持株制度を導入した。Xら5名は，いずれもY社の従業員であり，昭和43年頃から昭和54年にかけて，同制度の趣旨・内容を了解したうえで，Y社株式をY社またはY社代表取締役から1株50円で取得し，その際，Y社との間で，退職に際しては，従業員持株制度に基づいて取得したY社株式（以下「本件株式」という）を1株50円でY社の取締役会が指定した者に譲渡する旨の合意（以下「本件合意」という）をした。

①退職時に1株50円でY社指定の者に株式譲渡する旨の合意
Y社
Xら
④本件訴えの提起
①Y社等から1株50円で株式取得
②Y社の退職
③株式譲受人に指定
A

昭和61年5月，Y社の営業担当の従業員23名のうち，Xらを含む12名が退職した。そこで，Y社の取締役会は，本件株式につき，その譲受人としてAを指定した。これを受けて，Aは，本件株式を買い受ける意思を明らかにしたうえで，その代金を供託した。

なお，Y社は，昭和43年度以降，当初はおおむね15～30%の配当率，昭和56年度から昭和60年度は8%の配当率による剰余金配当を行っていた。昭和61年度は配当をしていないが，それは上記の営業担当従業員の一斉退職等に伴って営業上壊滅的な打撃を受けたためである。

Xらは，本件合意は，株式譲渡自由の原則を定める平成17年改正前商法204条1項（会社法127条に相当）および公序良俗（民90条）に反して無効であるから自分が株主であると主張し，Y社に対して，本件株式について自分に株券を発行するよう求めて本件訴えを提起した。第1審，原審ともXらの請求を棄却したので，Xらは上告した。

読み解きポイント

本件の主たる争点は，本件合意の効力である。仮に有効であれば，本件合意に基づき本件株式はXらからAに譲渡されるべきものであるから，Xらの請求は棄却されるのに対し，仮に本件合意が無効であれば，本件株式の株主であるべきなのはXらであるから，Xらの請求は認容されることになる。

判決文を読んでみよう

「本件合意は，商法 204 条 1 項〔会社法 127 条に相当〕に違反するものではなく，公序良俗にも反しないから有効であり，Y 社の取締役会が，本件合意に基づく譲受人として A を指定し，同人が買受けの意思を明らかにしたことにより，X らは Y 社の株式を喪失したとして，株券の発行を求める X らの請求を棄却すべきものとした原審の判断は，正当として是認（ぜにん）することができる。」

この判決が示したこと

本件合意は，平成17年改正前商法204条1項（会社法127条に相当）にも公序良俗にも反せず，有効である。

解説

Ⅰ．はじめに

時として，会社法上の定款による株式譲渡制限（譲渡制限株式）の制度[*1]を用いずに，契約で株式譲渡を制限しようとすることが行われる。その代表例の一つが，本件のように，非上場会社の従業員持株制度において，従業員が退職時に，会社・従業員持株会から株式を取得したときの価額と同額で，会社・従業員持株会（またはそれらが指定する者〔別の従業員など〕）に株式を譲渡する旨が定められる場合である。こうした譲渡制限契約のポイントは，①退職時に株式の売却が強制されること，②売却の相手方も指定され，株主は相手方を選べないこと，③売却価格が取得価格と同額であるために，株主は株式売却益を得られないことにある。

なお，従業員持株制度とは，福利厚生の一環として従業員の資産形成を図ったり（すぐ後で述べるように会社が奨励金を支出する場合には福利厚生となる），従業員の経営参加意識を高めるといった目的で，会社がその従業員に自社株を保有してもらうための制度である。会社が従業員に対して，その支出額に応じた額（1000 円あたり 40 円から 150 円程度）の奨励金（補助金）を支給したり，あるいは，安値で新株発行をして従業員に取得させたりするのが一般的である。また，その運営方法としては，従業員持株会という組織を組合として設立したうえで，従業員持株会が組合員である従業員に毎月一定額を支出させて株式を共同購入し，支出額に応じて組合員に持分を配分するといった方法がとられることが多い。上場会社はその多くが従業員持株制度を採用する一方，非上場会社の中にも同制度を採用するものがみられる。

*1
定款による株式譲渡制限（譲渡制限株式）制度については，Ⅱ-1 Introductionの2参照。

Ⅱ．学説と判例

上記のような譲渡制限契約の効力に関する 1 つめの考え方は，会社が株式の譲渡を制限したいのなら，会社法上の定款による譲渡制限の制度を用いればよいのに，そうせずに譲渡制限契約を締結するという方法を用いることは，定款による譲渡制限制度の脱法行為ではないかという点を問題にするというものである。この考え方によれば，会社が契約当事者である場合には，原則として無効であり，譲渡制限契約の内容が，株主が株式の売却益を得ることを許すなど，株主による投下資本の回収を過度に妨げないものであるときに限って，例外的に有効になる。他方，株主相互間の契約または株主・第三者間の契約である場合は，契約自由の原則が妥当するため，原則として有効であるが，実質的にみると，会社が契約当事者である場合と変わらないような場合，つまり，会社以外の者が契約当事者であるが，その者が支配株主であるなど，会社と実質的に一体であるような場合に限って，例外的に無効になる。

これに対し，2つめの考え方として，契約当事者が誰かによって判断基準を分けない考え方もある。つまり，株主相互間の契約または株主・第三者間の契約はもちろん，会社が当事者となる契約にも，契約自由の原則が妥当するとしたうえで，譲渡制限の態様が甚(はなは)だしく，株主の投下資本回収を著しく阻害している場合など，会社法127条または公序良俗（民90条）の違反と評価すべき場合に限って無効になるとする。

ところで，判例（本判決や最判平成21・2・17判時2038号144頁）は，上記のような従業員持株制度の事例について，契約当事者が誰かを重視することなく，会社法127条・公序良俗に違反しないから有効であるとする。これは，2つめの考え方に立つものといえる。

Ⅲ．考慮要素

本判決は，本件合意が有効であると結論づけるが，そうした結論をどのような要素を考慮して導いたのかは明らかにしていない。この点で参考になるのは，前掲最判平成21・2・17である。同最判は，①契約上，退職時に譲渡が強制される点については，従業員持株制度の円滑な運営に必要であるため合理的でないとはいえないこと，②譲渡額が株式取得時の価額とされる点については，株主は株式譲渡益を期待できない反面で株式売却損を避けられること，および，③会社が一切剰余金配当を行わず利益をすべて内部留保していたわけではないこと（株主は剰余金配当を通じた投下資本回収ができなかったわけではないこと）などに着目して，公序良俗違反にならないとする結論を導いている。

とくに上記②③の点については，Ⅱの1つめの考え方を主張する者から，配当性向（当期純利益のうち配当金として支払われる割合）が100％に近いような例外的な場合はともかく，そうでない限り，株主の投下資本回収を過度に妨げるものであるとする批判が向けられている。ただし，これに対しては，譲渡額が取得額と同額であるということは，会社が倒産しない限り，従業員株主は損失を負うことなく，剰余金配当を得られる立場（債権者に近い立場）に立つことを意味する[＊2]から，そう多くない剰余金配当でも割に合うことが少なくないという見方も可能であろう。

＊2｜言い換えれば，従業員株主が負うのは，主として会社の倒産リスク（信用リスク）だけであるから，そうしたリスク負担に見合うような剰余金配当（当該会社への金融機関による貸付金利と同程度の剰余金配当）が得られれば，基本的には不利益を受けないと考えられる。

25 準共有株式の権利行使者の指定方法

最高裁平成9年1月28日判決（判時1599号139頁） ▶百選11

事案をみてみよう

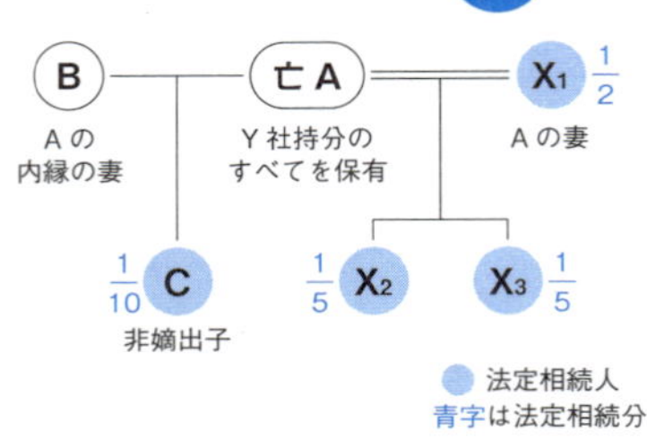

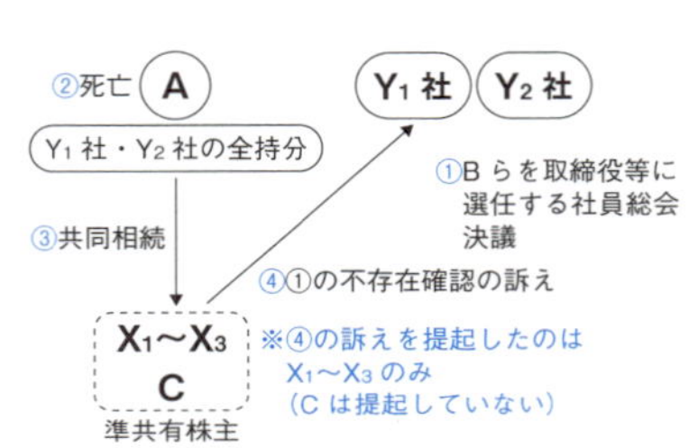

Aは，有限会社[*1]であるY1社とY2社（以下「Y1社ら」という）の持分[*2]のすべてを保有していたが，平成元年11月9日に死亡した。Aの法定相続人は，妻X1，嫡出子X2・X3（以下「X1ら」という），非嫡出子Cの4名であり，その法定相続分は，それぞれ2分の1，5分の1，5分の1，10分の1[*3]であった（図参照）。

Aの死亡に先立ち，Y1社らは，平成元年10月18日開催の臨時社員総会においてBおよびDを取締役，Eを監査役に選任し，Bを代表取締役とする旨の決議（以下「本件総会決議」という）を行ったとして，その旨を登記した。これに対し，本件総会決議は実際には行われていないと考えたX1らは，Aの死亡により，自分たちとCはAの共同相続人となったため，法定相続分に従い，Aが保有していたY1社らの持分を準共有することになったとして，Y1社らの準共有社員たる地位に基づき，本件総会決議の不存在確認を求める訴えを提起した。そこで，Y1社らは，X1らがY1社らの持分を準共有しているとしても，X1らが社員としての権利を行使するためには，有限会社法上，準共有されている持分については，当該持分に関する権利を行使すべき者（権利行使者）を準共有者間で定めて，それを会社に通知することを要するのに（有限会社法22条による平成17年改正前商203条2項〔会社法106条に相当〕の準用），X1らはそうした権利行使者の指定も会社への通知もしていないので，本件訴えについて原告適格を有しないと主張した。

第1審，控訴審とも，Y1社らの主張を認めて，X1らの訴えを却下した。そこで，X1らは，本件では権利行使者の指定および会社への通知を不要とすべき特段の事情があると主張して，上告した。X1らが主張している特段の事情とは，BはX1らがY1社らの持分をCと共に準共有していること自体を否定しているため，準共有者間で権利行使者を定めることは不可能であるといった事情である。

*1｜有限会社とは，有限会社法に基づいて設立された会社のことをいう。有限会社法は，閉鎖会社にふさわしい会社形態として，有限会社の組織・運営等に関するルールを定めていたが，平成17年に廃止され，従前の有限会社は法律上は株式会社となった。ただし，経過措置として，従前どおり有限会社の商号を用いて，旧有限会社法に近いルール（そのルールは「会社法の施行に伴う関係法律の整備等に関する法律」〔会社法整備法と略称される〕で定められている）の適用を受けることも認められており，そのような会社は特例有限会社と呼ばれる（会社法整備法2条・3条）。

読み解きポイント

本件で問題となったのは，X1ら（相続分は合計で10分の9）だけで権利行使者を定めることは不可能であったのか，そもそも持分（有限会社の場合）や株式（株式会社の場合）の準共有者間で権利行使者を定めるときは，どのような方法によるべきか，である。

判決文を読んでみよう

「有限会社の持分を相続により準共有するに至った共同相続人が，準共有社員としての地位に基づいて社員総会の決議不存在確認の訴えを提起するには，有限会社法22条，商法203条2項〔会社法106条に相当〕により，社員の権利を行使すべき者（以下「権利行使者」という）としての指定を受け，その旨を会社に通知することを要するのであり，この権利行使者の指定及び通知を欠くときは，特段の事情がない限り，右の訴えについて原告適格を有しないものというべきである〔最判平成2・12・4民集44巻9号1165頁参照〕[*4]。そして，この場合に，持分の準共有者間において権利行使者を定めるに当たっては，持分の価格に従いその過半数をもってこれを決することができるものと解するのが相当である[*5]。けだし，準共有者の全員が一致しなければ権利行使者を指定することができないとすると，準共有者のうちの一人でも反対すれば全員の社員権の行使が不可能となるのみならず，会社の運営にも支障を来（きた）すおそれがあり，会社の事務処理の便宜を考慮して設けられた右規定の趣旨にも反する結果となるからである。」

「……さきに説示したところからすれば……BないしCが協議に応じないとしても，亡Aの相続人間において権利行使者を指定することが不可能ではない……というべきであって，そもそも，有限会社法22条，商法203条2項〔会社法106条に相当〕による権利行使者の指定及び通知の手続を履践（りせん）していない以上，X_1らに本件各訴えについて原告適格を認める余地はない。その他，本件において，右の権利行使者の指定及び通知を不要とすべき特段の事情を認めることもできない。」

この判決が示したこと

持分（有限会社の場合）や株式（株式会社の場合）の準共有者間で権利行使者を定めるときは，準共有持分（相続分）の過半数で決定することができる。そのため，X_1ら（相続分は合計で10分の9）だけで権利行使者を定めることは可能であったから，X_1らが主張するような，権利行使者の指定および会社への通知を不要とすべき特段の事情は認められない。

解説

Ⅰ．前提知識

本判決の事案は有限会社に関するものであるが，有限会社の場合と株式会社の場合を別に解すべき理由は見当たらないため，一般に，本判決の射程は株式会社の場合にも及ぶ（株式会社についても同様の見解に立つのが判例の立場である）と理解されている。

＊2　株式会社の出資者（株主）としての地位（権利の総体）は株式と呼ばれるのに対し，有限会社の出資者（社員）としての地位（権利の総体）は持分と呼ばれる。

＊3　現行民法では，非嫡出子の法定相続分は嫡出子のそれと同一であるが（民900条4号），当時の民法では，非嫡出子の法定相続分は嫡出子のそれの半分とされていた（平成25年改正前民900条4号ただし書）。

＊4　このように判例は，準共有株主が，原告適格が株主などに制限されていない訴訟（株主総会決議不存在確認訴訟など）を提起することも，会社法106条がいう「〔準共有〕株式についての権利の行使」に該当し，それゆえ，準共有株主が権利行使者としての選定を受けてその旨を会社に通知していないときは，特段の事情がない限り，原告適格を有しないとする考え方に立っている。

＊5　少し紛らわしいのであるが，この一文の最初に出てくる「持分」は有限会社の持分のことを指すのに対し，次に出てくる「持分」はそれとは異なり，準共有者である共同相続人の各自が準共有の対象（本件では有限会社の持分）について有する権利の割合（この割合は各共同相続人の相続分に従う）のことを指す。

そこで，以下では，株式会社の場合を念頭において解説することにしよう。

株式が複数の者に所有される状態，つまり，準共有（株式は所有権以外の財産であるため準共有となる〔民264条〕）の状態が生じることがある。株主の意思に基づいて生じる場合もあれば，共同相続（民898条）によって生じる場合もある。判例[*6]は，株式会社の株式について相続人が複数存在する共同相続の場合には，相続人全員が参加して相続財産（遺産）の分け方について協議する遺産分割協議において，相続人の全員一致によって遺産の分け方が決定されるまでは，相続分（遺言がなければ法定相続分）に応じて共同相続人の準共有に属すると解しているからである。

*6 最判昭和45・1・22民集24巻1号1頁など。

それでは，こうした準共有株式については，どのように株主権を行使するのであろうか。その点を規定しているのが，会社法106条である。同条本文は，準共有株式について権利を行使するためには，準共有株主が「株式〔準共有株式〕についての権利を行使する者」（権利行使者）を1人定めたうえで会社に通知をしなければならず，そうして初めて，その1人の権利行使者だけが株主権を行使できる旨を規定している。一般に，かかる規定の趣旨としては，準共有株主がそれぞれ別々に権利を行使することから生じうる混乱を回避し，会社の便宜（べんぎ）を図ることが挙げられる。

Ⅱ．権利行使者の選定方法

このように準共有株式については，基本的に権利行使者を通じて株主権の行使がなされるべきであるとすると，準共有株主にとっては，どのような方法で権利行使者を定めるべきかが重要な問題となる。この問題について，権利行使者の選定は全準共有株主の持分（相続分）の過半数によって行うことができるとする考え方（過半数説）と，準共有株主全員の合意が必要であるとする考え方（全員一致説）が対立していたところ，本判決は過半数説に立つことを明らかにした。

本判決は，過半数説に立つことの理由として，「〔全員一致説だと〕準共有者のうちの一人でも反対すれば全員の社員権の行使が不可能となるのみならず，会社の運営にも支障を来すおそれがあ〔る〕」ことを挙げる。そこでいう「会社の運営にも支障を来す」というのは，典型的には，準共有株式が発行済株式総数の3分の2以上を占める場合において，当該準共有株式について議決権行使がなされないゆえに，取締役選任のための株主総会決議の定足数要件（341条）を満たせず，取締役を選任できないことを意味する[*7]と考えられる。

*7 もう少し詳しく説明すると，取締役を選任する株主総会決議の定足数要件は，「議決権を行使することができる株主の議決権」の過半数であり，定款の定めによっても発行済株式の3分の1までしか引き下げられない（341条）。そして，一般に，準共有株式の議決権は，定足数算定の基礎になる「議決権を行使することができる株主の議決権」に含まれると解されている。さもないと，準共有株式以外の株式が少数である場合（例えば発行済株式総数の90％が準共有株式であり，そうでない株式が10％である場合）でも，当該少数の株式（10％の株式）だけで株主総会決議を成立させられることになって問題が大きいからである。

上記の過半数説に対し，全員一致説は，以下のような反論をしている。つまり，権利行使者の選定がなされない場合の多くが，中小企業の支配株式の共同相続人間における遺産分割争いに由来するところ，権利行使者の選定は当該企業の実質的な承継者の決定を意味する。そのため，過半数説だと，本来は遺産分割協議によって共同相続人の全員一致で決定すべき実質的な企業承継者を共同相続人の相続分の過半数で決定できることになって問題が大きいという反論である。全員一致説によれば，まずは遺産分割協議を優先すべきであり，その遅れから，会社運営に支障を来（きた）すことがあってもやむをえないとみることになろう。

2

Contents

Ⅱ-1 株式
Ⅱ-2 新株・新株予約権
Ⅱ-3 計算

新株・新株予約権

非上場のベンチャー企業の株式を買って，株主になったよ。パトロンになったみたいで気分がいいけど，どうも今度，その会社が株式を発行するらしい。割安な価格で発行する感じがするし，僕の持株比率も下がるから，僕にとっては損のような気がするよ。なにか僕がとれる対抗策はないのかな。

1．新株発行によって生じうる既存株主の不利益

77 頁で触れたように，株式会社の一つの大きな特徴は，人々に新たに株式を発行して出資を受けるという方法で資金を調達できることにある。このことからわかるように，新株発行の主たる目的は，資金調達にあるのが通例である。

新株発行が行われると，その内容によっては，既存株主の経済的利益（持株価値）と支配的利益（持株比率の維持に係る利益）が損なわれる危険がある。まず，株価よりも低い価格で株式が発行されると，既存株主が保有する株式の価値は低下する。また，たとえ新株が株価と同じ価格で発行された場合でも，既存株主以外の者に株式が発行されるときなどは，既存株主の持株比率ひいては議決権比率が低下する（最悪の場合は会社支配権を失う）結果，既存株主に不利益が生じうる。例えば，それまでは一定の持株比率を維持することにより，自分が取締役になって会社経営に関与したり，取締役報酬を得たりしやすくなる，自分が取締役にならない場合でも適任であると考える者を取締役に選びやすくなる，その他会社経営の監督を行いやすくなる，といったさまざまな利益（支配的利益）を得ることができたのに，新株発行によって持株比率ひいては議決権比率が低下したために，そうした利益を得ることができなくなるという不利益である。

このように新株発行の内容によっては，既存株主の経済的利益や支配的利益が損なわれるので，会社法は，既存株主の利益が不当に害されるのを防止するため，各種の手続規制を置いている。もっとも，必ずしもすべての株式会社で，法定の手続が適法に踏まれるとは限らない。また，法定の手続が踏まれたとしても，なお既存株主に不当な損失が生じることはありうる。そこで，会社法は，そうした違法・不当な新株発行から既存株主を救済する観点から，以下にみるような新株発行の差止めや株式発行の無効の訴えなどについて規定している。

2. 新株発行の差止め

違法または不当な新株発行がなされようとしているとき（新株発行の効力発生前）に，株主が会社に対し，その新株発行をやめること（差止め）を請求することができれば，自己の利益が害される事態を未然に防止することができる。そこで，会社法は，①(a)法令もしくは定款に違反する場合，または，(b)法令・定款違反はないが著しく不公正な方法による場合（不公正発行の場合）であって，かつ，②株主が不利益を被るおそれがあるときは，株主は会社に対して新株発行の差止めを請求できるとしている（210条）。

この差止請求権は裁判外でも行使できるが，多くの場合には，裁判外で差止めを請求しても会社が新株発行をやめてくれないから，裁判上で行使される。ただし，訴訟（差止訴訟）を提起すると，判決が確定するまでに時間がかかり，その間に新株発行が行われてしまうため，民事保全法に基づく暫定的な措置として，差止めの仮処分（民事保全法23条2項）を申し立てるのが通例である。

ここでの一つの問題は，上記①(b)の不公正発行とはどのような新株発行をいうのか，そして，具体的にどのようにして不公正発行かどうかを判断するかである〔→判例 **26**〕。また，上記①(a)の法令違反としては，例えば，有利発行であるのに，それに必要な法定の手続を経ていないことが挙げられるが，その点については，そもそも有利発行とはどのようなものなのか，有利発行かどうかをどのように判断するのかが問題となる〔→判例 **27**〕。

3. 新株発行の無効

法令・定款違反があったり，不公正発行であるために，本当は差し止めることができるはずであったのに，株主が差止請求をしなかったために，新株発行が行われて，その効力が生じる場合もある。そのような場合（新株発行の効力発生後）における株主の一つの救済策は，新株発行の無効を主張することである。

会社法上，新株発行の無効は，株主等が新株発行から一定期間内（公開会社は6か月以内，非公開会社は1年以内）に，訴えを提起して初めて主張できるとされている（828条1項2号・2項2号）。他方で，会社法は，どのような場合に新株発行が無効とされるのかという新株発行の無効事由は規定していないために，どのようなものが新株発行の無効事由にあたるのかが問題となる。例えば，公開会社における不公正発行，あるいは，新株発行の内容（募集事項）の公示の欠缺は，新株発行の無効事由にあたるのだろうか〔→判例 **28**・判例 **29**〕。また，非公開会社において，株主総会決議を経ないまま，株主割当て以外の方法で新株発行を行うこと，さらに，新株予約権（一定の条件で当該会社から新株発行を受けることができる権利。2条21号）の行使が違法であるのに，会社がそれに応じて新株発行を行うことは，それぞれ新株発行の無効事由にあたるのだろうか〔→判例 **30**〕。

26 筆頭株主の持株比率を低下させる新株発行と不公正発行

ベルシステム 24 事件

東京高裁平成16年8月4日決定(金判1201号4頁)　▶百選98

事案をみてみよう

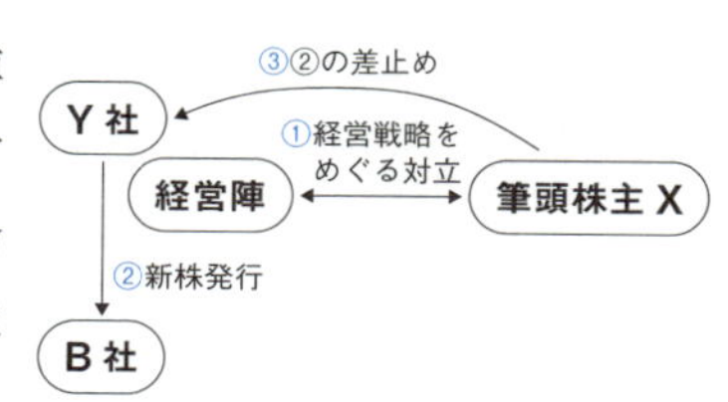

東証一部上場会社であるY社（株式会社ベルシステム 24）では，現経営陣と，約 39.2% の株式を保有する筆頭株主X社との間で，数年前から経営戦略をめぐる対立が生じていた。こうした中，それまでY社の取締役会に1名の取締役しか送り込んでいなかったX社は，過半数の取締役を送り込もうとして，定時株主総会での取締役選任のための株主提案を行った。

その直後，Y社は，A社との間で包括的業務提携について基本的な合意を成立させるとともに，本件業務提携にかかる本件事業計画の実現のためには緊急に 1000 億円強の資金を調達する必要があるとして，大手証券会社の 100% 孫会社であるB社に対し，第三者割当ての方法で新株を発行する旨の取締役会決議を行った[*1]。本件新株発行による調達資金は 1042 億 6000 万円であり，Y社の総資産額の約2倍，純資産額の約 2.5 倍に相当する額である。発行する新株の数は，Y社の発行済株式総数の約 106.2% に相当し，本件新株発行が行われると，B社の持株比率は約 51.5% になる一方，X社の持株比率は約 19% に低下する。

そこで，X社は，本件新株発行が「著しく不公正な方法」（平成 17 年改正前商法 280 条ノ 10。会社法 210 条 2 号に相当）によるもの（一般に「不公正発行」と呼ばれる）に該当することなどを理由として，差止仮処分[*2]の申立てを行った。しかし，原決定（東京地決平成 16・7・30 判時 1874 号 143 頁）は申立てを却下したため，X社が抗告した。

*1 なお，Y社の定款上，定時株主総会で議決権を行使できる株主は，決算期（毎年5月31日）現在の株主名簿上の株主であるとされていたところ，本件新株については，B社が次期定時株主総会で議決権を行使できるよう，本件新株発行の効力発生日の翌日（平成16年8月6日）現在の株主名簿上の株主が議決権を行使できることとする旨の取締役会決議も同時に行われた。

*2 差止めの仮処分については，Ⅱ-1 Introduction の2参照。

読み解きポイント

本件の主たる争点は，本件新株発行が不公正発行に該当するかどうかである。裁判所は，不公正発行に該当するかどうかをどのような基準で判断するのであろうか。

決定文を読んでみよう

「本件新株発行において，Y社代表者をはじめとするY社の現経営陣の一部が，X社の持株比率を低下させて，自らの支配権を維持する意図を有していたとの疑いは容易に否定することができない。」

しかしながら，「Y社には本件事業計画のために本件新株発行による資金調達を実行する必要があり，かつ，競業他社その他当該業界の事情等にかんがみれば，本件業務提携を必要とする経営判断として許されないものではなく，本件事業計画自体にも合理性があると判断することができ，X社の指摘する各点及びX社の提出に係る全資料を考慮してもこの判断を覆すには足りない。」

「このように，本件事業計画のために本件新株発行による資金調達の必要性があり，本件事業計画にも合理性が認められる本件においては，仮に，本件新株発行に際しY社代表者をはじめとするY社の現経営陣の一部において，X社の持株比率を低下させて，もって自らの支配権を維持する意図を有していたとしても，また，前記……の各事実を考慮しても，支配権の維持が本件新株発行の唯一の動機であったとは認め難い上，その意図するところが会社の発展や業績の向上という正当な意図に優越するものであったとまでも認めることは難しく，結局，本件新株発行が商法280条ノ10〔会社法210条に相当〕所定の『著シク不公正ナル方法』による株式発行に当たるものということはできない。」

この決定が示したこと

本決定は，本件新株発行の目的が現経営陣による支配権の維持にあることが疑われるとしながらも，本件新株発行による資金調達の必要性・合理性を詳細かつ具体的に審査した上で，支配権維持目的が資金調達目的よりも優越するとまでは認められないから，不公正発行に該当しないとした。

解説

Ⅰ. 株主の新株発行差止請求権

違法または不当な新株発行がなされようとしているときに，株主が会社に対し，その新株発行を止めること（差止め）を請求することができれば，自己の利益が害される事態を未然に防止することができる。そこで，会社法は，①法令もしくは定款に違反する場合，または，法令・定款違反はないが著しく不公正な方法による場合（不公正発行の場合）であって，かつ，②株主が不利益を被るおそれがあるときは，株主は会社に対して新株発行の差止めを請求できるとしている（210条）。

この差止めの請求は，裁判所に差止めの仮処分を申し立てるという形で行われるのが通例である（Ⅱ-1 Introduction の2参照）。本件でも，X社は，本件新株発行が不公正発行であり，株主である自己が不利益を受けるおそれがあるとして，差止めの仮処分を申し立てた。

Ⅱ. 不公正発行の判断基準

先に触れたように，法令・定款違反がない場合でも，新株発行が著しく不公正な方法による場合（不公正発行の場合）には，差止めが認められる。それでは，不公正発行にあたるかどうかは，どのように判断するのであろうか。

この問題について，多くの裁判例は，不当な目的を達成するために新株発行が行われたかどうかという基準を用いてきた。そして，新株発行の目的が複数ある場合には，そのうちの主要な目的に着目して不公正発行かどうかを判断する，いわゆる主要目的ルールを用いてきた。すなわち，新株発行が行われるに至った種々の動機のうち，不当目的を達成しようとする動機が他の動機に優越すると認められる場合には，不公正発行にあたるとするのである。

そのうえで裁判例は，少なくとも資金調達目的は不当目的にはあたらないとする一方で，会社の支配権を奪う，あるいは，支配権を取得しようとする者に支配権を取得させないようにするといった支配権の争奪・維持は，不当な目的にあたると解してきた。本決定も，こうした多くの裁判例と同様の判断基準を採用していると理解できる。

Ⅲ. 主要目的の判断プロセス

このように裁判例は，主要目的が何かに着目して不公正発行かどうかを判断する。それでは，正当目的（資金調達目的など）と不当目的（支配権獲得・維持目的など）のいずれが主要な目的であるかを，具体的にどのように判断するのであろうか。

この点については，不当目的の存在が窺（うかが）われる場合には，それを打ち消すだけの正当目的の存在が窺われない限り，不当目的が主要目的とされる。そうすると，不当目的の存在が強く窺われる場合は，それだけ，正当目的の存在も強く窺われる必要があるため，正当目的（資金調達目的など）の審査も詳細に行われることになる。また，目的（取締役の動機）は内心の問題であって，外部から直接観察できないのが通例であるから，目的といいつつも，実際に裁判所の審査対象になるのは（目的の存在を窺わせるような）客観的な事実である。

本件でいえば，支配権争いが現に生じているなかで，急きょ業務提携が計画され，支配権争いに決着をつけるような大規模な新株発行が行われようとしたという事実[*3]が，不当目的（支配権獲得・維持目的）の存在を強く窺わせる。それゆえに，本決定は，それを打ち消すだけの正当目的の存在が窺われるかどうかを判断するため，資金調達の必要性・合理性（これは正当目的の存在を窺わせる事実にあたる）を詳細かつ具体的に審査したものと理解される。

＊3｜さらに，＊1で掲げた事実も，不当目的（支配権獲得・維持目的）の存在を窺わせる事実に該当する。

27 株価高騰の中での新株発行と有利発行

宮入バルブ事件

東京地裁平成16年6月1日決定（判時1873号159頁）　▶百選22

事案をみてみよう

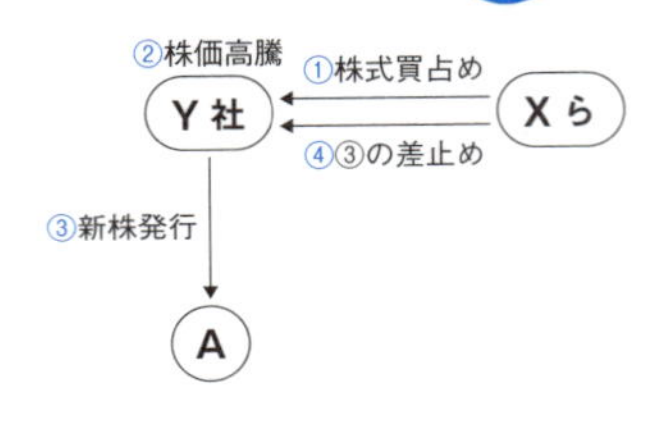

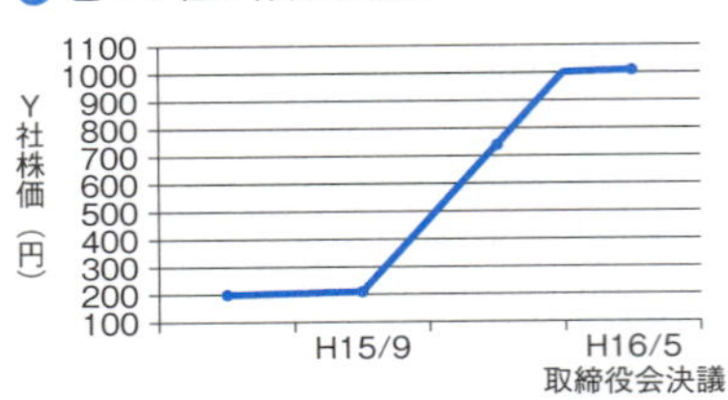

平成15年8月頃，東証二部上場会社であるY社（株式会社宮入バルブ製作所）の株価は200円台で推移していた。ところが，その後，Xらによる大量の株式買占めの影響を受け，同年9月頃から株価が上昇し，平成16年3月には1000円台にまで高騰（こうとう）した。Xらは，同年3月31日の株主名簿上で，Y社の発行済株式総数1630万株のうち598万8000株（36.7%）の株式を有するに至り，同年4月27日には，同年6月開催予定のY社定時株主総会における経営者の交替を提案した。

Y社は，平成16年5月18日に取締役会を開催し，Aに対し，1株あたり393円で，770万株の新株を第三者割当ての方法で発行する旨を決定した。これに対し，Xらは，本件取締役会決議の前日におけるY社の株価は1010円であり，前日から遡（さかのぼ）って6か月間の平均株価は721円67銭（せん）であるところ，日本証券業協会「第三者割当増資の取扱いに関する指針」で示されたルール（以下「自主ルール」という）を適用すると，1株あたり393円という金額はAにとって「特に有利な金額」（平成17年改正前商法280条ノ2第2項。会社法199条3項，201条1項に相当）であり，本件新株発行は有利発行にあたるから，株主総会特別決議を経なければならないのに，それを経ていないから，法令違反に該当するとして，本件新株発行の差止めの仮処分[*1]を申し立てた。

＊1｜差止めの仮処分については，Ⅱ-1 Introductionの2参照。

なお，自主ルールでは，①新株の払込金額（発行価額）は，原則として，新株発行のための取締役会決議の直前日の株価の90%以上にしなければならないが，②直前日までの株価や売買高の状況などを勘案して，例外的に，当該取締役会決議の日から最長6か月を遡った日から当該直前日までの株価の平均の90%以上とすることも許される旨が定められている。

読み解きポイント

Y社は取締役会決議で1株あたり393円という払込金額を決定したところ，その直前の株価は1010円であった。他方で，ほんの8か月ほど前の株価は200円台で推移していたのであって，Xらの買占めによって株価が高騰したという事情が認められる。本件新株発行は，引受人Aにとって「特に有利な金額」による発行（有利発行）にあたるのであろうか。

決定文を読んでみよう

「商法280条ノ2第2項〔会社法199条3項，201条1項に相当〕にいう『特ニ有利ナル発行価額』とは，公正な発行価額よりも特に低い価額をいう」。「公正な発行価額というには，その価額が，原則として，発行価額決定直前の株価に近接していることが必要であると解すべきである〔最判昭和50・4・8民集29巻4号350頁参照〕。」

「本件発行価額393円は，平成16年5月17日時点の証券市場における1株あたりの株価1010円と比較して約39パーセントにすぎない。また，前記〔日本証券業協会の〕自主ルールは，旧株主の利益と会社が有利な資本調達を実現するという利益との調和の観点から日本証券業協会における取扱いを定めたものとして一応の合理性を認めることができるところ，本件発行価額は，本件新株発行決議の直前日の価額に0.9を乗じた909円と比較して約43パーセント，本件新株発行決議の日の前日から6か月前までの平均の価額に0.9を乗じた650円と比較しても約60パーセントにすぎない。」

「Y社は，……〔Y社株式の株価の高騰は〕株価の操縦，投機を目的としたXらによる違法な買占めを原因とするものであり，Y社の企業価値を正確に反映したものではないので，本年1月以降の市場価格は公正な発行価額算定基礎から排除すべきであると主張する。」「しかし……XらはY社への経営参加や技術提携の要望を有しており，……Xらが不当な肩代わりや投機的な取引を目的として株式を取得したものと認めるに足りる資料はない。……Y社の業績も改善していること，証券業界（会社四季報）におけるY社の業績の評価も向上していること，Y社と同様にパルプ事業を営む企業においても，昨年後半から今年にかけて株価が2倍ないし4倍に高騰している事例があることの各事実が認められ，これらの事実に加え，……Y社の1株当たりの株価が今年に入って500円以上で推移している事実に照らせば，Y社株式の株価の上昇が一時的な現象に止（とど）まると認めることはできない。」

「そうすると，本件において，公正な発行価額を決定するに当たって，本件新株発行決議の直前日である平成16年5月17日の株価，又は本件新株発行決議以前の相当期間内における株価を排除すべき理由は見出しがたい。」

「以上によれば，本件発行価額393円は，公正な発行価額より特に低い価額すなわち『特ニ有利ナル発行価額』といわざるを得ず，商法343条〔会社法309条2項に相当〕の特別決議を経ないで行われた本件新株発行は，商法280条ノ2第2項に違反するというべきである。」

この決定が示したこと

本決定はまず，原則として，払込金額が，払込金額決定直前の株価よりも特に低い額であるときは有利発行にあたるとする。そして，本決定は，Y社が定めた払込金額

(393円)は，払込金額決定直前の株価(1010円)よりも特に低い額であるとしたうえで，さらに，日本証券業協会の自主ルールに違反していること(同ルールに従って払込金額を定めると最低でも650円になる)，および，Y社株式の高騰が一時的な現象にとどまるとは考えにくいことも考慮して，本件新株発行は有利発行にあたると判示した。

Y社が定めた払込金額	393円
高騰前の株価	200円程度
払込金額決定直前の株価	1010円
払込金額決定直前の株価×0.9(自主ルールの原則)	909円
過去6か月間の平均株価×0.9(自主ルールの例外)	650円

解説

Ⅰ．問題の所在

上場会社をはじめとする公開会社が，株主割当て以外の方法（第三者割当てや公募の方法）で新株発行を行うときは，原則として，取締役会決議のみで，払込金額（平成17年改正前商法の下では発行価額）や発行する株式の数などの事項（募集事項）を決定することができる。ただし，払込金額が引受人にとって「特に有利な金額」である場合（有利発行である場合）には，引受人は，割安な金額で新株の発行を受けることによって利益を得ることができる一方，株式の価値が下落して，既存株主に損失が生じる危険がある。そこで，会社法は，既存株主を保護するため，例外的に，株主総会の特別決議の手続を要求している（201条1項，199条2項・3項，309条2項5号）。

このように有利発行かどうかによって，必要な手続は大きく変わってくる。そのため，実務上は，まさに本件がそうであるように，有利発行にあたるかどうかがしばしば争われる。

Ⅱ．有利発行の判断基準：原則論

本決定が引用する最高裁判例（最判昭和50・4・8民集29巻4号350頁）は，払込金額がその決定の直前の株価を「多少」下回ったからといって，有利発行にあたるわけではないと述べる。

この点について，既存株主の経済的利益を保護するためには，払込金額がその決定の直前の株価を少しでも下回れば，有利発行にあたると解したほうがよいようにもみえる。それにもかかわらず，上記のように判例が述べるのは，なぜなのだろうか。

これは，以下の理由によるものである。つまり，実務上，払込金額の決定から払込期日までは一定期間（1週間〜2週間程度）が空けられる。そのため，もし払込金額決定直前の株価（例えば100円）をそのまま払込金額とすると，その後，払込期日までに株価が下落した場合（例えば97円に下落した場合）には，（引受人が97円の株式を100円で取得することを嫌って）新株がすべて消化されない危険があり，仮にそうなると，会社の資金調達の目的が十分に達成できないことになる。そこで，判例は，会社が，株価の動きの激しさや新株の数の多さなどから予想される新株の消化可能性を総合考慮して，既存株主（旧株主）の利益と会社が有利な資金調達を実現するという利益を調和させる観点から，払込金額決定の直前の株価を「多少」下回った払込金額を定めた場合でも，有利発行にあたらないと解するために，上記のように述べたのである。

Ⅲ. 有利発行の判断基準：株価が高騰している場合

本件では，払込金額決定直前の株価は1010円であったのに，Y社はそれを「多少」どころか，はるかに大きく下回る393円を払込金額として定めたから，上記の判例の立場でも，さすがに有利発行にあたることになりそうである。ただし，本件では，Y社の株式が市場で買い占められたために，払込金額決定直前の株価が1010円まで高騰していたのであり，ほんの8か月ほど前の株価は200円台で推移していたという事情が認められる。そのような場合には，例外的に，払込金額決定直前の株価ではなく，むしろ高騰前の株価を基準にして，有利発行にあたるかどうかを判断する余地はないのであろうか。

この問題について，本決定は，①Y社が定めた払込金額（393円）は，日本証券業協会の自主ルール[＊2]に違反していること（もしY社が同ルールに従って払込金額を定めたとすると最低でも650円になる），および，②Y社株式の株価の高騰が一時的な現象にとどまるとは認められないことを考慮して，本件はやはり有利発行にあたらないとはいえないと判示した。このことは，逆にいえば，もし会社が定めた払込金額が日本証券業協会の自主ルールに従っていたり，株価の高騰が一時的な現象にとどまると認められるのであれば，たとえ払込金額がその決定直前の株価を大きく下回る場合でも，有利発行にあたらないと解する余地がある，と本決定が考えていることを示唆（しさ）する。

Ⅳ. 本決定の考え方

それでは，そもそも本決定は，なぜ上記①②の点を考慮したのであろうか。

まず①についてである。本決定は，**決定文を読んでみよう**にあるように，日本証券業協会の自主ルールについて，「旧株主〔既存株主〕の利益と会社が有利な資本調達を実現するという利益との調和の観点から日本証券業協会における取扱いを定めたものとして一応の合理性を認めることができる」と評価している。仮にそうした評価が正しいとすれば，会社が日本証券業協会の自主ルールに従って払込金額を定めた場合には，たとえそれが払込金額決定直前の株価を大きく下回るときでも，既存株主にとっては必ずしも不利益とはいえないために，有利発行にあたらないと解する余地も出てくると考えられる。

次いで，②について，もし株式の買占めによって，株価が真の価値を離れて一時的に高騰しているだけであり，いずれは真の価値である高騰前の株価にまで下落すると予想される[＊3]のであれば，高騰前の株価に近接した額を払込金額として定めても，既存株主には最終的に経済的な損失が生じる可能性は小さいと考えられる。そのため，会社が高騰前の株価に近接した額を払込金額として定めている限り，たとえそれが払込金額決定直前の株価を大きく下回る場合であっても，例外的に，有利発行にはあたらないと解することもできるであろう。本決定が②の点を考慮したのは，このような考え方によるものと理解できる。

＊2 自主ルールの内容については，**事案をみてみよう**参照。

＊3 例えば，本件で，Xらによる株式買占めの目的が，Y社に高値で買い取らせることや，株価を高騰させたうえで，市場で高値で売り抜けることにある場合には，株価の高騰は一時的な現象にとどまる可能性が高いと考えられる。これに対し，Xらによる株式買占めの目的が，Y社の支配権を取得して，経営者の交替などを通じてY社の企業価値を向上させることにあるような場合には，株価の高騰は一時的な現象にとどまらず，持続する可能性が高いと考えられる。

28 不公正発行と新株発行無効事由

最高裁平成6年7月14日判決(判時1512号178頁) ▸百選102

事案をみてみよう

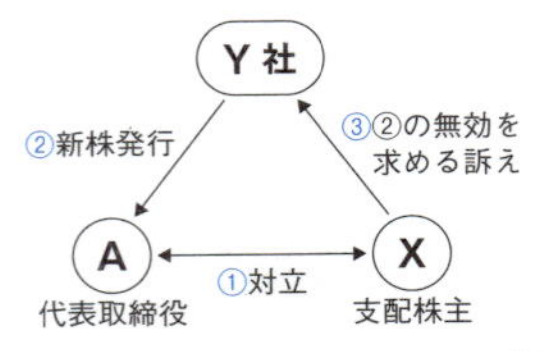

Xは，Y株式会社の設立以来，同社の株式の過半数を所有する株主であり，また唯一の代表取締役であった。ただし，Xは高齢であり，昭和50年頃から病気がちになって入退院を繰り返し，とくに昭和60年12月以降は入院したきりの状態にあったため，次第に，Xの養子であり，Y社の取締役であるAがY社の経営を取り仕切るようになった。ところが，Xは，Y社の業績が不振で赤字続きであったことなどに不満を募(つの)らせ，昭和61年6月頃には，XとAの仲は険悪なものとなっていた。Aは，その頃から，XがY社を解散したり，自分を取締役から解任したりするおそれがあることを切実に感じたので，それを阻止する目的で，もっぱらXからY社の支配権を奪い取るために，まずは同年9月，Xに招集通知を発しないで取締役会を招集し，自分を代表取締役に選定する決議を成立させて，代表取締役に就任した。さらにAは，同年11月，やはりXに招集通知を発しないで取締役会を招集し，本件新株発行を行う旨の決議を成立させたうえで，同年12月，当該決議に基づいて本件新株発行を行った。本件新株発行によって発行された株式は，その全部をAが引き受けたので，Aおよびその妻と異母兄弟の持株比率は従前27.9%であったのが51.9%となった。

Xは，新株発行無効の訴えを提起して，本件新株発行は著しく不公正な方法によるもの（不公正発行）であることを理由に，本件新株発行の無効を求めた。

読み解きポイント

一般に，会社支配権の維持・争奪といった不当な目的を主要な目的として行われる新株発行は，著しく不公正な方法による新株発行（不公正発行）にあたると解されている（[判例**26**]の**解説**参照）。会社法上，不公正発行は新株発行の差止事由であると規定されているが（210条2号），さらに，新株発行の無効事由にもなるのであろうか。会社法は，何が新株発行の無効事由になるかについて規定していないことから，本件では，そのことが争点になった。

判決文を読んでみよう

「新株発行は，株式会社の組織に関するものであるとはいえ，会社の業務執行に準じて取り扱われるものであるから，右会社を代表する権限のある取締役が新株を発行した以上，たとい，新株発行に関する有効な取締役会の決議がなくても，右新株の発行が有効であることは，当裁判所の判例〔最判昭和36・3・31民集15巻3号645頁〕の示すところである。この理は，新株が著しく不公正な方法により発行された場合であっても，異なるところがないものというべきである。」

この判決が示したこと

代表取締役が新株発行を行った以上，不公正発行であった場合でも，新株発行は有効である（不公正発行は新株発行の無効事由にならない）。

解説

Ⅰ. 本判決の立場

本判決は，取締役会決議を欠く場合でも，代表権のある取締役によって行われた新株発行は有効であるとする判例（最判昭和36・3・31民集15巻3号645頁）を引用したうえで，その判例が述べたのと同じ理由から，不公正発行[*1]にあたる場合にも，代表権のある取締役によって行われた新株発行は有効であるとする。

そこで，上記判例をみてみると，そこでは，おおよそ以下のような理由づけが述べられている。すなわち，会社法は，定款所定の発行可能株式総数の範囲内で，原則として取締役会決議で新株発行について決定できるとしている。このことにかんがみれば，会社法は，新株発行を会社の業務執行（一般的な取引行為のような経営事項）に準ずるものとして取り扱っていると理解される。そうであれば，一般的な取引行為の場合には，必要な手続を欠いても取引の安全を確保するため，当然には無効とされない[*2]のと同じく，必要な取締役会の決議を欠く新株発行の場合にも，当該新株の取得者および会社債権者を保護し，取引の安全を確保することに重点を置いて，有効であると解すべきである。

Ⅱ. 本判決の判示が妥当する会社の範囲

本判決は，新株発行が不公正発行である場合にも，取引の安全の確保を重視して，当該新株発行は有効であるとするが，その理由づけ（本判決が依拠する上記判例の理由づけ）の出発点は，「会社法は，定款所定の発行可能株式総数の範囲内で，原則として取締役会決議で新株発行について決定できるとしている」ことにあった。そして，本判決の当時は，すべての会社でそのような取扱いがなされていたのだが，現行法の下では，公開会社（全株式譲渡制限会社以外の会社）の場合に限って，そのような取扱いがなされており，非公開会社（全株式譲渡制限会社）の場合には，原則として株主総会の特別決議で株式発行について決定すべきものとされている（199条2項，309条2項5号）[*3]。このことにかんがみると，現行法の下では，本判決の判示は，公開会社の場合にのみ妥当する，言い換えれば，本判決は，非公開会社で不公正発行にあたる新株発行が行われた場合に当該新株発行が有効かどうかについては何ら述べていない（それゆえ最高裁は今後無効説に立つ可能性も否定できない）と理解すべきであろう。

＊1　**読み解きポイント**でも触れたように，一般に，著しく不公正な方法による株式発行（不公正発行）とは，会社支配権の維持・争奪といった不当な目的を主要な目的として行われる株式発行のことであると解されている（より詳しくは［判例**26**］の**解説**参照）。

＊2　例えば，判例によれば，重要な財産の処分について必要な取締役会決議を欠く場合にも，代表取締役が行っている以上は，原則として当該財産の処分は有効であるとする（［判例**12**］の**解説**参照）。

＊3　このように公開会社と非公開会社で取扱いが変わったのは，平成2年改正によるものである。そして，同改正がなぜ，非公開会社の場合には，公開会社の場合とは異なり，原則として株主総会決議を要求することにしたのかといえば，その主な理由は，非公開会社の株主の支配的利益を厚く保護することにあった（＊5参照）。

Ⅲ. 本判決の基礎にある考え方とその合理性

本判決は，不公正発行の場合について，それを無効とすることで，利益を害された既存株主を救済することよりも，取引の安全の確保を重視して，新株発行は有効であるとする。**読み解きポイント**で触れたように，不公正発行とは，会社支配権の維持・争奪といった不当な目的を主要な目的として行われる新株発行のことをいうから，不公正発行によって害される既存株主の利益とは，主に支配的利益（会社の支配権に関わる持株比率の維持に係る利益[*4]）である。このことを踏まえると，本判決は，既存株主の支配的利益の保護よりも，取引の安全を重視すべきという立場に立っていると理解できる。

Ⅱで述べたように，現行法の下では，本判決の判示は公開会社の場合にのみ妥当すると理解される。そして，公開会社の典型は上場会社であるところ，そうした上場会社の場合を想定すると，本判決が上記のように，株主の支配的利益の保護よりも取引の安全を重視する立場に立つことには合理性が認められる。というのも，上場会社の株式は転々流通するために，新株発行を無効とすることは現実には困難であるし（流通している株式のうち，どの株式が無効とされた新株発行によって発行されたものなのかを追跡するのは非常に難しい），仮にそれが可能であったとしても，善意の株式取得者が害されるので妥当でない。しかも，上場会社の株主にとって支配的利益はそこまで厚く保護する必要はない[*5]から，差止めという救済策を認めれば足りる[*6]と考えられるからである。

＊4｜
支配的利益の内容については，Ⅱ-1 Introductionの2参照。

＊5｜
これに対し，非公開会社の場合には，会社経営に関与する（典型的には自己が取締役等になって会社経営を行う）ための前提として，株式を保有する株主が少なくないところ，そうした株主にとっては持株比率ないしは議決権比率が非常に重要だから，既存株主の支配的利益を厚く保護する必要がある。そこで，会社法は，非公開会社が株主割当て以外の方法で新株発行を行う場合には，原則として株主総会特別決議の手続を要求している（199条2項，309条2項5号）。さらに，判例は，そうした株主総会特別決議の手続を欠くことは，新株発行の無効事由になると解している（［判例**30**］参照）。

＊6｜
仮にこうした考え方によれば，株主に差止めの機会が与えられなかったときは，新株発行の効力について，別に考えるべきことになるであろう。この点について，［判例**29**］参照。

29 新株発行事項の公示の欠缺と新株発行無効事由

最高裁平成9年1月28日判決（民集51巻1号71頁） ▸百選27

事案をみてみよう

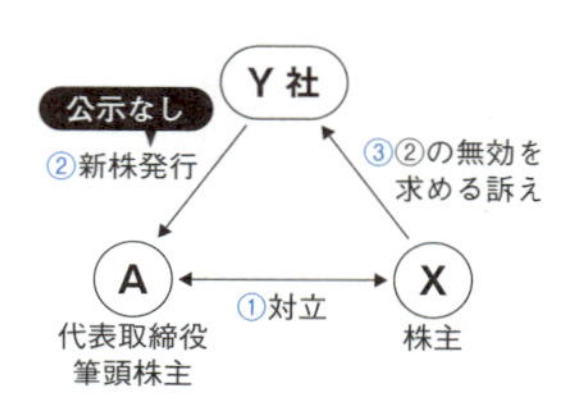

Y株式会社は，その設立以来，Aが代表取締役の地位にあるが，実際には，Aの父親であるBが実権を握っていた。昭和51年6月の時点で，Y社の発行済株式総数は1200株であり，そのうちAが筆頭株主として270株，Aの甥（おい）であるXが200株を保有し，残りの株式はBをはじめとするAの親族や隣人が保有していた。

Y社では，昭和57年4月にBが死亡すると，会社支配権をめぐって，AとXの間で一族を二分する紛争が生じた。こうした状況で，昭和63年6月，Aは，自己の会社支配権を確立するため，Y社を代表して2400株の本件新株発行を行い，そのうち900株を自分が引き受けた（Xは株式を引き受けていない）。しかし，Y社は，本件新株発行に際し，平成17年改正前商法280条ノ3ノ2（会社法201条3項・4項に相当）に定められている公示（株主への通知または公告）を行わなければならなかったのに，それを行わなかった。

そこで，Xは，新株発行無効の訴えを提起して，公示を欠くことなどを理由に，本件新株発行の無効を求めた。

読み解きポイント

本件新株発行には，①著しく不公正な方法による新株発行（不公正発行[*1]）であるうえに，②公示が必要であったのに，それを欠いているという瑕疵（かし）がある。ただし，判例によれば，①の不公正発行は新株発行の無効事由にならない（［判例**28**］参照）。それでは，Xが主張するように，②の公示の欠缺（けんけつ）は新株発行の無効事由になるのであろうか。

＊1
本件のように，会社支配権の維持・争奪といった不当な目的を主要な目的として行われる新株発行は，不公正発行に当たると解されている（詳しくは［判例**26**］の**解説**参照）。

判決文を読んでみよう

「新株発行に関する事項の公示（〔平成17年改正前商法〕280条ノ3ノ2〔会社法201条3項・4項に相当〕に定める公告又は通知）は，株主が新株発行差止請求権（同法280条ノ10〔会社法210条に相当〕）を行使する機会を保障することを目的として会社に義務付けられたものであるから〔最判平成5・12・16民集47巻10号5423頁参照〕，新株発行に関する事項の公示を欠くことは，新株発行差止請求をしたとしても差止めの事由がないためにこれが許容されないと認められる場合でない限り，新株発行の無効原因となると解するのが相当であ〔る〕」。

この判決が示したこと

公示の欠缺は原則として新株発行の無効事由になる。ただし，例外的に，公示の欠缺以外に差止事由がないために，仮に新株発行差止請求をしたとしてもそれが認められなかったと考えられる場合には，新株発行の無効事由にならない。

解説

Ⅰ．公示の制度

公開会社は，株主割当て以外の方法で新株発行を行うとき[*2]には，原則として，新株発行に関する一定の重要事項を公示（株主への通知または公告）しなければならない（201条3項・4項）。公示の対象になる一定の重要事項とは，発行する株式の数，1株あたりの対価（払込金額），その払込期日などの事項（199条1項。募集事項と呼ばれる）である。本件の主たる争点は，こうした公示を欠くことが，新株発行の無効事由になるかどうかである。

なお，公開会社が株主割当て以外の方法で新株発行を行う場合において，会社法上の公示が要求されるのは，取締役会決議で募集事項が定められた場合である（201条3項）。逆にいえば，①有利発行であるために株主総会決議の手続が要求されるときは，株主はその株主総会決議の手続を通じて（つまり株主総会の招集通知を通じて，または株主総会の場で），募集事項を知ることができるから，公示は要求されない。また，②金融商品取引法による情報開示が行われるときも，それによって株主は募集事項を知ることができるから，やはり公示は要求されない（201条5項）。そして，公開会社には上場会社と非上場会社が含まれているところ，上場会社の場合には，金融商品取引法による情報開示が要求され，実際にかかる情報開示が行われる（つまり上記②に該当する）のが通例である。したがって，本件のように，公示の欠缺が新株発行の無効事由になるかどうかが問題になるのは，もっぱら公開会社である非上場会社の場合であることになる。

*2｜株主割当ての場合には，募集事項の公示は要求されない（202条5項による201条3項の適用除外）。これは，株主割当ての場合は，株主に募集株式の割当てを受ける権利を行使する機会（株式引受けの申込みをする機会）を与えるため，会社は株主に募集事項や当該株主が割当てを受けることのできる株式の数などの通知（いわゆる割当通知）をしなければならず（202条4項），株主はそれによって募集事項を知ることができるからである。

Ⅱ．本判決が述べる原則論

本判決は，公示の欠缺は原則として新株発行の無効事由になるとする。そして，その理由として，そもそも会社に公示が義務づけられるのは，どのような新株発行が行われようとしているのかの情報を株主に提供することで，既存株主に新株発行差止請求権を行使する機会を保障するためであることを挙げる。ここで新株発行差止請求権とは，①法令もしくは定款（ていかん）に違反する場合，または，②不公正発行である場合において，株主が不利益を受けるおそれがあるときに，会社に対し，新株発行をやめることを請求することができる権利（210条[*3]）をいう。

つまり，本来，会社が，法令・定款違反の新株発行（取締役会決議を経ない新株発行など）や不公正発行にあたる新株発行を行おうとする場合には，既存株主は，新株発行

*3｜株主が新株発行差止請求権を行使できるのは，新株発行の効力が生じる前の時点である。この差止請求権の行使は，裁判所に差止めの仮処分を申し立てるという形で行われるのが通例であるが，そのことについてはⅡ-1 Introductionの2参照。

差止請求権を行使することによって自分の利益が害されるのを防止することができる。ところが，会社が公示を行わなかった場合には，上記のような違法・不当な新株発行が行われようとしているときでも，既存株主はそのことを知ることができないから，差止請求権を行使して自分の利益を守ることもできないであろう。このことにかんがみると，会社が公示を行わなかった場合には，既存株主を救済する必要が大きいために，取引の安全（発行された株式を善意で取得した者の保護）を犠牲にしてでも，新株発行を無効として既存株主の救済を図るべきであると考えられる。そこで，本判決も，公示の欠缺は原則として新株発行の無効事由になると判示したものと理解される。

Ⅲ. 例外的に無効とされない場合

上記のように，本判決は，公示の欠缺は原則として新株発行の無効事由になるとする。しかし，会社が公示を行わなかった場合でも，他に差止事由がない，つまり，取締役会決議を欠くなどの法令・定款違反がなく，不公正発行でもないときは（Ⅱで触れたように，差止事由とされているのは法令・定款違反と不公正発行である），そもそも当該新株発行によって既存株主の利益が害されることは考えにくいから，新株発行を無効とすることで既存株主を救済する必要が大きいとはいえないであろう。そこで，本判決は，会社が公示を行わなかった場合でも，公示の欠缺以外に差止事由がないために，仮に新株発行差止請求をしたとしてもそれが許容されないと認められるときは，例外的に，公示の欠缺は新株発行の無効事由にならないと判示している。

30 違法な新株予約権の行使と非公開会社の新株発行の効力

最高裁平成24年4月24日判決（民集66巻6号2908頁） ▸百選29

事案をみてみよう

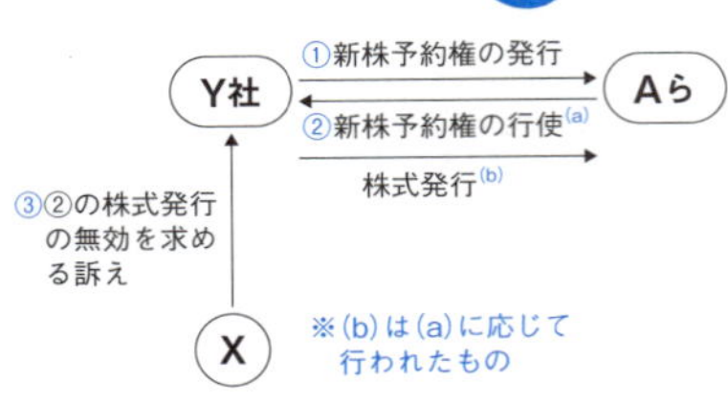

非公開会社（全株式譲渡制限会社）であるY株式会社は，経営陣の意欲や士気を高めることを目的に，経営陣であるAらにストック・オプションとして本件新株予約権を発行する[*1]旨の株主総会の特別決議を行った。この株主総会では，本件新株予約権の行使条件として，Y社株式が証券取引所に上場し，さらにその後6か月が経過するまで本件新株予約権を行使できないという条件（以下「上場条件」という）も付された。

しかし，その後，Y社が株式を上場していないのに，Aらは本件新株予約権を行使し，Y社はこれに応じて，Aらに株式発行（以下「本件株式発行」という）を行った。

Y社監査役であるXは，株式発行無効の訴え（828条1項2号）を提起して，Aらによる本件新株予約権の行使は上場条件に違反したものであるため，本件株式発行を無効とすることを求めた。[*2]

*1｜新株予約権とは，株式会社に対して行使することにより，当該株式会社の株式の交付を受けることができる権利のことをいう（2条21号）。金銭での報酬に代えて，新株予約権を報酬として役員・従業員に発行すると，役員・従業員としては，株価が上がるほど，新株予約権を行使することによって価値のある株式の交付を受けることができるため，株価を上げるような会社経営を行うインセンティブを与えることができると期待される。このようなインセンティブ付与を期待して，報酬として発行される新株予約権のことを，一般にストック・オプションと呼ぶ。

読み解きポイント

新株予約権者が会社に対して新株予約権を行使すると，その者は，当該会社から株式の交付を受けることができる（2条21号，282条1項参照）。ただし，本件のように，新株予約権の行使が行使条件である上場条件に違反しているのに，会社が株式発行を行った場合，株式発行の効力はどうなるのだろうか。

判決文を読んでみよう

「公開会社でない株式会社（以下「非公開会社」という。）については，募集事項の決定は取締役会の権限とはされず，株主割当て以外の方法により募集株式を発行するためには，取締役（取締役会設置会社にあっては，取締役会）に委任した場合を除き，株主総会の特別決議によって募集事項を決定することを要し（同法〔会社法〕199条），また，株式発行無効の訴えの提訴期間も，公開会社の場合は6箇月であるのに対し，非公開会社の場合には1年とされている（同法828条1項2号）。これらの点に鑑みれば，非公開会社については，その性質上，会社の支配権に関わる持株比率の維持に係る既存株主の利益の保護を重視し，その意思に反する株式の発行は株式発行無効の訴えにより救済するというのが会社法の趣旨と解されるのであり，(1)非公開会社において，株主総会の特別決議を経ないまま株主割当て以外の方法による募集株式の発行がされた場合，その発行手続には重大な法令違反があり，この瑕疵は上記株式発行の無効原因になると解するのが相当である。」

「(2) 非公開会社が株主割当て以外の方法により発行した新株予約権に株主総会によって行使条件が付された場合に，この行使条件が当該新株予約権を発行した趣旨に照らして当該新株予約権の重要な内容を構成しているときは，上記行使条件に反した新株予約権の行使による株式の発行は，これにより既存株主の持株比率がその意思に反して影響を受けることになる点において，株主総会の特別決議を経ないまま株主割当て以外の方法による募集株式の発行がされた場合と異なるところはないから，上記の新株予約権の行使による株式の発行には，無効原因があると解するのが相当である。」

「本件新株予約権が経営陣の意欲や士気の高揚を目的として発行されたことからすると，上場条件はその目的を実現するための動機付けとなるものとして，本件新株予約権の重要な内容を構成していることも明らかである。したがって，上場条件に反する本件新株予約権の行使による本件株式発行には，無効原因がある。」

この判決が示したこと

本判決は，本件株式発行は無効であるとした。そのロジックは，以下のとおりである。まず，非公開会社において，株主総会の特別決議を経ないまま株主割当て以外の方法で新株発行が行われた場合には，既存株主の支配的利益（会社の支配権に関わる持株比率の維持に係る利益[*3]）がその意思に反して害されるので，既存株主を救済するため，新株発行は無効にすべきである（判決文(1)）。そして，そうだとすると，本件のように重要な行使条件に違反して新株予約権者が新株予約権を行使し，それによって会社が株式発行を行った場合にも，既存株主の支配的利益がその意思に反して害される点では変わりがないので，同じく無効にすべきである（判決文(2)）。

解説

Ⅰ．問題の所在

本件では，株主総会の特別決議によって，本件新株予約権に行使条件を付して発行する旨が決定され，それに基づいて，Ａらに本件新株予約権が発行された。ところが，Ａらは，かかる行使条件（上場条件）を満たしていないのに，本件新株予約権を行使して，Ｙ社から本件株式発行を受けたので，その効力が問題となった。

この判決が示したことで述べたように，本判決はまず，非公開会社において，株主総会の特別決議を経ないまま株主割当て以外の方法で新株発行が行われた場合には，新株発行は無効とすべきであるとする（判決文(1)）。そして，そうだとすると，本件のように新株予約権者が重要な行使条件に違反して新株予約権を行使し，それによって会社が株式発行を行った場合にも，既存株主の支配的利益がその意思に反して害される点では変わりがないので，同じく無効にすべきであるとする（判決文(2)）。

判決文(1)は，判決文(2)の前提になっているだけでなく，それ自体が非常に重要な意味をもっている。そのため，以下では，まず判決文(1)から取り上げることにしよう。

＊2｜
本文では省略しているが，実際の事案は，以下のようなものである。本件新株予約権の発行後，Y社は，株式上場が困難な状況となったので，取締役会で上場条件を撤廃する旨の決議をした。これに対し，Xは，その取締役会決議は無効であるため，上場条件は撤廃されずに残っているから，Aらによる本件新株予約権の行使は上場条件に違反したものであると主張した。本判決は，Xが主張したとおり，取締役会決議は無効であるとしたうえで，**判決文を読んでみよう**に掲げたように判示した。

＊3｜
支配的利益の内容については，Ⅱ-1 **Introduction**の2参照。

Ⅱ. 判決文(1)について：非公開会社における株主総会の特別決議を欠く新株発行の効力

会社法上，非公開会社が株主割当て以外の方法で新株発行を行う場合は，原則として株主総会の特別決議によって新株発行に係る重要事項（募集事項）を決定しなければならない（199条2項，309条2項5号）。問題は，かかる株主総会の特別決議の手続を欠くことが，新株発行の無効事由に該当するかどうかである。

この点について，本判決は，最高裁として初めて，無効事由に該当するとする見解に立つことを明らかにした。その理由づけのポイントは，非公開会社における既存株主の支配的利益（会社の支配権に関わる持株比率の維持に係る利益）の保護を重視することにある[*4]。すなわち，会社法は，非公開会社の場合には，株主割当て以外の方法による新株発行につき，原則として株主総会の特別決議の手続を要求するとともに（199条2項，309条2項5号），新株発行無効の訴えの提訴期間を公開会社の6か月よりも長い1年と規定している（828条1項2号）。本判決は，これらのことにかんがみると，非公開会社の株主の支配的利益の保護を重視し[*5]，その意思に反して支配的利益が害される場合は，新株発行を無効とすることで株主を救済するのが会社法の趣旨であるという。そのうえで本判決は，株主総会の特別決議の手続を経ずに，株主割当て以外の方法で新株発行が行われるときは，既存株主がその意思に反して支配的利益を害されることになるため，新株発行は無効であると判示している[*6]。

Ⅲ. 判決文(2)について：非公開会社における重要な行使条件違反の新株予約権の行使による株式発行の効力

Ⅱで取り上げた新株発行は，会社が引受人を募集して行う新株発行のことである。これに対し，本件株式発行は，新株予約権者が新株予約権を行使し，それによって会社が株式発行を行ったというものであるから，Ⅱで取り上げた新株発行とは異なるものである（会社が株式の引受人を募集して行った新株発行ではない）。それにもかかわらず，本判決は，両者を同様にとらえて，本件株式発行には無効事由が認められると判示した。これは，以下の理由によるものである。

会社法上，非公開会社が株主割当て以外の方法で新株予約権を発行する場合にも，原則として株主総会の特別決議によって新株予約権発行に係る重要事項（募集事項）を決定しなければならない（238条2項，309条2項6号）。ここで，本件のように，株主総会の特別決議によって，新株予約権に行使条件を付して発行することが決定された場合を考えてみよう。もし当該行使条件が「当該新株予約権を発行した趣旨に照らして当該新株予約権の重要な内容を構成している」ときは，株主は，そうした行使条件が付されているからこそ，株主総会で新株予約権の発行に賛成したものと考えられる。それにもかかわらず，そのような重要な行使条件に違反した新株予約権の行使がなされて，株式発行が行われ，それによって既存株主の持株比率が低下した場合には，既存株主はその意思に反して支配的利益を害されたと評価することができる。本判決は，この点に着目して，本件株式発行とⅡで取り上げた新株発行とを同様にとらえて，本件株式発行にも無効事由が認められると判示したのである。

＊4｜本判決がいかに非公開会社の既存株主の支配的利益の保護を重視しているかは，〔判例**28**〕の立場と対比するとわかりやすい。

＊5｜会社法がこのように非公開会社の既存株主の支配的利益の保護を重視するのは，非公開会社では，会社経営に関与する（典型的には自己が取締役等になって会社経営を行う）ための前提として，株式を保有する株主が少なくないところ，そうした株主にとっては持株比率ないしは議決権比率が非常に重要だからである。

＊6｜なお，本判決には寺田逸郎裁判官の補足意見が付されている。そこでは，基本的に非公開会社の株式はほとんど流通しないため，募集株式の発行の無効原因を広く解しても，取引の安全に支障が生ずる余地が限られていることも，本判決の見解を補強する理由づけとして挙げられている。

Introduction 3

Contents

II - 1　株式
II - 2　新株・新株予約権
ココ! II - 3　計算

計算

株式会社の収益状況や財産状態って，どんな書類に記載するんだろう。それって，株主も見られるのかな。もし見られるなら，僕もきちんとチェックしておかないとね。

会社法は，株式会社に対し，適時に正確な会計帳簿を作成するよう求める（432条1項）とともに，その会計帳簿を株主に閲覧させるよう定めている（433条）。また，会社法は，株式会社に対し，会計帳簿をもとにして，事業年度ごとに貸借対照表などの計算書類[*1]を作成するよう求めたうえで（435条2項），株主・債権者に向けた情報開示の対象にしている（437条，440条など）。また，計算書類のうち貸借対照表は，会社が剰余金（じょうよ）配当などの形で，株主に分配することができる会社財産の上限額（「分配可能額」と呼ばれる。461条）を計算するためにも用いられる。

このように会計帳簿や計算書類は，株主や債権者にとっての重要な書類である。そうだとすると，株式会社がどのようなルールに基づいて，会計帳簿や計算書類を作成すべきかも重要になる。もしそのルールが不十分であれば，会計帳簿や計算書類に記載される情報も不十分なものになってしまう可能性が高いからである。この点について，会社法は，会計帳簿・計算書類の作成のルールについて，概括的な規定を置くのにとどめたうえで，会社法に定めがないものについては，「一般に公正妥当と認められる企業会計の慣行」（公正な会計慣行。431条）にゆだねようとしている。それでは，そもそも公正な会計慣行とは，どのようなものをいうのだろうか［→判例 **31**］。

ところで，会計帳簿は，会社の業務に関する詳しい情報や営業秘密にあたる情報が含まれているので，株主にとっての重要な情報源になる一方で，株主がそれらの情報を悪用するために会計帳簿の閲覧請求権を行使する危険がある。そこで，会社法は，そうした権利の濫用的な行使を防止するため，一定の場合には，会社が閲覧請求を拒絶できる旨を規定している（433条2項）。具体的にどのような場合に，会社は株主の閲覧請求を拒絶できるのだろうか［→判例 **32**］。

＊1　計算書類には，①貸借対照表（ある一定時点において会社の資産や負債がどれほどあるかを集計して一覧表の形にしたもの），②損益計算書（ある一定期間において会社が得た収益と，そのための費用を集計して一覧表の形にしたもの），③株主資本等変動計算書（資本金や剰余金など，貸借対照表の純資産の部の数字がどのように増減したのかをわかりやすく一覧表にまとめて示したもの），④個別注記表（会社の状況や他の計算書類の内容などについての注記を集めたもの）が含まれる（435条2項，会社計算59条1項）。

31 「公正な会計慣行」の意義

長銀事件

最高裁平成20年7月18日判決(刑集62巻7号2101頁) ▸百選76

 事案をみてみよう

株式会社A銀行(日本長期信用銀行)は，平成9年4月1日から平成10年3月31日までの事業年度において，取立不能と見込まれる貸出金3130億6900万円があったのに，その償却または引当て[*1]をしないまま，貸借対照表を作成した(仮に償却または引当てをすると，その分，貸借対照表上の資産の額は小さくなる)。そのうえでA銀行は，かかる貸借対照表を含んだ有価証券報告書[*2]を提出するとともに，かかる貸借対照表をもとに配当財源を算定して，株主に71億円あまりの剰余金配当を行った。

ところで，当時の銀行法上，金融機関への監督権限を有していたのは大蔵省であった。過去に大蔵省が公表した会計処理方法(旧基準)の下では，金融機関の貸出金についての償却または引当ては税法と同様の基準によって行うものとされており，A銀行が上記3130億円あまりの貸出金について償却または引当てをしなかったのも，かかる旧基準に従ったものであった。

しかし，大蔵省は，金融機関の貸出金につき，平成9年3月以降，「資産査定通達」などを通じて，新たに，旧基準よりも厳格な会計処理方法(新基準)を公表した。この新基準に従えば，A銀行は，上記3130億円あまりの貸出金については償却または引当てをする必要があり，仮にA銀行がかかる償却または引当てをしたとすると，貸借対照表上，株主に配当できる剰余金も皆無であったことになる。そこで，A銀行の代表取締役であったBら3名が虚偽記載有価証券報告書提出罪(平成18年改正前証券取引法197条1項1号〔金商法197条1項1号に相当〕)および違法配当罪(平成17年改正前商法489条3号〔会社法963条5項2号に相当〕)によって起訴されたのが本件である。

*1 銀行の貸出金は，貸借対照表上，資産として計上されているが，貸出金が取立不能になった場合には，もはや資産的価値が認められない。そこで，その分の貸出金を資産から消去するのが償却である。また，取立不能が確定したわけではないが，取立不能になる可能性が高い貸出金がある場合に，将来償却が必要になる事態に備えて，引当金という項目を資産の部に設けて，その分を資産の額から減額しておくことを引当てという。

*2 金融商品取引法により，上場会社等が事業年度ごとに開示することを強制される書類であり，一般の事業会社の場合であれば，企業の概況，事業の状況，設備の状況，経理の状況などが記載されている。

読み解きポイント

会社法上，資産を貸借対照表にどのように計上するかといった会計処理は，「一般に公正妥当と認められる企業会計の慣行」(以下「公正な会計慣行」という)に従うものとされている(431条)。大蔵省が過去に公表した旧基準は，それまですべての銀行が従っていたものであって，公正な会計慣行にあたると考えられていた。ところが，平成9年3月以降に新基準が公表されたことによって，旧基準は公正な会計慣行ではなくなり，そのため，A銀行の会計処理は違法であったことになるであろうか。

判決文を読んでみよう

「資産査定通達等によって補充される改正後の決算経理基準〔新基準〕は，特に関連ノンバンク等に対する貸出金についての資産査定に関しては，新たな基準として直ちに適用するには，明確性に乏しかったと認められる上，本件当時，関連ノンバンク等に対する貸出金についての資産査定に関し，従来のいわゆる税法基準〔旧基準〕の考え方による処理を排除して厳格に前記改正後の決算経理基準に従うべきことも必ずしも明確であったとはいえず，過渡的な状況にあったといえ，そのような状況のもとでは，これまで『公正ナル会計慣行』として行われていた税法基準の考え方によって関連ノンバンク等に対する貸出金についての資産査定を行うことをもって，これが資産査定通達等の示す方向性から逸脱するものであったとしても，直ちに違法であったということはできない。……そうすると，A銀行の本件決算処理は『公正ナル会計慣行』に反する違法なものとはいえない」。

この判決が示したこと

本判決は，新基準の具体的な内容が明確ではなかったこと，および，旧基準による処理を排除して厳格に新基準に従うべきことも明確ではなかったことを理由に，旧基準が公正な会計慣行でなくなったとまではいえないから，A銀行の会計処理は違法であったとはいえないと判示した。

解説

I．問題の所在

会社法は，株式会社に対し，適時に正確な会計帳簿を作成するよう求める（432条1項）とともに，そうした会計帳簿をもとにして，事業年度ごとに貸借対照表などの計算書類[*3]を作成するよう求めている（435条2項）。こうして作成される計算書類は，株主や債権者に対する情報開示の対象になる（437条，440条など）。また，計算書類のうち貸借対照表は，会社が剰余金配当などの形で，株主に分配することができる会社財産の額（「分配可能額」と呼ばれる。461条）を計算するためにも用いられる。

*3　計算書類について，もう少し詳しくはII-3 Introductionの＊1参照。

会社法は，会計帳簿や計算書類の内容についても定めている。ただし，それを会社法の本体で定めると，規定の量が膨大になって読みにくくなるうえに，改正に国会での審議・可決が必要になるためにタイムリーな改正が難しくなる。それゆえ会社法は，法務省令である会社計算規則に，会計帳簿や計算書類の内容その他会社の計算に関する事項を規定するよう委任しているのであるが（432条1項，435条2項など，会社則116条），会社計算規則にしても，すべての点について詳細に規定してしまうと，上記と似たような問題が生じるのを避けられない（規定の量が膨大になるうえに，会社法よりは迅速な改正が可能であるが相応の時間はかかるからタイムリーな改正は難しい）。そこで会社法は，基本的に会社計算規則では概括的な規定を置くのにとどめたうえで，「株式会社の会計は，一般に公正妥当と認められる企業会計の慣行に従うものとする」と定めて（431条），会社計算規則に定めがないものについては，「一般に公正妥当と認められる企業会計の慣行」（公正な会計慣行）にゆだねようとしている。

読み解きポイントで示したように，本件で問題になったのは，大蔵省が過去に公表した金融機関の貸出金に関する会計基準（旧基準）が，平成9年当時においても公正な会計慣行にあたるかどうか，より具体的に，大蔵省が平成9年3月以降に，旧基準とは内容の異なる新しい会計基準（新基準）を公表したことによって，もはや旧基準は公正な会計慣行にあたらないことになったのかどうかであった。

Ⅱ．公正な会計慣行とは何か

公正な会計慣行の中心は，かつては，金融庁（旧大蔵省）の企業会計審議会が設定した「企業会計原則」であった。これは，企業会計の実務において慣習として発達したもののなかから，一般に公正妥当と認められるものを選んで要約したものである。

しかし，会計基準の国際的調和という観点から，諸外国と同じく，民間による会計基準の設定が求められたために，現在は，民間団体である企業会計基準委員会[*4]が設定する各種の会計基準[*5]が，公正な会計慣行の中心となっている（会社計算3条参照[*6]）。この会計基準は，さらに金融商品取引法で要求される会計処理（主に情報開示のためのもの）の基準になるものでもある（金商193条，財務諸表規則1条2項・3項）。

ただし，企業会計基準委員会が設定する会計基準だけが，公正な会計慣行とされるわけではない。例えば，規制業種において官公庁が一定の会計処理方法を示し，それが定着しているような場合には，当該業種においては，そうした会計処理方法が公正な会計慣行に妥当することはありうる。この点は，本判決も，大蔵省が公表した旧基準が，金融機関について公正な会計慣行にあたることを認めているとおりである。

Ⅲ．複数の会計慣行が併存する場合の取扱い

本判決は，旧基準だけでなく，大蔵省が平成9年3月以降に示した新基準についても，公正な会計慣行にあたることを否定していない。これは，当時，新基準は金融機関の間に定着はしていないものの，従来の経緯からすると，定着することがほぼ確実視されるといった事情に着目したものと理解される。

そのうえで，本判決は，①新基準による具体的な会計処理の方法（具体的な内容）が必ずしも明確ではなかったこと，および，②旧基準による処理を排除して厳格に新基準に従うべきことも明確ではなかったことを理由に，もはや旧基準が公正な会計慣行にあたらないとまではいえないと判示した。②は，当時の多くの金融機関が新基準に従っておらず，新基準が十分に浸透していなかったという事情を踏まえたものである。

本件に限らず，一般論として，従来，会社がある公正な会計慣行（旧慣行）に従っていたところに，新たな公正な会計慣行（新慣行）が現れる場合はありうる。例えば，企業会計基準委員会が新たな会計基準を公表した場合も，そうした場合にあたるであろう。そのような場合でも，本判決の見解によれば，旧慣行に従うことが違法とされるためには，その前提として，①新慣行の具体的な内容が明確であることと②旧慣行の適用が排除されるべきことが十分に周知されていることが要求されることになる。

＊4｜企業会計基準委員会（ASBJ）は，財務会計基準機構（FASF）内に設置されている。財務会計基準機構は，2001年に，わが国における会計・ディスクロージャーの諸制度の健全な発展と資本市場の健全性の確保に寄与することを目的として設立された民間の非営利団体である。

＊5｜会計基準の設定は，財務会計基準機構（FASF）が定めた「企業会計基準及び修正国際基準の開発に係る適正手続に関する規則」に従って行われる。そこでは，専門家による調査・審議，市場関係者の意見を十分かつ適切に聴取するための公開草案の公表，会計基準が市場関係者に与えた影響を評価するための適用後レビューの実施，適正手続監督委員会による監視・監督といった手続が定められている。

＊6｜このほか，少なくとも連結計算書類との関係では，国際財務報告基準（IFRS）も公正な会計慣行であるとされており（会社計算120条参照），近時は，わが国でも，同基準に従う上場会社が増えてきている。国際財務報告基準は，IFRS財団内に設置された国際会計基準審議会（IASB）で設定されるものであり，欧州諸国をはじめ，世界各国で採用されている。

32 会計帳簿閲覧等請求の拒絶事由　楽天対 TBS 事件

東京地裁平成19年9月20日判決（判時1985号140頁）

 事案をみてみよう

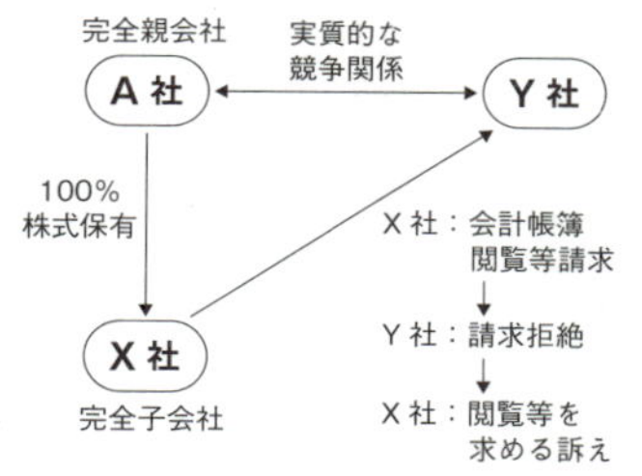

X 株式会社は，有価証券の保有等を目的とする会社であり，インターネット・サービス事業等を目的とするA 社（楽天）の完全子会社（100% 子会社）である。A 社は，平成 17 年 8 月頃から X 社等の子会社を通じて，放送法に基づく一般放送事業等を目的とする Y 株式会社（TBS）の株式を取得しはじめ，同年 10 月には，Y 社に対して業務提携の提案を行った。しかし，A 社と Y 社の業務提携の話は進展しないまま，時が過ぎた。

そのような状況のなか，平成 19 年 5 月，X 社は，Y 社の株主として，Y 社に対し，会社法 433 条 1 項に基づき，平成 17 年 4 月 1 日から現在までの間について，Y 社が取得した株式の銘柄・数や取得時期・金額の明細が記載されている会計帳簿[*1]の閲覧・謄写（とうしゃ）[*2]を請求した。X 社は，こうした会計帳簿閲覧等請求を行った理由として，Y 社取締役は A 社グループの株式取得に対抗して，自分たちに味方して長期に株式を保有し続けてくれる株主を増やすための工作（安定株主工作[*3]）をしている可能性があり，仮にそうである場合には，Y 社取締役の責任追及を行うことを検討しているため，調査が必要である旨などを述べていた。しかし，会社法 433 条 2 項 3 号は，請求者の事業と会社の事業が「実質的に競争関係にある」場合には，会社は請求を拒絶できる旨を定めるところ，Y 社は，本件は同号所定の場合にあたることを理由に X 社の請求を拒絶した。そこで，X 社は Y 社に対し，上記書類の閲覧・謄写を求める訴えを提起した。

読み解きポイント

会社法433条1項は，総株主の議決権の3% 以上，または，発行済株式総数の3% 以上を有する株主は，会社に対し，会計帳簿または会計帳簿に関する資料の閲覧・謄写を請求することができると規定している。X社のY社に対する請求は，同項に基づくものである。

ただし，同条2項各号は，一定の事由（拒絶事由）があるときは，会社は請求を拒絶できることを規定している。そして，そうした拒絶事由の一つとして，同条2項3号は，請求者の事業が会社の事業と「実質的に競争関係にある」場合を定めているところ，Y社は，本件はかかる場合にあたると主張した。

もっとも，X社の完全親会社であるA社は，Y社と競争関係にあるようにもみえるが，X社自身の事業は有価証券の保有等であるから，X社とY社は競争関係に

---

*1 解説Ⅰで改めて触れるが，会計帳簿とは，仕訳（しわけ）帳（すべての取引を日付順に仕訳・記入した帳簿）など，会社が会社財産に影響を及ぼす事項を記載した帳簿のことをいう。

*2 謄写とは，書き写すという意味であるが，例えば，株主が会社にコピー機を持ち込んで，会計帳簿等をコピーすることも含まれる（株主はそのような方法で謄写することも許される）と考えられている。

*3 X社は，安定株主工作は，他社と株式をお互いに持ち合うこと（株式相互保有）を通じて行われることが多いから，安定株主工作の有無を調査するためには，Y社が保有する株式の銘柄（めいがら）・取得時期・取得金額を具体的に把握する必要があると主張していた。

ないようにみえる。Y社の上記主張は認められるべきであろうか。

判決文を読んでみよう

「X社とA社は一体的に事業を営んでいると評価することができ，会社法433条2項3号の実質的な競争関係の有無を判断するに当たっては，A社の事業内容をも併せて考慮すべきである。

そして，本件において，A社は，インターネットでの通信に関するサービス事業のほか，既（すで）に放送事業を営んでおり……，他方で，Y社は放送事業のほか，既にインターネットでの動画配信業務を行い，平成18年以降インターネットとの融合を企図した事業展開を遂行している……。そうだとすると，Y社の営む事業とX社らの営む事業は，基本事業であるインターネットと放送の点において，現に競争関係にあり，かつ，両者とも『インターネットと放送の融合』を指向しているのであるから近い将来においてその競争関係はますます厳しくなる蓋然性（がいぜんせい）が高いものと認めるのが相当であり，当該判断を覆（くつがえ）すに足りる証拠は存在しない。

以上によれば，A社を完全親会社とするX社とY社は，『実質的に競争関係にある』ということができ，Y社は，会社法433条2項3号所定の拒絶事由により，本件書類の閲覧等請求を拒絶することができると解するのが相当である。」

この判決が示したこと

請求者（X社）とその親会社（A社）が一体的に事業を営んでいると評価できる場合は，請求者と会社（Y社）が競争関係にあるかどうかだけでなく，請求者の親会社と会社が競争関係にあるかどうかも含めて，会社法433条2項3号所定の「実質的に競争関係にある」に該当するかどうかを検討すべきである。

解説

Ⅰ．会計帳簿閲覧等請求制度の趣旨

会社が日々の業務を行っていく中で，会社の財産状態に影響を与える事実が発生すると，それを会計帳簿に記録していく。例えば，会社が銀行から事業資金を借り入れれば，現金（または預金）という資産が増加する一方で，借入金という負債も増加するから，会社はそれらのことを会計帳簿に記録していく。

このように会社の会計帳簿には，会社の日々の業務のことが記録されているから，株主が会社経営に不正・違法がないかどうかを調査したり，株式に市場価格がない非上場会社の株主が，自分の持株がいくらで売却できるのかを調査したりする場合の重要な資料になりうる。そこで，会社法は，そのように株主が自分の権利を確保・行使するのに役立たせるため，株主に会計帳簿の閲覧・謄写を請求する権利を与えている。[*4]

ただし，会計帳簿には，顧客の名前や商品の仕入れ価格など，会社の業務に関する

＊4｜なお，裁判所の許可を得た親会社の社員にも，同様に閲覧等請求権が認められている（433条3項）。親会社社員にも請求権が認められるのは，親会社が子会社を用いて違法な行為を行うことも多く，親会社社員としての権利行使に際して子会社を調査する必要が生じる場合があるためである。もっとも，親会社社員に帳簿を閲覧されることが子会社独自の利益を害することもありうるので，裁判所の許可が要件とされている。

詳しい情報や営業秘密にあたる情報が含まれているので，株主がそれらの情報を悪用するために会計帳簿の閲覧等請求権を行使する危険がある。そこで，会社法は，そうした権利の濫用的な行使を防止しようとして，当該請求権を少数株主権[*5]にする（433条1項柱書）とともに，一定の場合には，会社は閲覧等請求を拒絶できる旨を規定している（同条2項）。その一定の場合とは，①請求者が株主の権利の確保または行使に関する調査以外の目的で請求を行った場合[*6]（同項1号）や，②請求者の事業が会社の事業と実質的に競争関係にある場合（同項3号）などである。②が拒絶事由とされているのは，請求者が会社に対して会計帳簿の閲覧等請求をして，会社の内部情報を入手し，それを会社との競争を有利に運ぶために用いる（例えば顧客を奪うために顧客情報を用いる）危険が大きいと考えられるからである。[*7]

Ⅱ．「実質的に競争関係にある」かどうかの判断基準

本件で問題になったのは，請求者が会社と「実質的に競争関係にある」場合（433条2項3号）にあたるかどうかである。それでは，そもそも「実質的に競争関係にある」かどうかは，どのように判断されるのであろうか。

この判決が示したことで触れたように，本判決はまず，請求者（X社）とその親会社（A社）が一体的に事業を営んでいると評価できる場合は，請求者と会社（Y社）が競争関係にあるかどうかだけでなく，請求者の親会社と会社が競争関係にあるかどうかも含めて，「実質的に競争関係にある」場合に該当するかどうかを判断すべきであるという。これによれば，請求者と親会社が一体的に事業を営んでいると評価できる場合は，たとえ請求者と会社が競争関係になくても，請求者の親会社と会社が競争関係にあれば，「実質的に競争関係にある」とされて，会社は会計帳簿の閲覧等請求を拒絶できることになる。

この点について，もともと子会社と親会社の関係は多様であり，子会社が親会社からほぼ独立した形で経営されている例（上場子会社の場合はそのような例が多い）もあれば，子会社が親会社の継続的な指図に従いながら，親会社と一体的に経営されている例もある。後者の例では，請求者の親会社と会社が競争関係にあれば，請求者は親会社の指図に従って，会社から内部情報を引き出して，親会社に差し出そうとする危険が小さくないであろう。そこで，そのような危険から会社の利益を保護するために，本判決は上記のように判示したものと考えられる。

Ⅲ．主観的要件の要否

本件では争点になっていないが，請求者が会社と実質的に競争関係にある場合（433条2項3号）にあたるといえるためには，客観的にみて競争関係にあればよいのか，それとも，さらに請求者が会社の情報を不正に利用する意図を有していること（主観的意図要件）まで必要なのか（つまり会社がそうした請求者の主観的意図を立証できる場合にだけ請求を拒絶できるとすべきなのか）も問題になる。

この問題について，最決平成21・1・15民集63巻1号1頁（百選78）は，客観的にみて実質的な競争関係にあれば足りるのであって，上記のような主観的要件は不要

＊5　**読み解きポイント**で触れたように，会計帳簿の閲覧等請求権は，総株主の議決権の3％以上，または，発行済株式総数の3％以上を有する株主しか行使できない少数株主権とされている（433条1項柱書）。

＊6　例えば，株主が，自分と会社との間の取引を有利に進めるための駆け引きの材料として，会社に対して閲覧等を請求するようなときである（大阪地判平成11・3・24判時1741号150頁）。

＊7　なお，株主名簿の閲覧等については，このような危険は考えにくいため，②は拒絶事由として規定されていない（125条3項参照）。

であるとした。同決定は，その理由として，①会社法433条2項3号の文言上，主観的意図の存在は要求されていないこと，②一般に主観的意図の立証は困難であること，および，③仮に請求時点では主観的意図が存在しなかったとしても，将来的に情報が不正利用される危険性は否定できないため，主観的意図がある場合に限って会社が会計帳簿の閲覧等請求を拒絶できるとするのは妥当でないことを挙げている。

M&A・設立

1. 買収
2. 組織再編・事業譲渡
3. 設立

Chapter Ⅲ では，株式会社の基礎に変化があるような場面を見ていく。

M & A とは「Mergers and Acquisitions（合併と買収）」の略であり，会社の組織再編や買収を総称する言葉である。

株式会社の支配権を手に入れたい場合，その会社の株式を大量に取得すれば，株主総会における意思決定を左右することが可能となり，たとえば自分の意に沿う者を取締役として選任することができるようになる。株式を取得することによって会社の支配権を手に入れることを「買収」という。

また，会社法は「組織再編」として，①合併，②会社分割，③株式交換，④株式移転の方法についてルールを定めている。組織再編が行われると，会社の中身が他の会社に引き継がれたり，ある会社が別の会社の子会社になったりして，会社の内容や枠組みが大きく変わることになる。

さらに，会社法は「事業譲渡」についてのルールを規定しており，ある会社が別の会社に「事業」を売却する場合には，会社法のルールに従う必要がある。

Chapter Ⅲ の最後では，株式会社が新しく誕生する「設立」の場面も取り上げる。

株式会社の支配権や内容に大きな変動が生じるダイナミックな局面についての裁判例を見ていこう。

Introduction 1

Contents

Ⅲ-1 買収
Ⅲ-2 組織再編・事業譲渡
Ⅲ-3 設立

買収

買収には，友好的買収と敵対的買収があるって聞くけど，その2つは何が違うんだろう。敵対的買収って，なんだか怖そう〜。

1．友好的買収と敵対的買収

「友好的買収」とは，買収の対象会社の経営者が買収に賛成している場合をいう。組織再編は，当事会社の経営者の主導で行われることが予定されているから，すべて友好的買収である。また，後で触れるように，MBO も友好的買収の一種である。

他方，対象会社の経営者が反対している買収は「敵対的買収」と呼ばれる。その一つの典型的なパターンは，買収者が，非効率な経営が行われ株価が低迷している会社を見つけて，その対象会社を支配できるだけの数の株式を株式公開買付けの方法（すぐ後で説明する）で取得したうえで，対象会社の経営者を交代させ，経営改革を行って株価を上昇させることで利益を得るというものである。ただし，敵対的買収には，不当な目的（例えば支配株主になって少数株主を搾取（さくしゅ）するなど）による濫用的な買収もみられるため，上場会社の中には，そうした買収から会社を防衛するための仕組み（買収防衛策）を導入しているものも少なくない。

なお，株式公開買付けとは，株式を買い集めようとする買収者（公開買付者）が，証券市場における取引によってではなく，証券市場外で，買付期間・価格などを公示しつつ，対象会社の不特定多数の株主に対して，株式の買付けの申込みを行うか，または売付けの申込みの勧誘を行い，それに応じた株主から株式を買い付けるという形で行う取引のことをいう。

2．新株予約権を用いた買収防衛策

近時は，買収防衛策として，新株予約権無償割当てや新株予約権の第三者割当てが用いられることが多い。ところが，そうした場合には，会社としては，主目的が資金調達であるという主張がしにくいために（資金調達目的なら新株発行や借入れをすべきであるという反論がされやすい），買収防衛が主目的であることを認めたうえで，買収防衛をすることが会社・株主にとって利益になるという主張をする事例がみられる。そのような事例では，不公正発行にあたるかどうかをどのように判断すべきなのだろうか

〔→判例 **33・34**〕。なお，この問題を考える際には，それに先立ち，まずは新株の不公正発行に関する判例〔→判例 **26**〕に目を通しておいてほしい。

3. MBO（Management Buyout）

MBO は，取締役等の経営者が自らが経営している会社を買収することであり，友好的買収の一種である。MBO では，株主が株式の売り手となり，取締役等がその買い手になる。取締役等としては，株主からなるべく安い価格で株式を買いたいところであるが，他方で，本来，株主の利益のために行為すべき立場にもあるから，どのように行為すべきかが問題となる。MBO において，取締役等はどのような行為をした（あるいはしなかった）場合に善管注意義務違反に問われるのであろうか〔→判例 **35**〕。

33 株主総会決議を経ない買収防衛策としての新株予約権発行の差止め

ニッポン放送事件

東京高裁平成17年3月23日決定（判時1899号56頁）

▶百選99

事案をみてみよう

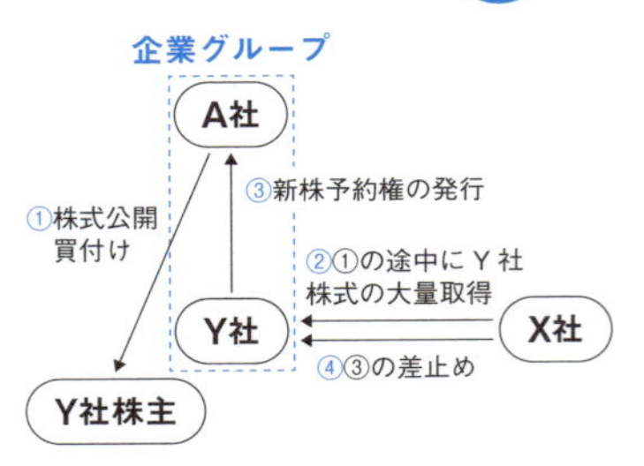

東証二部上場会社であるY社（株式会社ニッポン放送）は，A社（株式会社フジテレビジョン）を中心とする企業グループ（フジサンケイグループ）に属しており，A社はY社株式の約12.4%を保有する株主であった。A社は，Y社を自社の子会社にするためにY社株式の公開買付け[*1]を開始し，Y社も本件公開買付けに賛同する旨の取締役会決議を行った。ところが，本件公開買付期間中に，Y社株式の約5%を保有していたX社（株式会社ライブドア）が，子会社を通じて，東京証券取引所での取引[*2]によってY社株式を買い付け，約35%の株式を保有することになった。X社は，その後もY社株式を買い増し，約42%の株式を保有するに至った。

これを受け，Y社は，A社に対し，第三者割当ての方法で新株予約権を発行する旨の取締役会決議を行った。本件新株予約権の目的株式の合計数は，Y社の発行済株式総数の約144%に相当し，仮にA社が本件新株予約権をすべて行使すると，A社の持株比率はそれによって取得する株式の分だけで約59%になる一方，X社の持株比率は約17%に低下する。なお，Y社は，この取締役会決議が行われた日に，「第三者割当による新株予約権発行のお知らせ」と題するプレスリリースを公表した。そのプレスリリースには，本件新株予約権の発行は，Y社の企業価値の維持とY社がマスコミとして担う高い公共性の確保のために行うものであること，X社がY社の支配株主となることはY社がマスコミとして担う高い公共性と両立しないと判断し，A社によるY社の子会社化という目的を達成する手段として，A社への本件新株予約権の発行を決定したことなどが記載されていた。

そこで，X社は，本件新株予約権の発行が著しく不公正な方法による発行（会社法247条2号）に該当することなどを理由として，差止仮処分[*3]の申立てを行った。

＊1｜株式公開買付けについては，Ⅲ-1 Introductionの1参照。

＊2｜用いられたのは，東証の立会外取引（ToSTNeT）である。立会外取引とは，証券取引所での取引のうち，立会時間内に行われる取引（立会内取引）外に行われる取引のことをいう。東証の立会外取引は，電子取引ネットワークシステムであるToSTNeTを通じて，すべてToSTNeT市場で行われている。こうした立会外取引は，主に機関投資家同士が大口取引を行うために利用されている。

＊3｜差止めの仮処分については，Ⅱ-2 Introductionの2参照。

読み解きポイント

Y社は，取締役会限りで本件新株予約権発行を決定するとともに，本件新株予約権の発行の目的はX社の持株比率を低下させ，A社によるY社の支配権を確保することにあることを認めたうえで，そのことがY社の企業価値維持のために必要であると主張している。従来の裁判所の立場からすると，取締役が会社支配権の維持を主要目的として行っている以上，常に不公正発行にあたることになりそうであるが（〔判例**26**〕の**解説**参照），本件では，そのことの当否が問題になった。また，仮に例外的に不公正発行に該当しないことがあるとしたら，それはどのような場合なのか，本件がそれに該当するのかも問題になった。

決定文を読んでみよう

「商法上，取締役の選任・解任は株主総会の専決事項であり（〔平成17年改正前商法〕254条1項，257条1項〔会社法329条1項，339条1項に相当〕），取締役は株主の資本多数決によって選任される執行機関といわざるを得ないから，被選任者たる取締役に，選任者たる株主構成の変更を主要な目的とする新株等の発行をすることを一般的に許容することは，商法が機関権限の分配を定めた法意に明らかに反するものである。……現経営者が自己の信じる事業構成の方針を維持するために，株主構成を変更すること自体を主要な目的として新株等を発行することは原則として許されないというべきである。」

「(1)現に経営支配権争いが生じている場面において，経営支配権の維持・確保を目的とした新株予約権の発行がされた場合には，原則として，不公正な発行として差止請求が認められるべきであるが，(2)株主全体の利益保護の観点から当該新株予約権発行を正当化する特段の事情があること，具体的には，敵対的買収者が真摯（しんし）に合理的な経営を目指すものではなく，敵対的買収者による支配権取得が会社に回復し難い損害をもたらす事情＊4があることを会社が疎明（そめい），立証した場合には，会社の経営支配権の帰属に影響を及ぼすような新株予約権の発行を差止めることはできない。」

「Y社は，X社がマネーゲーム本位でY社のラジオ放送事業を解体し，資産を切り売りしようとしていると主張する。

しかしながら，X社が上記のようなY社の事業や資産を食い物にするような目的で株式の敵対的買収を行っていることを認めるに足りる確たる資料はない。」

「X社による株式の敵対的買収に対抗する手段として採用した本件新株予約権の大量発行の措置は，既（すで）に論じたとおり，Y社の取締役会に与えられている権限を濫用したもので，著しく不公正な新株予約権の発行と認めざるを得ない。」

この決定が示したこと

現に会社の支配権争いが生じている状況で，支配権の維持・確保を目的とした新株予約権の発行がされた場合には，原則として不公正発行にあたる（下線部(1)）。ただし，敵対的買収者が真摯に合理的な経営を目指すものではなく，敵対的買収者による支配権取得が会社に回復しがたい損害をもたらす事情があることを会社が疎明，立証した場合には，例外的に不公正発行にはあたらない（下線部(2)）。

＊4｜本決定は，そのような事情が認められる場合として，以下の場合を例示している。すなわち，①真に会社経営に参加する意思がなく，単に株価をつり上げて高値で持株を会社関係者に引き取らせる目的で買収を行う場合（いわゆるグリーンメイラーである場合），②会社経営を一時的に支配して，当該会社の事業経営上必要な財産等を当該買収者等に移すといった目的で買収を行う場合，③会社経営を支配した後に，当該会社の資産を当該買収者等の債務の担保等として流用する予定で買収を行う場合，④会社経営を一時的に支配して，当該会社の事業に当面関係していない高額資産等を売却等処分させ，その処分利益をもって一時的な高配当をさせる目的で買収を行う場合，である。

解説

Ⅰ．問題の所在

近時は，買収防衛策として，新株発行ではなく，新株予約権無償割当てや新株予約権の第三者割当てが用いられる場合も多くなっている。新株発行の場合には，会社は，主目的は買収防衛ではなく資金調達であると主張することが多いが（そのような例として［判例 **26**］参照），新株予約権無償割当てや新株予約権の第三者割当ての場合にはそのような主張がしにくいために（資金調達目的なら新株発行や借入れをすべきであるという反論がされやすい），買収防衛が主目的であることを認めたうえで，買収防衛をすることが会社・株主の利益になるという主張をする事例がみられる。

そのような事例としては，①株主総会決議を経ていない場合と，②株主総会決議を経ている場合（［判例 **34**］）とがあるところ，本件は①に属するものである。つまり，本件のＹ社は，取締役会限りで（株主総会決議を経ずに），Ａ社に対する本件新株予約権発行（仮にＡ社が当該新株予約権をすべて行使すると，Ａ社の持株比率はそれによって取得する株式の分だけで約 59% になる一方，Ｘ社の持株比率は約 17% に低下する）を決定するとともに，本件新株予約権発行の目的はＸ社の持株比率を低下させ，Ａ社のＹ社支配権を確保することにあることを認めたうえで，そのことがＹ社の企業価値維持のために必要であると主張している。従来の裁判所の立場からすると，取締役が会社支配権の維持を主要目的として行っている以上，常に不公正発行にあたることになりそうであるが（［判例 **26**］の**解説**参照），本件では，そのことの当否が問題になった。また，仮に例外的に不公正発行に該当しないこともあるとしたら，それはどのような場合なのかも問題になった。

Ⅱ．本決定の立場

本決定はまず，現に会社の支配権争いが生じている状況で，支配権の維持・確保を目的とした新株予約権の発行がされた場合には，原則として不公正発行にあたるとする。そして，そのことの理由として，会社法上，取締役を選任するのは株主であるとされているのに，それとは逆に，取締役が株主構成（どの株主がどのくらいの持株比率を有するか）を大きく変化させて，支配権争いに決着をつけるために新株予約権発行をすることは許されないとする考え方[*5]を述べた。

次いで本決定は，支配権維持・確保目的による新株予約権発行であっても，例外的に不公正発行にあたらない場合があることを認める。その場合とは，敵対的買収者が真摯に合理的な経営を目指すものではなく，敵対的買収者による支配権取得が会社に回復しがたい損害をもたらす事情があることを会社が疎明，立証した場合である。そして，なぜそうした例外が認められるかといえば，そのような場合には，むしろ新株予約権発行を行わせることが株主全体の利益保護に資するからであるとする。ところが，Ｙ社は，Ｘ社による支配権取得がＹ社に回復しがたい損害をもたらす事情があることを疎明できなかったので，本決定は，本件新株予約権の発行は不公正発行にあたると結論づけた。

＊5　この考え方は，「機関権限分配秩序論」と呼ばれることもある。

34 株主総会決議に基づく買収防衛策としての新株予約権無償割当ての差止め ブルドックソース事件

最高裁平成19年8月7日決定（民集61巻5号2215頁） ▸百選100

事案をみてみよう

東証二部上場会社であるＹ社（ブルドックソース株式会社）の発行済株式総数の約10％を保有する株主であった投資ファンドＸは，完全子会社であるＡ社を通じて，Ｙ社の全株式を取得するための公開買付け[＊1]を開始した。これに対し，Ｙ社取締役会は，買収防衛のため，新株予約権無償割当てを行おうと考えた。そして，会社法上，取締役会設置会社では（Ｙ社は取締役会設置会社である），新株予約権無償割当ては取締役会限りで決定できるにもかかわらず（278条3項），Ｙ社取締役会は，株主総会の判断を仰ぐため，(1)新株予約権無償割当てを株主総会の特別決議事項とするための定款変更議案，および(2)それが可決されることを条件として，新株予約権無償割当てに関する議案を株主総会に付議した。

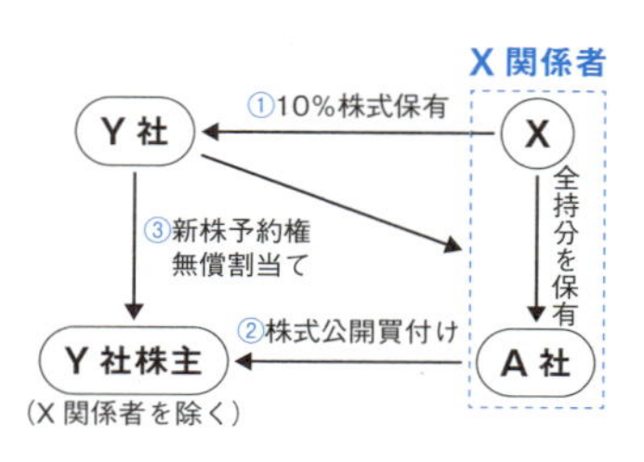

(2)の議案の内容は，①株主に持株1株あたり新株予約権3個を割り当てること，②当該新株予約権について，Ａ社を含むＸ関係者だけは行使できないとする差別的行使条件を付すこと，③当該新株予約権について，Ｘ関係者に割り当てられた分はＹ社が1個あたり396円（Ａ社による当初の公開買付価格の約25％[＊2]）の対価で取得できる一方，Ｘ関係者以外に割り当てられた分はＹ社が1個あたりＹ社株式1株の対価で取得できるとする条項（取得条項）を付すというものであった。

Ｙ社の株主総会は，出席株主の議決権の約88.7％，議決権総数の約83.4％の賛成で上記(1)(2)の議案をいずれも可決した。そこで，Ｘは本件新株予約権無償割当てにつき，株主平等原則違反（109条1項）という法令違反があること，および，不公正発行に該当することを理由に差止仮処分[＊3]を申し立てた。

読み解きポイント

本件新株予約権無償割当てが行われた後，Y社が，取得条項（上記③）に基づいて，X関係者に割り当てられた新株予約権は金銭を対価にして取得する一方，X関係者以外に割り当てられた新株予約権は1個あたりY社普通株式1株の対価で取得すると，X関係者の持株数は変わらないのに，X関係者以外の株主の持株数は4倍になる[＊4]。この結果，X関係者以外の株主の持株比率が上昇する一方，X関係者の持株比率は大きく低下するから，Y社にとって本件新株予約権無償割当ては，Xによる企業買収からY社を防衛する効果をもっている。本件の主たる争点は，このような本件新株予約権無償割当てが株主平等原則に反するか，および，不公正発行に該当するかである。

＊1 株式公開買付けについては，Ⅲ-1 Introductionの1参照。

＊2 一見すると，こうした対価は少なすぎるようにもみえるが，必ずしもそうではない。この点については，後掲＊6とそれに対応する本文を参照。

＊3 差止めの仮処分については，Ⅱ-2 Introductionの2参照。

＊4 例えば，X関係者以外のある株主（B）がもともと1株のY社株式を保有していた場合を考えてみよう。Bは，本件新株予約権無償割当てによって3個の新株予約権の割当てを受ける（上記①）。その後，Y社が，その3個の新株予約権を1個あたりY社株式1株を対価にして取得すると（上記③），それによってBは3株のY社株式を受け取ることになる。この結果，Bは，もともと保有していた1株と合計して，4株のY社株式を保有することになる。

決定文を読んでみよう

本決定は，「(1) 特定の株主による経営支配権の取得に伴い，会社の存立，発展が阻害されるおそれが生ずるなど，会社の企業価値がき損され，会社の利益ひいては株主の共同の利益が害されることになるような場合には，(2) その防止のために当該株主を差別的に取り扱ったとしても，当該取扱いが衡平の理念に反し，相当性を欠くものでない限り，これを直ちに〔株主平等〕原則の趣旨に反するものということはできない。……(3) 会社の利益ひいては株主の共同の利益が害されることになるか否かについては，最終的には，会社の利益の帰属主体である株主自身により判断されるべきものであるところ，株主総会の手続が適正を欠くものであったとか，……判断の正当性を失わせるような重大な瑕疵(かし)が存在しない限り，当該判断が尊重されるべきである。」としたうえで，本件株主総会決議には重大な瑕疵がないこと，および，X 関係者への経済的補償（Y 社による相当の対価での新株予約権取得）が予定されているため，X への差別的取扱いが相当性を欠くともいえないことを認定して，本件新株予約権無償割当ては株主平等原則に違反しないとした。また，本決定は，上記と同様の理由から，本件新株予約権無償割当ては不公正発行にも該当しないとして，X の抗告を棄却した。

この決定が示したこと

買収防衛策としての本件新株予約権無償割当ては，①買収によって株主共同の利益が害されることを防止するために必要なものであること（下線部(1)。防衛策の必要性），および，②買収者に対する差別的取扱いが相当性を欠くものでないこと（下線部(2)。防衛策の相当性）という要件を満たせば，株主平等原則違反にも不公正発行にもならない。そして①防衛策の必要性の要件に関していえば，株主総会決議を経ている場合には原則として満たすとされる（下線部(3)）。他方，②防衛策の相当性の要件を満たすかどうかは，裁判所が実質的に審査する。

解説

Ⅰ．問題の所在

本件も，［判例 **33**］と同じく，新株予約権を用いた買収防衛策の差止めが問題になった事例である。ただし，［判例 **33**］との相違点として，①［判例 **33**］では第三者割当ての方法による新株予約権の発行が用いられたのに対し，本件では新株予約権無償割当てが用いられたこと，②［判例 **33**］では株主総会決議を経ていなかった（取締役会決議限りで決定した）のに対し，本件では株主総会決議を経ていること，③［判例 **33**］では，主に不公正発行が問題とされたのに対し，本件では，不公正発行も問題にされているが，主として株主平等原則違反が問題にされたことが挙げられる。

①の点は，そのことのゆえに（［判例 **33**］では問題にならず）本件でのみ問題になったこともあるのだが，それについては最後に取り上げる（下記Ⅲ参照）。次いで③の点について，本来は本決定も主に不公正発行を問題にすべきであったとも考えられるが，本決定は，株主平等原則違反と不公正発行とで，同一の判断基準を用いていると理解

＊5
ただし，株主総会決議として特別決議まで必要なのか（本件では特別決議の要件が満たされていた），それとも普通決議で足りるのかが問題になるところ，本決定はその点は明らかにしていない。

できるから，この点はあまり気にしなくてよいであろう。むしろ重要なのは②の点である。本件のように株主総会決議を経ている場合，差止めが認められるかどうかは，どのように判断されるのであろうか。

Ⅱ．本決定の基本的立場

本決定はまず，買収防衛策としての新株予約権無償割当ては，①買収によって株主共同の利益が害されることを防止するために必要なものであること（防衛策の必要性），および，②買収者に対する差別的取扱いが相当性を欠くものでないこと（防衛策の相当性）という2つの要件を満たせば，株主平等原則に違反しないし，不公正発行にもあたらないとする。

そのうえで，本決定は，本件のように株主総会決議を経ている場合は，防衛策が必要であると株主が判断した（だからこそ株主は防衛策としての新株予約権無償割当てに賛成した）と考えられるから，株主総会決議の手続に重大な瑕疵がない限り，そうした株主の判断を尊重して，①防衛策の必要性の要件を満たすとみてよいとする。[*5]

他方，②防衛策の相当性については，株主総会決議を経ているというだけでは，要件を満たしたとみることはできないであろう。なぜなら，買収者に対する差別的取扱いが行き過ぎたものであり，相当性を欠く場合でも，買収者以外の株主は，それによって不利益を受けるわけではないため，株主総会決議に賛成する可能性が小さくないからである。そこで，本決定も，②防衛策の相当性の要件については，裁判所自身が実質的に審査するほかないという立場をとったものと理解できる。そして，本決定は，X関係者への経済的補償（Y社による相当の対価での新株予約権取得[*6]）が予定されていることから，②防衛策の相当性の要件も満たされるとした。

Ⅲ．新株予約権無償割当ての差止めの可否

本件では，会社法上，新株予約権の発行には差止めの規定があるのに（247条），新株予約権無償割当てにはそれがないという問題もある。そこで，原々決定と原決定では，新株予約権無償割当てにも新株予約権発行の差止めの規定が類推適用されるかどうかが争点となったところ，いずれの決定も類推適用を肯定した。なお，この点は本決定では争われておらず，本決定も類推適用されるとする立場を前提にしている。

原々決定・原決定が類推適用を肯定したのは，以下のような理由によるものである。つまり，会社法に新株予約権無償割当ての差止めの規定がないのは，新株予約権無償割当ての場合には，同一内容の新株予約権が持株数に応じて株主に割り当てられるために（278条2項），株主が害されることはないと考えられていたからである。しかし実際には，本件のように，割り当てられる新株予約権の内容として，特定の株主だけ別の取扱いをするような差別的な条件が定められる場合もあるところ，[*7]その場合には，当該特定の株主が害される事態が生じうる。その点では，新株予約権無償割当てと新株予約権発行とで変わるところはないため，新株予約権無償割当てにも新株予約権発行の差止めに関する規定（247条）が類推適用されるべきである。

＊6

事案をみてみようおよび＊4で述べたように，本件新株予約権無償割当ての後，Y社が取得条項を行使して，全株主から新株予約権を取得すると，X関係者以外の株主は持株数が4倍になる。他方，X関係者は，持株数は変わらない一方，新株予約権1個あたり396円（A社による当初の公開買付価格の約25％）の対価を受け取る。これは，実質的にみると，X関係者を含む全株主の持株数が1:4の株式分割によって4倍になった後（1株あたりの株式価値は4分の1〔25％〕になる），Y社がX関係者についてだけ，その持株の4分の3を，1株あたり396円という，A社による当初の公開買付価格と実質的に同じ額（公開買付価格の25％だが株式価値も4分の1〔25％〕になっているので実質的には同額）で取得するのと変わらない。そこで，本決定は，X関係者に十分な経済的補償がなされており，防衛策の相当性の要件も満たされるとした。
ただし，これは，いわば買収者の言い値で買収者の持株を買い取るのと等しい。そのため，常に本件のような経済的補償が必要であると解してしまうと，高値で株式を買い取ってもらうことを狙う買収者が現れる危険が小さくない。そこで，そのような解釈はとるべきではないし，本決定もそうした解釈はとっていないと理解すべきであろう。

＊7

この場合には，実質的にみると，当該特定の株主とそれ以外の株主とに別の内容の新株予約権が割り当てられているのに等しいともいえる。

35 MBOと取締役の責任 レックス・ホールディングス事件

東京高裁平成25年4月17日判決（判時2190号96頁） ▸百選54

事案をみてみよう

MBO とは Management Buyout（経営者による買収）の略であり，経営者が，自分が経営している会社を買収することを指す。上場会社のように会社の規模が大きく多くの株主がいる会社では，株主からの理解を得ることが必要であるために，思い切った経営判断や迅速な経営判断を行うことが難しい場合がある。そのような場合に，経営者が他の株主から株式を買い取って単独の株主となることを目指すのが MBO である。通常，経営者自身には他の株主からすべての株式を買い取るだけの資力はないため，MBO を行おうとする経営者に資金を提供してくれるファンド[*1]と協力して行われることになる。また，MBO の実際の手法としては，第 1 段階として金融商品取引法に基づく株式の公開買付け[*2]によりできるだけ多くの株式を取得した後，第 2 段階として，第 1 段階で取得できなかった残りの株式を全部取得条項付種類株式等を使ってすべて取得する「キャッシュ・アウト」（現金を支払ってすべての少数株主から株式を取得すること）が行われる場合が多い[*3]。

Y_1 は A 社（株式会社レックス・ホールディングス）の創業者であり，代表取締役である。Y_1 は平成 18 年 4 月頃から経営改善策の一つとして MBO を検討するようになり，同年 7 月 14 日，Y_1 による MBO に協力するファンドである B との間で A 社の MBO（「本件 MBO」）に関する基本合意書を取り交わした[*4]。

平成 18 年 11 月 11 日，B が設立した C 社は，Y_1 による本件 MBO の一環として，公開買付価格を 1 株 23 万円として A 社株式の公開買付けを開始した。1 株 23 万円という公開買付価格については，同年 11 月 9 日までの過去 1 か月間の株価の終値の平均値である 20 万 2000 円に対して約 13.9% のプレミアムを加えた価格であることが説明された。A 社は公開買付けに賛同していた。

この公開買付けの結果，C 社は A 社株式の 91.51% を取得し，その後，全部取得条項付種類株式を使う方法によるキャッシュ・アウトが行われ，C 社以外の A 社株主は 1 株あたり 23 万円を受領した。

X らは A 社の株主だった者であり，公開買付けに応じたこと等によって本件 MBO と同時期に A 社株式を手放した。X らは，本件 MBO により 1 株あたりの適正価格が 33 万 6966 円であった A 社株式を 23 万円で手放すことを余儀（よぎ）なくされ，1 株あたり 10 万 6966 円の損害を被ったと主張して，Y_1 およびその他の A 社の取締役である Y_2 らに対して，会社法 429 条 1 項に基づき損害賠償を請求した。

＊1｜ファンドとは，投資家などから資金を集めてまとめて運用する仕組みや，その資金を運用する組織，集まった資金そのものなどを表す言葉である。

＊2｜株式の公開買付け（金商27条の2第6項）とは，株式を取得したい者（本件ではY_1とファンドB）が，その会社の株式を持っている不特定多数の株主に対して，持っている株式を売ってくれるように公告を使って勧誘し，応じてくれた株主から株式を買い付ける制度である。公開買付けの方法を使えば，一度に大量の株式を買い集めることが可能になる。

＊3｜全部取得条項付種類株式を利用してキャッシュ・アウトする方法については，次頁の図を参照。

本件でC社がA社株式をすべて取得するための計画

① C社がA社株式の公開買付けにより，A社株式をできるだけ多く取得する。

② ①の公開買付けで取得できなかったA社株式については，全部取得条項付種類株式を用いる方法によってすべて取得する。具体的には，次のことを行う。

(i) A社の定款を変更し，これからは普通株式のほかにP種種類株式も発行することを定める。

(ii) A社の定款を変更し，A社が発行しているすべての普通株式に全部取得条項を付け，全部取得条項付種類株式とする。

(iii) A社が全部取得条項付種類株式をすべて取得し，その際，対価として，全部取得条項付種類株式1株に対してP種種類株式0.00004547株を交付する。C社以外のA社株主が受け取る対価はP種種類株式1株に満たないこととなり，この場合，端数処理の手続に従って現金が交付されることとなる。その結果，A社の株式を持っているのはC社だけとなり，C社がA社株式を100%保有することになる。

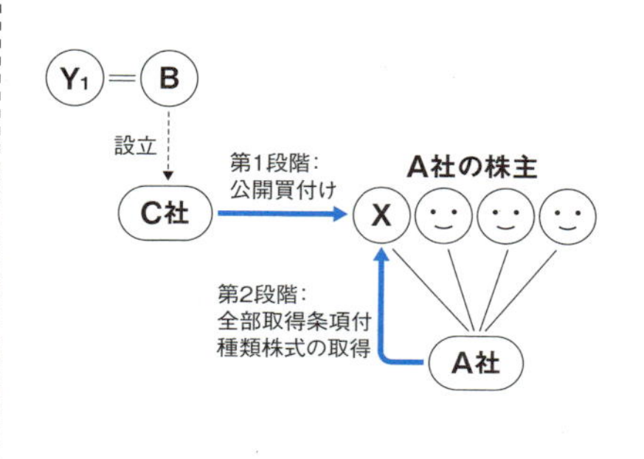

読み解きポイント

MBOを行う際に，取締役はどのような内容の義務を負っているだろうか。

判決文を読んでみよう

「株式会社は，会社の企業価値を向上させて，会社の利益ひいては企業所有者たる株主の共同の利益を図る仕組みの営利企業であり，取締役及び監査役の会社に対する善管注意義務[*5]は，会社，ひいては，株主の共同の利益を図ることを目的とするものと解される。」

「MBOにおいて，株主は，取締役（及びこれを支援するファンド）が企業価値を適正に反映した公正な買収価格で会社を買収し，MBOに際して実現される価値を含めて適正な企業価値の分配を受けることについて，共同の利益を有するものと解されるから，取締役が企業価値を適正に反映しない安価な買収価格でMBOを行い，旧株主に帰属すべき企業価値を取得することは，善管注意義務に反するというべきである。

したがって，取締役及び監査役は，善管注意義務の一環として，MBOに際し，公正な企業価値の移転を図らなければならない義務（以下，便宜上「公正価値移転義務」という。）を負うと解するのが相当であり，MBOを行うこと自体が合理的な経営判断に基づいている場合……でも，企業価値を適正に反映しない買収価格により株主間の公正な企業価値の移転が損なわれたときは，取締役及び監査役に善管注意義務違反が認められる余地があるものと解される。」

「本件公開買付価格が，本件MBO当時のA社の客観的な企業価値に比して低廉なものであったと認めるに足りる証拠はないから，本件MBOが株主間に不公正な企業価値の移転をもたらしたとは認められない。」

この判決が示したこと

取締役は，善管注意義務の一環として，MBOを行う際に，公正な企業価値の移転

*4 本件では，この後，MBO開始前の8月に，業績の下方修正を行うプレス・リリースが公表されたことも注目された。プレス・リリースの時点では，MBOを計画していることは公表されていなかった。通常，業績の下方修正が行われれば株価は下落することが想定される。また，公開買付けを行う際には，その時点での株価を参照して公開買付価格が設定される。そのため，本件では，取締役であるY1らはMBOに向けて株価を下げるために業績の下方修正を行ったのではないかという疑問が生じたのである。この点に関連して，本判決では取締役は「適正情報開示義務」を負うという判示もされている。詳細については百選54の解説を参照してほしい。

*5 善管注意義務については，I-5のIntroductionを参照。

を図らなければならない義務を負っており，企業価値を適正に反映しない安価な買収価格でMBOを行った場合には，善管注意義務に違反することになる。

解説

Ⅰ．MBO における利益相反関係

本判決は，MBO を行う際の取締役の善管注意義務の内容を示している。

取締役が会社を買収する MBO においては，MBO を行う取締役と株主との間に利益相反関係が存在することを理解しておきたい。株式の買い手である取締役にとっては安価な公開買付価格を設定することが個人的な利益になるのに対し，売り手である株主としては高値で売却することを望むためである。より具体的には，低い公開買付価格が設定されて株式を手放す株主に対して支払われる金額が少なくなれば，そのぶん，MBO 完了後に会社の価値をすべて手に入れることになる取締役の側の利益が大きくなる。

Ⅱ．MBO における取締役の善管注意義務

本判決は，取締役の善管注意義務は「株主の共同の利益を図ることを目的とする」ものだとしたうえで，株主は，「MBO に際して実現される価値を含めて適正な企業価値の分配を受けることについて，共同の利益を有する」と指摘する。これはどういうことだろうか。

MBO は，通常，経営を効率化することによって企業価値を向上させることを目的とするため，MBO が行われればそれまでよりも企業価値が向上することが考えられる。本判決は，このような「MBO に際して実現される価値」は，MBO によって株式を失うことになる株主にも分配されるべきであるという考え方を示している。そうすると，MBO に際して株主から株式を取得する場合の価格（具体的には公開買付価格やキャッシュ・アウトの際に株主に支払われる価格）は，MBO に際して実現される価値を含めた適正な金額とする必要がある。

取締役の義務の内容としては，本判決は，取締役は善管注意義務の一環としてこのような適正な金額を設定することで株主に公正な企業価値の移転を図らなければならない義務を負っているとし，この義務を「公正価値移転義務」と呼んでいる。

つまり，本判決は，取締役が行った MBO によって企業価値が向上したとしても（MBO を行うこと自体は合理的な経営判断だったとしても），その際に株式を手放す株主に対して適正な金額が支払われなかった場合には，取締役は善管注意義務に違反するということを示しているのである。

Introduction 2

Contents

Ⅲ-1 買収
ココ！ Ⅲ-2 組織再編・事業譲渡
Ⅲ-3 設立

組織再編・事業譲渡

株式会社 KFM の経営は順調なんだけど，現状に満足せずに，もっと利益を伸ばしたいな！ インターネットでの販売に力を入れたらいいんじゃないかと思ってコンサルタントに相談したら，文房具のインターネット販売を専門にしている株式会社 NAKANO っていう会社との合併を勧められたよ。

合併ってなんだか大変そうだけど，何をすればいいんだろう？

会社がその支配権や会社の中身を大きく変える手段としては，Ⅲ-1 で紹介してきた株式の取得による買収の方法のほかに，「組織再編」の方法や，「事業譲渡」の方法がある。

1．組織再編

組織再編とは，合併，会社分割，株式移転，株式交換の 4 つの方法を含む言葉である。ここでは，組織再編のうちの一つである「合併」の中でも，「吸収合併」を例にしてみていこう（［判例 37］は吸収合併の事案であり，［判例 36］は株式移転の事案である）。

(1) 吸収合併の仕組み

図：KFM 社を存続会社，NAKANO 社を消滅会社とした吸収合併[*1]

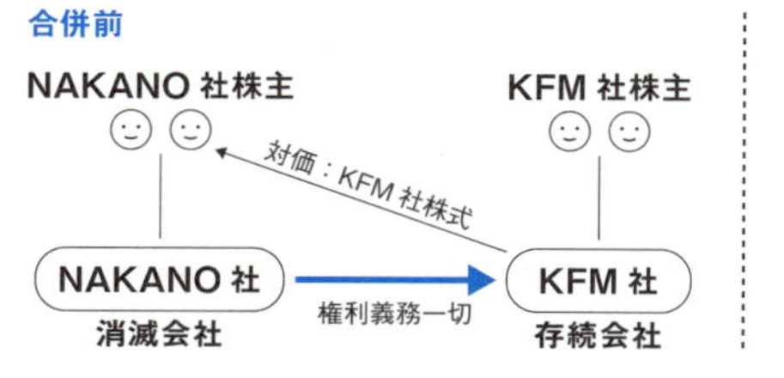

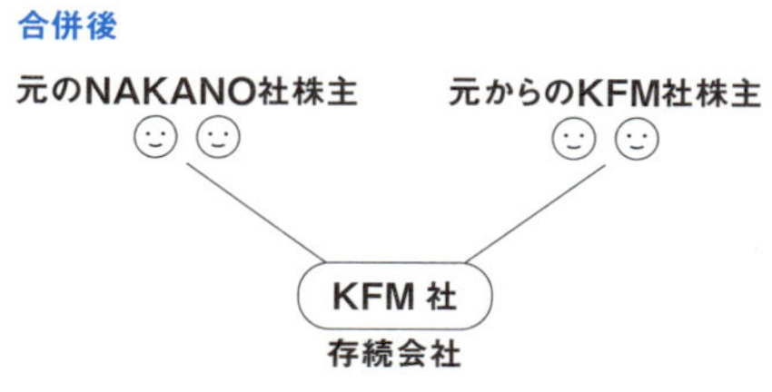

合併とは複数の会社が 1 つの会社になることであり，吸収合併の場合には，存続会社が消滅会社の権利義務のすべて（財産や契約関係，借金等）を引き継ぎ，消滅会社は消滅することになる。消滅会社の株主には，合併の対価として，存続会社の株式や金銭等が交付される。

(2) 吸収合併に必要な手続

吸収合併を行う場合，まず，当事会社の間で合併契約を締結する（749 条[*2]）。合併契約では，どちらが存続会社になりどちらが消滅会社になるのか，消滅会社の株主に渡

＊1｜吸収合併の対価は金銭等でもよいが，図では，対価として存続会社の株式が交付される場合を示している。

＊2｜実際に契約を締結し契約書に署名するのは，会社を代表する代表取締役である。会社の代表については，Ⅰ-1のIntroductionを参照。

される合併の対価は何にするかといったことが決められる。合併契約で定められる事項のうち最も重要なものの一つが合併の対価についてであり，合併の対価について意見が折り合わずに合併に向けた交渉が決裂したり，合併契約が締結されたとしてもあとから株主が合併の対価に不満を持ったりする場合もある。

合併契約が締結された後，その合併契約はそれぞれの当事会社の株主総会の特別決議で承認を受ける必要がある（783条1項，795条1項，309条2項12号）。株主総会による承認が要求されているのは，吸収合併をはじめとする組織再編は会社の構造を大きく変えるものであり，株主も大きな影響を受けるため，株主の承認がなければ行えないようにするためである。

（3） 合併に反対する株主の保護

合併が行われると，当事会社の株主や債権者にも大きな影響を与える。そこで会社法は，合併に反対する株主や債権者を保護するための仕組みを備えている。

ここでは株主についての制度を挙げると，合併に反対する株主は「株式買取請求権」を行使することができる。存続会社である株式会社KFMの株主が合併に反対する場合には，株式会社KFMに自分が持っている株式を「公正な価格」で買い取ることを請求することができ（797条），消滅会社である株式会社NAKANOの株主が合併に反対する場合には，株式会社NAKANOに自分が持っている株式を「公正な価格」で買い取ることを請求することができる（785条）。では，ここでいう「公正な価格」とはどのように決められるのだろうか［→判例 **36**］。

（4） 合併の無効

いったん行われた合併があとから無効とされると，多くの関係者に影響が及ぶ。そこで会社法では，合併の無効は訴えによってのみ主張できると規定している（「合併無効の訴え」。828条1項7号[＊3]）。

＊3｜
合併無効の訴えを提起できる者は株主等の関係者に限定され（828条2項7号），訴えを起こすことができる期間も吸収合併の効力発生日から6か月以内に限定されている（同条1項7号）。

ただし，合併の無効事由（どのような瑕疵があれば合併が無効になるのか）は会社法では書かれていない。たとえば，合併の対価が不公正であるということは，合併の無効事由になるのだろうか［→判例 **37**］。

2. 事業譲渡

会社法467条1項1号・2号は，会社がその「事業」の全部または重要な一部を譲渡（＝売却）する場合には，株主総会の特別決議（309条2項11号）による承認を受けることを要求している。

「事業」を譲渡する契約は，基本的には動産や不動産（パソコンや機械，土地や建物等）を売却する契約と同じ性質を持つ。それにもかかわらず，「事業」の譲渡の場合に会社法が株主総会の承認を要求しているのは，「事業」を譲渡した場合には，その会社，ひいてはその株主に与える影響が特に大きいと考えられるためである。

では，株主総会の決議が要求される事業譲渡にあたるかどうかは，どのように判断されるのだろうか［→判例 **38**］。

36 株式買取請求における上場株式の公正な価格

テクモ事件

最高裁平成24年2月29日決定（民集66巻3号1784頁） ▸百選87

事案をみてみよう

Y 社（テクモ株式会社）はゲーム機等の製造・販売を行う株式会社であり，東証一部に上場していた。Y 社と A 社は，Y 社および A 社を株式移転完全子会社とし，株式移転設立完全親会社として B 社を設立する株式移転計画を作成し，公表した。Y 社と A 社との間には，当時，相互に特別の資本関係（相手の株式を持っているといった関係）はなかった。この株式移転計画では，Y 社の株主に対して Y 社の普通株式 1 株につき B 社の普通株式 0.9 株を，A 社の株主に対して A 社の普通株式 1 株につき B 社の普通株式 1 株を割り当てることとされた（割当てに関する比率を，「株式移転比率」という）。

本件の株式移転比率は，Y 社と A 社がそれぞれ第三者機関に対して株式移転の条件の算定を依頼して得た結果を参考に，協議し，合意された。その後，Y 社の株主総会において，本件株式移転を承認することについての決議がされた。

図 1：本件の株式移転

株式移転前

新設 B 社

B 社株式（Y 社株式 1 株に対して B 社株式 0.9 株）

B 社株式（A 社株式 1 株に対して B 社株式 1 株）

Y 社株式すべて

A 社株式すべて

Y 社株主 X

A 社株主

Y 社

A 社

株式移転後

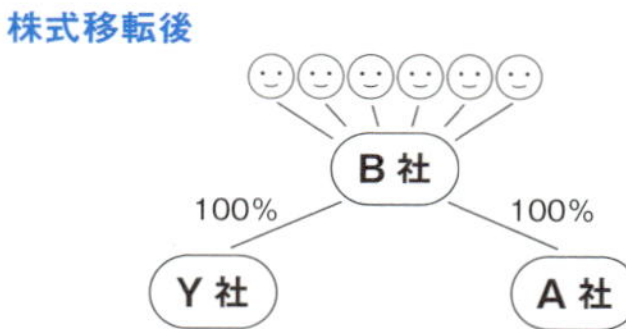

＊Y 社と A 社の株主だった者は，B 社の株主になる。
＊B 社は Y 社と A 社の 100%親会社になる。

X は Y 社の株主であり，会社法 806 条が定める「株式買取請求権」[＊1]に基づいて，Y 社に対して X の保有する Y 社株式を「公正な価格」で買い取ることを請求した。

＊1 株式買取請求権とは，組織再編に反対する株主は自分が持っている株式を「公正な価格」で会社に買い取ることを請求できるという制度である。Ⅲ-2 の **Introduction** を参照。

読み解きポイント

組織再編に反対する株主が会社に対して株式買取請求権を行使した場合，「公正な価格」はどのように決めればよいだろうか。

決定文を読んでみよう[＊2]

＊2 本決定文は難解であるため，読者は先に**解説**を読んだ後に決定文に戻ってきてもよいだろう。

(1) 「反対株主に『公正な価格』での株式の買取りを請求する権利が付与された趣旨は，反対株主に会社からの退出の機会を与えるとともに，退出を選択した株主には，株式移転がされなかったとした場合と経済的に同等の状態を確保し，さらに，株式移転により，組織再編による相乗効果（以下「シナジー効果」という。）その他の企業価値の増加が生ずる場合には，これを適切に分配し得るものとすることにより，反対株主の利益を一定の範囲で保障することにある〔最決平成 23・4・19 民集 65 巻 3 号 1311

頁（楽天対 TBS 事件）参照〕。」

(2) 「株式移転によりシナジー効果その他の企業価値の増加が生じない場合には，株式移転完全子会社の反対株主がした株式買取請求に係る『公正な価格』は，原則として，当該株式買取請求がされた日における，株式移転を承認する旨の株主総会決議がされることがなければその株式が有したであろう価格をいうと解するのが相当であるが（前記〔楽天対 TBS 事件〕参照），それ以外の場合〔企業価値の増加が生じる場合〕には，株式移転後の企業価値は，株式移転計画において定められる株式移転設立完全親会社の株式等の割当てにより株主に分配されるものであること……に照らすと，上記の『公正な価格』は，原則として，株式移転計画において定められていた株式移転比率が公正なものであったならば当該株式買取請求がされた日においてその株式が有していると認められる価格をいうものと解するのが相当である。」

(3) 「一般に，相互に特別の資本関係がない会社間において株式移転計画が作成された場合には，それぞれの会社において忠実義務を負う取締役が当該会社及びその株主の利益にかなう計画を作成することが期待できるだけでなく，株主は，株式移転完全子会社の株主としての自らの利益が株式移転によりどのように変化するかなどを考慮した上で，株式移転比率が公正であると判断した場合に株主総会において当該株式移転に賛成するといえるから，株式移転比率が公正なものであるか否かについては，原則として，上記の株主及び取締役の判断を尊重すべきである。そうすると，相互に特別の資本関係がない会社間において，株主の判断の基礎となる情報が適切に開示された上で適法に株主総会で承認されるなど一般に公正と認められる手続により株式移転の効力が発生した場合には，当該株主総会における株主の合理的な判断が妨げられたと認めるに足りる特段の事情がない限り，当該株式移転における株式移転比率は公正なものとみるのが相当である。」

(4) 「株式移転計画に定められた株式移転比率が公正なものと認められる場合には，株式移転比率が公表された後における市場株価は，特段の事情がない限り，公正な株式移転比率により株式移転がされることを織り込んだ上で形成されているとみられるものである。そうすると，上記の場合は，株式移転により企業価値の増加が生じないときを除き，反対株主の株式買取請求に係る『公正な価格』を算定するに当たって参照すべき市場株価として，基準日である株式買取請求がされた日における市場株価や，偶発的要素による株価の変動の影響を排除するためこれに近接する一定期間の市場株価の平均値を用いることは，当該事案に係る事情を踏まえた裁判所の合理的な裁量の範囲内にあるといえる。」

⇩ この決定が示したこと ⇩

独立した関係にある会社間で，一般に公正と認められる手続によって株式移転が行われた場合には，特段の事情がない限り，当事者が決定した株式移転比率は公正なものだと考えるべきである。

解説

Ⅰ．何が問題とされているのか

合併や株式移転などの組織再編に反対する株主には，自分の持っている株式を「公正な価格」で買い取ることを請求することができる権利である「株式買取請求権」を行使する選択肢が与えられている（806条）。この株式買取請求権が行使された場合には，「公正な価格」はいくらかという点が争われることになる。

Ⅱ．企業価値の増加が生じるか否かによる区別

決定文(2)を読むとわかるように，「公正な価格」を決定するのに際して，本決定は①組織再編によって企業価値の増加が生じない場合であるか，②組織再編によって企業価値の増加が生じる場合であるかによって区別する。企業価値の増加が生じる場合というのは，シナジー効果が得られる場合であると考えればよいだろう[*3]。そして，決定文(2)によれば，まず，①の企業価値の増加が生じない場合には，組織再編に反対した株主に対して，「公正な価格」として，組織再編が行われなかったとした場合の株式の価値（「ナカリセバ価格」と呼ばれる）を支払う必要があるとする[*4]。これに対して，②企業価値の増加が生じる場合には，企業価値の増加分（シナジー部分）についても，株式買取請求をした株主に対して適切に分配する必要があるとする。

本件はこのうち②企業価値の増加が生じる場合の事案である[*5]。では，この場合にどのような枠組みで「公正な価格」を判断すればよいだろうか。

Ⅲ．シナジーを含めた再編後の企業価値はどのように分配されるのか

この点を考える前提として，本件の株式移転ではシナジーを含めた再編後の企業価値は誰にどのように分配されるのかを確認しておきたい。

図１のように，株式移転によってＹ社株主とＡ社株主に対してＢ社株式が交付され，Ｙ社株主とＡ社株主は，Ｂ社株式を得ることによってシナジーを含めた再編後の企業価値を受け取ることになる。そして，この場合に重要となるのが株式移転比率である。この株式移転比率の定め方次第で，Ｙ社株主とＡ社株主がシナジーを含めた再編後の企業価値をどのように分けるかが決まる（図２を参照）。本事案では，Ｙ社株主に対しては持っているＹ社株式１株に対してＢ社株式0.9株が，Ａ社株主に対しては持っているＡ社株式１株に対してＢ社株式１株が交付されることになった。

この株式移転比率は，当事者による交渉によって定まる。Ｙ社株主やＹ社株主のために行動するＹ社取締役は，Ｙ社株主に対して割り当てられるＢ社株式が増えることを望む。Ａ社側についても同様である。このような状況の中でＹ社経営陣とＡ社経営陣による交渉によって株式移転比率が決定され，さらに，両社の株主総会において，その株式移転比率による株式移転を行うことについて承諾するかどうかが決議される。

そして，株式移転比率が決定され公表されると，Ｙ社株式を１株持っていれば，近い将来にＢ社株式0.9株が得られるということを前提に，Ｙ社

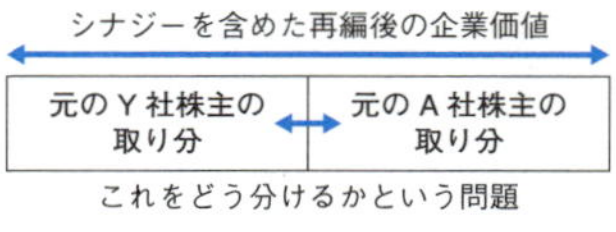

*3 シナジー効果とは，2つの会社が統合することにより，統合した後の2つの会社の価値の合計が，統合前の2つの会社の価値の合計よりも増加するという効果である。イメージしやすい例としては，2つの会社が統合すると，各社が持っていたノウハウや資源を互いに自由に使うことができるようになり，その結果，生産性が上がって，統合前よりも多くの利益を上げることができるようになるといったことが考えられる。

*4 最高裁が企業価値が増加しない場合について「公正な価格」を判断した事例として，最決平成23・4・19民集65巻3号1311頁（楽天対TBS事件〔百選86〕）がある。裁判例の位置づけについては，次頁の表を参照。

*5 裁判例の位置づけについては，次頁の表を参照。

図２

株式の株価が形成される（A社株式についても同様である）。そのため株価は，シナジーを含めた再編後の企業価値が株式移転比率に応じて分配されることを反映した価格になる。

Ⅳ．「公正な価格」の判断の枠組み

以上の前提を踏まえて，②企業価値の増加が生じる場合の「公正な価格」の判断枠組みについて，決定文(2)以下を見ておこう。

決定文(2)は，「公正な価格」は，「株式移転比率が公正なものであったならば」株式買取請求がされた日にその株式が有している価格のことをいうとする。

これを受けて，決定文(3)では，株式移転比率が公正であるか否かをどのように判断するかが述べられている。決定文(3)は，独立した関係にある会社間で一般に公正と認められる手続により株式移転の効力が発生した場合には，原則として，当事者が定めた株式移転比率は公正なものとみるのが相当だと述べる。そしてその理由として，株式移転比率を決める各会社の取締役は株主の利益のために行動するはずであることや，株式移転を承認するか否かを判断する立場にある株主も，自分の利益を考えて判断しているはずであることを挙げる[*6]。当事者が決定した条件（本件では株式移転比率）を尊重し，原則としてこれが公正であると考えることを示したこの決定文(3)は，本決定において特に重要な意味を持つ。

最後に，決定文(4)は，株価は設定された株式移転比率によって株式移転が行われることを織り込んで形成されるはずであるため[*7]，株式移転比率が公正である場合には，「公正な価格」を算定するにあたっては株価を参照することができるとする。

本決定を受け，差戻審（東京高決平成25・2・28判タ1393号239頁）は，Xが株式買取請求をした日におけるY社の株価である1株691円を買取価格と決定した。

表：各裁判例の位置づけの整理

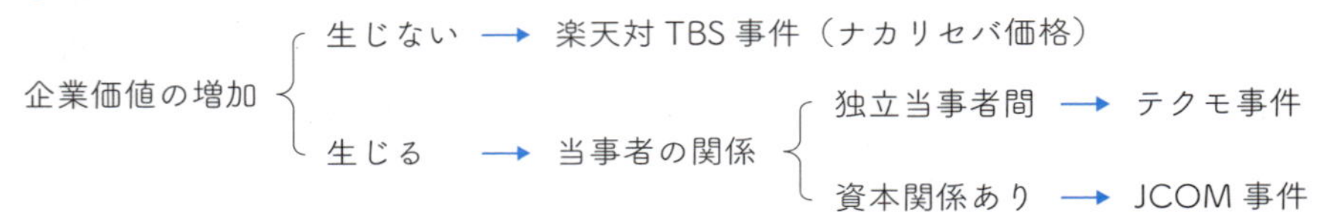

＊6｜決定文(3)は，「相互に特別の資本関係がない会社間において」組織再編が行われる場合にはという条件を付けて，株式移転比率が公正であるかどうかについては株主や取締役の判断を尊重すべきだと述べている。これに対して，組織再編の当事者間に資本関係がある場合についての判断を示したのがJCOM事件（最決平成28・7・1民集70巻6号1445頁〔百選88〕）である。JCOM事件では，組織再編の当事会社の一方が他方当事会社の株式の70％以上を保有している親会社であった。このように組織再編の当事者間に資本関係がある場合，子会社が親会社の意向を尊重する可能性があり，組織再編の条件（本決定でいうところの株式移転比率）が子会社にとって不利なものとなるおそれがある。JCOM事件では，当事者間に資本関係がある場合に組織再編等の条件が当事者の利害を適切に調整したものだと認めるためには，独立した第三者委員会の意見を聴くといった手続が行われることが必要だという考え方が示された。

＊7｜Ⅲの説明を参照。

37 合併比率の不公正と合併無効事由

東京高裁平成2年1月31日判決(資料版商事法務77号193頁) ▶百選91

事案をみてみよう

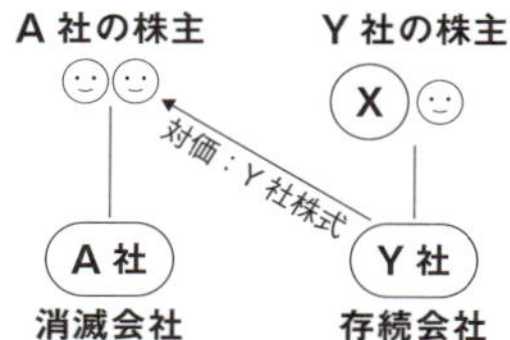

Y社とA社は,Y社を存続会社,A社を消滅会社とし,A社の株主に対して,A社株式1株につきY社株式1株の割合でY社株式を割り当てる(=合併比率が1対1ということである)という内容の合併契約を締結した(本件合併契約)。Y社の株主総会において,本件合併契約の承認決議が行われた。

Y社の株主であるXは,本件の合併比率は著しく不当かつ不公正であり(=A社株主に対して割り当てられるY社株式が多すぎるという主張である),これが合併無効事由にあたるとして,合併の無効を主張する訴え(会社法では828条1項7号)を提起した。

読み解きポイント

合併比率が著しく不公正であることは,合併の無効事由になるのだろうか。

判決文を読んでみよう

「Xは,合併比率が著しく不当かつ不公正であることが合併無効事由に該当すると主張するが,合併比率が不当であるとしても,合併契約の承認決議に反対した株主は,会社に対し,株式買取請求権を行使できるのであるから,これに鑑(かんが)みると,合併比率の不当又は不公正ということ自体が合併無効事由になるものではないというべきである。」

この判決が示したこと

合併比率が不公正であること自体は,合併無効事由にはならない。

解説

I. 合併比率とは

吸収合併が行われる場合,消滅会社の株主には対価として存続会社の株式が割り当てられる[*1]。その際にどのくらいの株式が割り当てられるのかを示すのが「合併比率」である。Y社とA社の合併比率が1:1であれば,A社の株主が持っているA社株式1株に対しY社株式が1株割り当てられ,合併比率が1:3であれば,A社株式1株に対しY社株式が3株割り当てられる。

*1 吸収合併の対価は金銭等でもよい。吸収合併の仕組みについてはIII-2のIntroductionを参照。

この合併比率は合併の当事会社の株主に大きな影響がある（冒頭の図を参照）。消滅会社（A 社）の株主としては，割り当てられる存続会社の株式が多いことを望む。同時に，存続会社（Y 社）の株主にとっても，合併比率は重要な意味を持つ。［判例 **27**］で紹介した有利発行の状況を思い出してほしい。新しく株式を発行する際に，あるべき価格よりも安い価格で株式を発行してしまうと，元からその会社の株主であった者は損をすることになる（株式の数は増えるのに，それに見合ったお金が会社に入ってこないため，1 株あたりの価値が減ってしまう）。これと同じ仕組みで，消滅会社の株主に対して，合併によって入ってくる財産の価値に見合う数以上の株式を発行してしまうと，存続会社の株主が損をすることになる。そのため，存続会社の株主としては，消滅会社の株主に割り当てられる株式が少ないことを望む。

Ⅱ. 合併に反対する株主がとることができる手段

株式会社が合併を行うためには，当事会社間で合併契約を締結したうえで，原則として，両当事会社の株主総会において，合併契約について特別決議により承認することが必要となる（783 条 1 項，795 条 1 項，804 条 1 項，309 条 2 項 12 号）。

そこで，合併比率に不満があるなどの理由で合併に反対している株主は，株主総会で行われる合併契約の承認決議において反対することが考えられる。仮に合併契約の条件が一方の当事会社にとって著しく不利な内容であれば，その会社の株主総会では多くの株主が反対し，合併契約の承認決議は否決されるだろう。

株主総会で合併契約が承認された場合，合併に反対する株主は，自分が保有している株式を「公正な価格」で買い取ることを会社に請求する「株式買取請求権」を行使することができる（785 条，797 条，806 条）[＊2]。「公正な価格」は買取りを請求する株主と会社との協議で決められるが，協議がまとまらない場合には裁判所に価格決定の申立てを行う。「公正な価格」とは何を意味するかは難しい問題であるが，どのような場合であっても，少なくとも「合併が行われなかったとしたならばその株式が持っていた価値」である「ナカリセバ価格」は保証される[＊3＊4]。

Ⅲ. 合併比率が著しく不公正であることが合併無効事由となるか

合併が効力を発生した後には，合併に反対していた株主は合併無効の訴え（828 条）を提起することが考えられる。なお，合併の効力が無効とされると大きな影響が生じるため，法的安定性の観点から，合併の無効は訴えの方法でだけ主張することができることになっている（同条 1 項 7 号）。また，この訴えを提起できる者は株主等の関係者に限定され（同条 2 項 7 号），さらに，合併の効力発生日から 6 か月以内でなければ訴えを提起できない（同条 1 項 7 号）。

本件で問題となったのは，合併比率が著しく不公正であることが合併の無効事由にあたるか否かである。何が合併の無効事由にあたるかは会社法には書かれていない。本判決は，合併比率に不満がある株主は，株式買取請求権を行使することによって身を守ることができることを実質的な理由として，「合併比率の不当又は不公正ということ自体が合併無効事由になるものではない」との判断を示した[＊5]。

＊2｜
ただし，株式買取請求権を行使するためには，合併契約を承認する株主総会の前に会社に対して合併に反対することを通知し，株主総会においても議案に反対することといった一定の条件を満たす必要がある。

＊3｜
「公正な価格」については，［判例**36**］を参照。

＊4｜
本文中で紹介した手段のほか，合併の効力発生日前までに，差止請求権を行使することも考えられる（784 条の 2，796条の2）。

＊5｜
本件の事例とは異なるが，当事会社の一方（P社）が他方（Q社）の親会社であるような場合には，組織再編の条件が親会社に有利になるように定められる可能性がある。そこで，このような場合には，会社法831条1項3号を用いて対応することが主張されている。会社法831条1項3号は，「株主総会等の決議について特別の利害関係を有する者が議決権を行使したことによって，著しく不当な決議がされたとき」には，株主などは株主総会の決議の取消しを請求できることを定めている。子会社（Q社）の株主総会において株主として議決権を行使した親会社（P社）は「特別の利害関係を有する者」だったとしてこの規定を適用すれば，合併契約を承認した子会社（Q社）の株主総会決議に取消事由があることになり，このことが合併の無効事由にあたると考えるのである。

38 株主総会の特別決議が要求される事業譲渡

最高裁昭和40年9月22日大法廷判決（民集19巻6号1600頁） ▸百選85

 事案をみてみよう

X社はA工場（この工場を構成する土地，建物，機械，器具類一式を「本件物件」という）で製材業を営んでいたが，昭和28年12月までには製材業を休業した。昭和31年11月9日，X社はY社に対して，本件物件を売却した。Y社が本件物件を購入したのは製材の営業を譲り受けるためではなく，本件物件のうち土地や建物を購入したのはY社が行っていた木材や製材品の市販を行うための工場や事務所として使用するためであり，その際に機械器具類もまとめて購入したのは，これだけ除いてもX社が処分に困るだろうと思ったためだった。

その後X社は，本件物件はX社の重要な唯一の営業用財産であるため，本件売買は平成17年改正前商法245条1項1号の定める「営業ノ全部又ハ重要ナル一部ノ譲渡」（会社法467条1項1号・2号が定める「事業の全部の譲渡」，「事業の重要な一部の譲渡」と同じ）にあたり，譲渡会社であるX社の株主総会の特別決議による承認が必要であるにもかかわらず，株主総会の特別決議の承認を得ていないために売買契約は無効であると主張して，本件物件の明渡しを求めて提訴した。

読み解きポイント

会社法467条に定める事業譲渡（「事業の全部の譲渡」または「事業の重要な一部の譲渡」）を行う場合には，譲渡会社の株主総会の特別決議によってその契約の承認を受ける必要がある。それでは，株主総会の特別決議による承認が要求される事業譲渡とはどのような取引を意味するのだろうか。

なお，本判決当時に平成17年改正前商法のもとで「営業譲渡」と呼ばれていた取引は，現在の会社法では「事業譲渡」と呼ばれている。呼び方は異なるが，同じものだと考えてよい。

判決文を読んでみよう

「商法245条1項1号〔会社法467条1項1号・2号〕によって特別決議を経ることを必要とする営業の譲渡とは，同法24条〔現在の商法15条〕以下にいう営業の譲渡と同一意義であって，(1)営業そのものの全部または重要な一部を譲渡すること，詳言すれば，一定の営業目的のため組織化され，有機的一体として機能する財産（得意先関係等の経済的価値のある事実関係を含む。）の全部または重要な一部を譲渡し，(2)これ

によって，譲渡会社がその財産によって営んでいた営業的活動の全部または重要な一部を譲受人に受け継がせ，(3)譲渡会社がその譲渡の限度に応じ法律上当然に同法25条〔会社法21条〕に定める競業避止義務を負う結果を伴うものをいうものと解するのが相当である。」

この判決が示したこと

株主総会の特別決議による承認が要求される「営業譲渡」(会社法における「事業譲渡」)にあたるためには，①一定の営業目的のため組織化され，有機的一体として機能する財産の譲渡であることと，②取引の結果として，譲渡人が営んでいた営業活動が譲受人に引き継がれることが必要であり，これらの要件にあたらない場合には株主総会の特別決議による承認は不要である。

解説

I．本判決の内容とその理解の仕方

「事業譲渡」（正確には「事業の全部の譲渡」または「事業の重要な一部の譲渡」）を行う場合には，譲渡会社の株主総会の特別決議による承認を受ける必要がある（467条1項1号・2号，309条2項11号)。事業譲渡が行われると譲渡会社の株主の利益に重大な影響を与える可能性があるため，株主総会における判断を要求しているのである。[*1]

「事業譲渡」（当時は「営業譲渡」）の定義については多くの考え方が存在していた。[*2]本判決は，最高裁判所として「事業譲渡」とは何かについての考え方を示した点で重要である。

判決文を読むと，事業譲渡の説明としては次の3つの内容が書かれている。1つ目は，一定の営業目的のため組織化され，有機的一体として機能する財産の譲渡であること（(1))，2つ目は，取引の結果，譲渡会社がその財産を使って営んでいた営業的活動が譲受人に引き継がれること（(2))，3つ目は，譲渡会社が会社法21条に定める競業避止義務を負う結果を伴うこと（(3)）である。

(1)の「一定の営業目的のため組織化され，有機的一体として機能する財産」という言葉はわかりにくいが，これにあたるためには，個別の物や権利義務の譲渡では不十分であり，それを譲り受けた譲受人がそのまま事業を継続することが可能な状態の財産である必要がある。

(2)は営業的活動が譲渡会社から譲受人に引き継がれていることを要求している。この点が要件である理由については，手続に違反した場合（事業譲渡にあたるにもかかわらず，株主総会の特別決議による承認を得ない場合）にはその譲渡が無効になるという重大な効果が生じるため（＊4を参照)，規制対象となる取引であるかどうかを譲受人にとって明確にするために(2)の要件が必要であるという説明がされる。

(3)については，本判決は(3)を事業譲渡の「要件」としているわけではないという考え方が有力である。(3)に述べられている会社法21条とは，「事業を譲渡した会社……は，当事者の別段の意思表示がない限り，同一の市町村……の区域内及びこれに

＊1
なお，事業の「全部の」譲渡の場合には，譲渡会社だけでなく，譲受会社でも株主総会の特別決議による承認が要求される（467条1項3号）。

＊2
詳しく知りたい場合には，百選85の解説を参照してほしい。

隣接する市町村の区域内においては，その事業を譲渡した日から20年間は，同一の事業を行ってはならない」という条文であり，これは，譲渡人が事業を譲受人に売却したにもかかわらず近隣で同じ事業を行うことによって譲受人から客が奪われるといった状況を避けるための規定である。有力な考え方は，本判決の(3)の部分は，取引が事業譲渡にあたれば会社法21条の競業避止義務の規定が適用される「結果」になるということを説明しているだけであって，この部分を事業譲渡の「要件」であると理解するべきではないと主張している。

(3)を事業譲渡の要件に含めて理解した場合と要件には含めないで理解した場合とでは，結論に差が出る場合がある。譲渡会社（P社）が譲受会社（Q社）に対して，自らがR市で営んでいるケーキ屋の事業を譲渡することにしたが，P社とQ社とはその契約の中で，P社がR市やR市の隣の市でケーキ屋を続けることは認めるという合意をした場合を考えたい。[*3] この場合，判決文の(3)が事業譲渡の要件だと考えた場合には，P社が会社法21条の競業避止義務を負わない今回のケースは事業譲渡にはあたらない（＝そのため，株主総会の特別決議による承認は不要である）ということになる。これに対して，(3)は事業譲渡の要件ではないという解釈をとった場合には，P社・Q社間の取引は事業譲渡にあたり，株主総会の特別決議による承認が要求されることになる。

*3 会社法21条は「当事者の別段の意思表示がない限り」と規定している。「当事者の別段の意思表示がない限り」というのは，つまり，当事者間で会社法21条とは異なる内容の合意を行うことを認めるという意味であり，P社とQ社との間で行われた会社法21条と異なる内容の合意も有効である。

Ⅱ．本件の事案への当てはめ

本判決が示した事業譲渡の要件を本件の事案に当てはめるとどうなるだろうか。本判決の(1)と(2)の要件について検討しておこう。

(1)の要件である「組織化され，有機的一体として機能する財産」にあたるかについては，否定することになるだろう。本件ではX社はすでに製材業を休業しているのであり，たとえX社が保有している全財産を譲渡したとしても，これは譲受人がそのまま事業を継続することが可能な状態の財産ではなく，個別の財産をまとめて譲渡しているにすぎないためである。

(2)の要件についても否定することになるだろう。本件ではX社は製材業を休業しており，また，Y社もX社が行っていた製材業を引き継ぐわけではないことから，X社の営業的活動をY社に引き継がせることにはならないためである。

以上より，本件物件の譲渡は事業譲渡にはあたらず，株主総会の特別決議による承認は不要だったことになり，X社の主張には理由がないことになる。[*4]

*4 本件物件の譲渡は事業譲渡にはあたらないとされたために問題とはならなかったが，仮に事業譲渡にあたるにもかかわらず株主総会の承認を受けていなかった場合には譲渡の効果はどうなるだろうか。そのような譲渡は無効であり，譲渡会社も譲受会社も無効を主張できると考えられている。ただし，譲渡会社からの主張については，取引の安全を考慮し，譲受会社に悪意・重過失がなければ，譲渡会社のほうから無効を主張することはできないという考え方も有力である。

Introduction

3

Contents

III - 1　買収
III - 2　組織再編・事業譲渡
ココ！ III - 3　設立

設立

ちょっと昔の話になるんだけど，株式会社 KFM を作った時，決められた手続をひとつずつクリアしていかなきゃいけなくて結構苦労したんだよなー。なんだかとっても懐かしいな。そうだ，今度久しぶりにボールペンくんとシャーペンくんを誘って飲みに行こうっと！

ここでは，会社の設立をめぐる裁判例を見る。

株式会社の設立に際しては，営利社団法人として事業活動をするために，集めると決めた資金は会社がしっかりと確保しなければならない。

したがって，実質的な出資の払込みがあったとは評価できない場合には，資金が確保されたとは認められないことになりそうだが，それはどのようにして判断するのであろうか〔→判例 **39**〕（なお，このことは，会社の設立時のみならず，会社成立後に新たに株主からの資金拠出を受ける場合にも同様に問題となる点には注意が必要である）。

また，会社の設立時においては，資金の払込みを受けるだけではなく，事業活動に必要な財産を直接取得する方法で，事業活動の基盤を整える方法も考えられる。現物出資や財産引受けといわれるものであるが，これらを行ううえでは，出資財産の過大評価を防止するために定款（ていかん）に記載して検査役調査を受けるなど，厳格な手続的規律が存在している。そのような手続を行わなかった場合に，当該財産の取得は法的に効力が認められるかが問題となる〔→判例 **40**〕。

39 株式の仮装払込みの効力

最高裁昭和38年12月6日判決（民集17巻12号1633頁） ▸百選8

事案をみてみよう

A社は，Yを発起人として，昭和24年11月5日に設立登記がなされた。同社の設立時発行株式の払込みについては，YがB銀行C支店から200万円を借り受け，その後この200万円を払込取扱銀行であるB銀行C支店に株式払込金として一括で払い込んだうえで設立登記手続が進められた。A社の設立登記手続が完了した後，同社はB銀行C支店から200万円の払戻しを受け，それをYに貸し付け，YはこれをB銀行C支店に対する上記借入金200万円の債務の弁済にあてた。

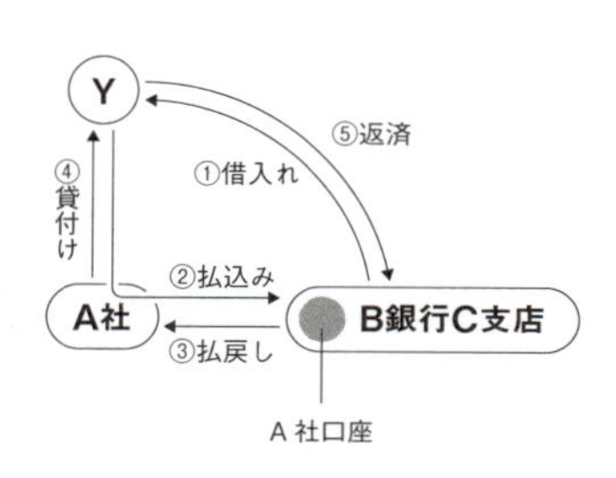

その後，財務状態の悪化したA社から債務の弁済を受けることができなかった債権者Xが，A社を代位して（民423条参照），Yに対して，発起人の払込担保責任（平成17年改正前商法192条）に基づき200万円の支払を請求した。

読み解きポイント

株式会社は，設立に際して，設立時発行株式の対価として発行価額の全額の払込みがなされなければならず（平成17年改正前商法170条1項，177条1項〔会社法34条1項，63条1項に相当〕），これがなされていないのであれば，会社設立後に発起人は会社に対してその払込みをしなければならない（平成17年改正前商法192条2項）。本件では，発起人YはA社に対して払込みをしているように見えるが，実際には，Yによって払い込まれた資金はA社からすぐにYに貸付けの形で戻されている。このような場合に，YのA社に対する払込みがあったといえるであろうか。

判決文を読んでみよう

「株式の払込は，株式会社の設立にあたってその営業活動の基盤たる資本の充実を計ることを目的とするものであるから，これにより現実に営業活動の資金が獲得されなければならないものであって，このことは，現実の払込確保のため商法が幾多（いくた）の規定を設けていることに徴しても明らかなところである。従って，当初から真実の株式の払込として会社資金を確保するの意図なく，一時的の借入金を以て単に払込の外形を整え，株式会社成立の手続後直ちに右払込金を払い戻してこれを借入先に返済する場合の如（ごと）きは，右会社の営業資金はなんら確保されたことにはならないのであって，かかる払込は，単に外見上株式払込の形式こそ備えているが，実質的には到底払込があったものとは解し得ず，払込としての効力を有しないものといわなければならない。」

本事案の下では，「会社成立後前記借入金を返済するまでの期間の長短，右払戻金が会社資金として運用された事実の有無，或は右借入金の返済が会社の資金関係に及ぼす影響の有無等，その如何によっては本件株式の払込が実質的には会社の資金とするの意図なく単に払込の外形を装ったに過ぎないものであり，従って株式の払込としての効力を有しないものではないかとの疑いがあるのみならず，むしろ記録によれば，Yの前記B銀行C支店に対する借入金200万円の弁済は会社成立後間もない時期であって，右株式払込金が実質的に会社の資金として確保されたものではない事情が窺われないでもない」。そうであるのに，「原審がかかる事情につきなんら審理を尽さず，従ってなんら特段の事情を判示することなく，本件株式の払込につき単にその外形のみに着目してこれを有効な払込と認めてYらの本件株式払込責任を否定したのは，審理不尽理由不備の違法があ」り，破棄を免れない。

この判決が示したこと

① 株式の払込みは，それによって現実に営業活動の資金が獲得されなければならず，当初から会社資金を確保する意図がなく，一時的な借入金で払込みの外形を整えたような場合には，払込みとしての効力をもたない。

② 払込みの効力の判断に際しては，(1)会社が設立されてから借入金が返済されるまでの期間，(2)払戻金が会社資金として運用されたかどうか，(3)借入金の返済が会社の資金関係に及ぼす影響の有無などを考慮する。

解説

Ⅰ．本判決の論点と現行法の規制との関係

株式会社の設立に際して，会社の成立前までに設立時発行株式の対価として発行価額の全額の払込みがなされなければならない（34条1項，63条1項〔平成17年改正前商法170条1項，177条1項に相当〕）。この規律を潜脱する行為として，典型的には，①発起人が金銭を借り入れてその金銭を払込みに充て，②会社成立後に取締役となった元発起人が，当該払込金を引き出して自己の借入れの弁済に充てるという一連の方法が用いられることがある。①と②とは，それぞれ，会社への払込みのために引受人（発起人）が誰かから借入れを行うことはありえてよい話であるし，会社から取締役への貸付けも一定の手続を踏めば（356条等参照）可能なのであるが，①と②とを組み合わせると，実質的に会社に払込みがなかったのと同じような効果が生じてしまうことになる点が問題とされている。

本件が前提とする平成17年改正前商法の制度においては，本判決が述べるようにYの払込みの効力がないとすることによって，平成17年改正前商法177条1項が要求する全額の払込みがなされていないこととなる結果，払込みが済んでいない部分について，（発起人以外の者が引き受けていた部分であっても）発起人が会社に対する払込み

の責任を負うこととされていた（平成17年改正前商法192条2項）。

これに対して，現行会社法では，実質的に会社に払込みがない場合をより直接的に払込みの「仮装」の問題として整理し，払込みを仮装した者が発起人であれば当該発起人に対して，払込みを仮装した者が株式引受人であれば当該株式引受人に対して，それぞれ「払込みを仮装した出資に係る金銭の全額」「払込みを仮装した払込金額の全額」の払込義務を課した（52条の2第1項1号，102条の2第1項）うえで，払込みの仮装に関与した取締役らに対して連帯責任を負わせるという取扱いに変更されている（52条の2第2項・3項，103条2項）。本判決が示した「払込としての効力を有しない」か否かを判断する基準は，現行法のこれらの規定における「払込みを仮装した」か否かを検討するうえで参考となると考えられる。

Ⅱ．払込みの仮装

払込みの仮装がなぜどのように問題なのかについて，さまざまな説明が試みられているもの[*1]の，本判決は，会社が営業活動をするうえでの資金の確保という観点から問題があることを述べる。すなわち，会社が事業活動をして利益を上げていくためには資金が必要であり，株式会社では，自らが発行する株式という金融商品を引き受けてくれる人（引受人）から，株式の対価という形で会社に資金を拠出してもらうことがまずは想定されている。それにもかかわらず，引受人が払込みとして株式と引き換えに会社に資金を払い込んだとしても，会社がその払い込まれた資金をたとえば当該引受人に貸付けの形で全額流出させてしまうと，会社の手許に主体的に運用できる資金がいっさい残らないのは困るではないか，という発想であると思われる。

もっとも，先に述べたとおり，会社が事業活動の一環として（取締役を含む）引受人に対して貸付けを行うこと自体は許容されているのであり，そうであるとすると，払込みがなされたのちに会社から貸付けという形で資金を流出させることが許される場合と許されない場合との線引きをする必要がある。この問題に関して，本判決は，現実に営業活動の資金が獲得されたか否かは，会社成立後借入金を返済するまでの期間の長短，払戻金が会社資金として運用された事実の有無，借入金の返済が会社の資金関係に及ぼす影響の有無等によって判断し，当初から会社資金を確保する意図がなく，一時的な借入金で払込みの外形を整え，手続完了後直ちに払込金を払い戻してこれを借入先に返済するような場合には，払込みとしての効力を有しないとした。

Ⅲ．設立以外の局面における仮装払込み

払込みの仮装は，本件のような設立時発行株式に限らず，会社成立後のいわゆる新株発行の局面においても生じうる[*2]ことから，新株発行の場合についても，設立の局面と同様に払込みを仮装した引受人の払込義務（213条の2第1項1号）や出資の仮装に関与した取締役等の連帯責任を規定している（213条の3）。とりわけ新株発行に際して払込みが仮装された場合，当該払込みによって発行された株式は外形的にはなお存在していることになるが，この株式をどのように取り扱うべきかについては大きな争いがある[*3]。

*1｜
会社財産しか引き当てにできない債権者の保護のために会社財産を充実させるべきだ，とか，きちんと払込みをした株主との公平性に問題がある，といった指摘がなされているが，いずれも，引受人に資力がある限りにおいて，（引受人に対する）貸付債権ではダメで現金でなければならない理由をしっかりと説明できるものではないように思われる。

*2｜
設立に際しての払込みの仮装は，株式が有効に成立しているか以前に会社の成立自体が問題となりうる。

*3｜
有力な考え方は，本判決同様，仮装された払込みは「払込としての効力を有しない」ものの，それによって引受人は失権（63条3項，208条5項参照）したことにはならず，（一定の条件を満たせば権利行使が可能となるという制約のついた）株式が引受人の下で有効に成立しているとする。これに対して，株式引受人が仮装払込みによって取得することになるのは，払込義務を履行すれば株式を取得できるというオプションにすぎず，仮装払込みがなされた段階では株式は未成立であるとする見解もある。後者の見解は，外形的に存在している仮装払込みに係る株式の効力を，株式発行無効の訴え（828条1項2号）という厳格な要件の下でのみ認められる訴えではなく，株式不成立について一般的な確認の訴えによって争うことができると解している。

40 財産引受けの無効主張と信義則

最高裁昭和61年9月11日判決(判時1215号125頁) ▶百選6

事案を見てみよう

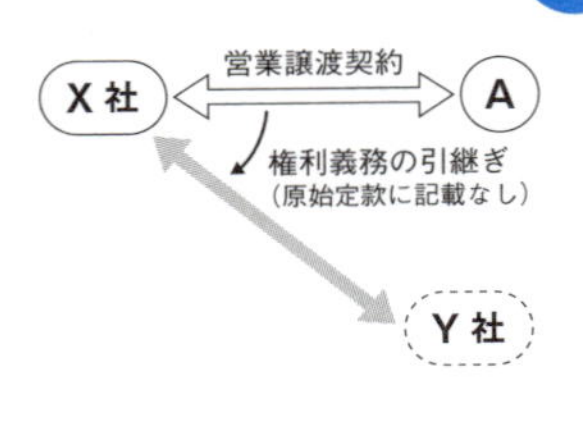

小型ディーゼルエンジンの製造販売等を業とするX社は，A（後に設立されるY社の発起人代表となる）に，新会社を設立してX社が有する3つの工場のうちの1つ（B工場）の営業を買い取るよう働きかけ，Aとの間で，①X社は，新会社の設立発起人代表Aに対しB工場に属する一切の営業（現行法の「事業」に相当）を譲渡する，②譲渡代金は1600万円とし，3か月ごとに分割して支払う，③新会社が設立されたときは，新会社が上記契約に基づくAの権利義務の一切を引き継ぐものとする旨の営業譲渡契約（以下「本件営業譲渡契約」という）を締結した。昭和34年5月21日，上記の新会社としてY社の設立登記がなされ，Y社は本件営譲渡契約に基づくすべての財産の引渡しを受けて営業を承継した。しかしながら，本件営業譲渡契約についてY社の原始定款（ていかん）*1には平成17年改正前商法168条1項6号（会社法28条2号に相当）に定める事項は記載されていなかった。

*1 会社を設立する際に発起人によって初めて作成される定款のことであり，この定款は，公証人の認証を受けなければ効力が生じない(30条1項)。

Y社は，X社に対し譲渡代金として昭和34年10月以降，合計264万円を分割して支払っていたが，内紛や従業員の大量退職などによって，昭和42年9月頃，事実上営業活動を停止し，譲渡代金の分割弁済が滞ったことから，X社は，譲渡代金の残金の支払を求めてY社を提訴した。これに対し，Y社は，それまでX社に対し本件営業譲渡契約につき苦情を述べたことはなかったが，第1審係属中の昭和43年10月になって初めて，本件営業譲渡契約について原始定款の記載がないことなどを理由に本件営業譲渡契約が無効である旨の主張をした。

読み解きポイント

発起人が，成立後の会社のため，会社の成立を停止条件として特定の財産を譲り受けることを約する契約を財産引受けという。本件においては，発起人Aがいったん B工場の土地建物という財産を引き受け，新会社(Y社)が成立後にB工場を移転するという形式をとっているが，これも財産引受けに該当し，原始定款に記載していなければ効力は生じない(28条2号)のが原則である。この原則に例外はないだろうか。

判決文を読んでみよう

「AがX社との間で締結した(1)本件営業譲渡契約は……商法168条1項6号〔会社

法28条2号に相当〕の定める財産引受に当たるものというべきである。そうすると，本件営業譲渡契約は，Y社の原始定款に同号所定の事項が記載されているのでなければ，無効であり，しかも，同条項が無効と定めるのは，広く株主・債権者等の会社の利害関係人の保護を目的とするものであるから，本件営業譲渡契約は何人との関係においても常に無効であって，設立後のY社が追認（ついにん）したとしても，あるいはY社が譲渡代金債務の一部を履行し，譲り受けた目的物について使用若（も）しくは消費，収益，処分又は権利の行使などしたとしても，これによって有効となりうるものではないと解すべきであるところ，原審の確定したところによると，右の所定事項は記載されていないというのであるから，本件営業譲渡契約は無効であって，(2)契約の当事者であるY社は，特段の事情のない限り，右の無効をいつでも主張することができるものというべきである。」

「X社は本件営業譲渡契約に基づく債務をすべて履行ずみであり，他方Y社は右の履行について苦情を申し出たことがなく，また，Y社は，本件営業譲渡契約が有効であることを前提に，X社に対し本件営業譲渡契約に基づく自己の債務を承認し，その履行として譲渡代金の一部を弁済し，かつ，譲り受けた製品・原材料等を販売又は消費し，しかも，Y社は，原始定款に所定事項の記載がないことを理由とする無効事由については契約後約9年……を経て，初めて主張するに至ったものであり，両会社の株主・債権者等の会社の利害関係人が右の理由に基づき本件営業譲渡契約が無効であるなどとして問題にしたことは全くなかった，というのであるから，Y社が本件営業譲渡契約について商法168条1項6号……の規定違反を理由にその無効を主張することは，法が本来予定したY社又はX社の株主・債権者等の利害関係人の利益を保護するという意図に基づいたものとは認められず，右違反に藉口（しゃこう）〔何かにかこつけること〕して，専（もっぱ）ら，既（すで）に遅滞に陥った本件営業譲渡契約に基づく自己の残債務の履行を拒むためのものであると認められ，信義則に反し許されないものといわなければならない。したがって，Y社が本件営業譲渡契約について商法の……規定の違反を理由として無効を主張することは，これを許さない特段の事情があるというべきである。」

この判決が示したこと

① 定款に記載のない財産引受けは，特段の事情がない限り，何人との関係においても常に無効であって，設立後に会社が追認等をしても有効とはならない。

② 会社がもっぱらすでに遅滞に陥った残債務の履行を拒むために，定款に記載のない財産引受けの無効を主張することは信義則に反し許されない場合がある。

解説

Ⅰ．現物出資・財産引受けの規律

会社を設立する際には，会社がその成立後に事業活動を行えるような財産を会社のものとして確保しておかなければならない。通常，そのような財産は設立時発行株式の対価として払い込まれる金銭（銀行預金）の形で確保されるが，既存会社が営んで

＊2｜たとえば，現金1000万円を払い込んだPさんが1万株を割り当てられている場合において，Qさんが本当は800万円の価値しかない財産を「1000万円の価値がある」としてそれと引換えに1万株を取得してしまうと，同じ設立というタイミングで株式を取得したはずであるのに，QさんはPさんよりも1株あたりで安く買えたことになり，公平でないと考えられる。

＊3｜会社の成立後の株式の発行の場合には，現物出資規制については設立と同様の規律が設けられているのに対して，財産引受けに相当する規律は設けられていない。

いた事業を新会社が引き継ぐ場合など，金銭ではなくすぐに使える財産を新会社に確保しておくニーズもある。そこで，株式の発行の対価としての払込みに金銭以外の財産を充(あ)てることも考えられ，これを現物出資と呼ぶ。もっとも，現物出資には先に述べたようなニーズがある反面，目的物が過大に評価されて不当に多くの株式が与えられた場合における金銭出資株主との不公平[*2]や，会社債権者を害するおそれが指摘されている。そこで，設立時発行株式に対して現物出資を行うには，現物出資者の氏名・名称，出資の目的たる財産およびその価額，当該現物出資者に対して割り当てられる株式の数を定款に記載することが必要とされ（28条1号），さらに，現物出資を行うには，原則として裁判所が選任する検査役による調査が必要となる（33条）。

現物出資の際のこのような手続は，金銭出資と比較して極めて煩雑であると考えられることから，なんとか潜脱(せんだつ)できないかを考える者もいるだろう。たとえば，1万株を受け取るために1000万円の価値のある現物資産を給付すると現物出資の面倒な手続が必要となるのであれば，その現物資産を持っている人が先に現金で1000万円を払い込んで1万株を受け取っておき，成立後の会社に1000万円で現物資産を買い取ってもらえば，現物出資規制に引っかかることなく当該現物保有者と会社の双方に現物出資と同じ経済的効果をもたらすことができる。

しかしながら，現物出資規制を一応合理的なものであると考える限り，それをかいくぐる行為は極力防ぐ必要がある。そこで，設立の場合については[*3]，発起人が成立後の会社のため会社の成立を停止条件として特定の財産を譲り受けるという財産引受けの契約がある場合についても，現物出資と同様の規律が設けられているのである[*4]。

Ⅱ. 定款に記載のない財産引受けの効力

このように，財産引受けを有効に行うためには，財産引受けの対象である財産およびその価額，当該財産の譲渡人の氏名または名称を定款に記載した（28条2号）うえで，現物出資と同様の検査役による調査等の手続をとらなければならない。

定款に記載がない財産引受けについては，効力を生じないとされている（28条柱書）ところ，本判決は，その趣旨が広く株主・債権者等の会社の利害関係人の保護を目的とするものであるから，何人との関係においても常に無効であって，設立後に会社が追認あるいは目的物を使用等[*5]しても，有効とはならないと述べた〔判決文(1)〕。

Ⅲ. 信義則による無効主張の制限

もっとも，常に無効だとした場合，本件がまさにそうであるように，設立された会社が自分の都合のいいように無効を主張してくる可能性があり，これを許すべきでない場合もありうる。本判決において，最高裁は，そのような場合に備えて一般論として「特段の事情」があれば無効主張が制限される余地を残した（判決文(2)）。さらに本件における具体的な事案に即して，すなわち，契約から9年も経過した時点で，法が本来予定した会社の利害関係人の利益を保護するという意図ではなく，定款に記載がないことを口実にして事業譲渡代金の支払を拒むような場合には，無効主張を制限する「特段の事情」があることを示した。

＊4｜
なお，財産引受けは現物出資とは異なり発起人以外の者もこれを行えることから，財産引受規制について，現物出資規制の潜脱防止を超えて，目的物の過大評価によって不当に会社財産が社外に流出することを防止するという機能を見いだす考え方もある。

＊5｜
取り消すことのできる契約は取り消されない限りは契約当初から有効であるが，追認(ついにん)は，取り消される可能性を消すという意味で有効を確定させる行為である（民122条）。また，追認することができる時以降に目的物の処分等をした場合には追認があったものとみなされる（民125条。「法定追認」と呼ばれる）から，それらの行為によっても契約は確定的に有効となる。無効な契約は契約当初から効力はなく，追認によって有効なものとして取り扱うこともできない（民119条本文）が，追認あるいは追認とみなされる行為によって，それらの行為の時点から契約が成立し，以降有効なものとして取り扱うことができる可能性がある（民119条ただし書参照）。判決文(1)において「Y社が追認したとしても，あるいはY社が譲渡代金債務の一部を履行し，譲り受けた目的物について使用若しくは消費，収益，処分又は権利の行使などしたとしても」と述べているのは，定款に記載のない財産引受けに関しては，追認や追認とみなされる行為によっても有効となる可能性がないことを示すためであると考えられる。

判例索引

大審院・最高裁判所

大判昭和3・7・6民集7巻546頁 …… 83
大判昭和5・4・30法律新聞3123号8頁 …… 38
大判昭和7・2・12民集11巻207頁 …… 12
最判昭和27・2・15民集6巻2号77頁 …… 3,5
最判昭和30・10・20民集9巻11号1657頁 …… 84
最判昭和36・3・31民集15巻3号645頁 …… 105
最判昭和37・8・28集民62号273頁 …… 75
最判昭和38・12・6民集17巻12号1633頁 …… 〔判例**39**〕 **145**
最判昭和39・12・11民集18巻10号2143頁 …… 39
最大判昭和40・9・22民集19巻6号1600頁 …… 〔判例**38**〕 41,126,**141**
最判昭和40・9・22民集19巻6号1656頁 …… 〔判例**12**〕 **41**
最判昭和41・7・28民集20巻6号1251頁 …… 〔判例**22**〕 **82**
最判昭和42・9・28民集21巻7号1970頁 …… 〔判例**04**〕 **14**
最判昭和43・11・1民集22巻12号2402頁 …… 18,19
最大判昭和43・12・25民集22巻13号3511頁 …… 〔判例**10**〕 **33**
最判昭和44・2・27民集23巻2号511頁 …… 〔判例**02**〕 **6**
最判昭和44・3・28民集23巻3号645頁 …… 〔判例**14**〕 31,35,**47**
最大判昭和44・11・26民集23巻11号2150頁 …… 〔判例**20**〕 **70**
最判昭和44・12・2民集23巻12号2396頁 …… 〔判例**13**〕 **44**
最判昭和45・1・22民集24巻1号1頁 …… 94
最判昭和45・4・23民集24巻4号364頁 …… 35
最大判昭和45・6・24民集24巻6号625頁 …… 〔判例**01**〕 **3**,27
最判昭和46・6・24民集25巻4号596頁 …… 12
最判昭和46・7・16判時641号97頁 …… 105
最大判昭和46・10・13民集25巻7号900頁 …… 36
最判昭和47・6・15民集26巻5号984頁 …… 77
最判昭和48・10・26民集27巻9号1240頁 …… 8
最判昭和49・9・26民集28巻6号1306頁 …… 34
最判昭和50・4・8民集29巻4号350頁 …… 101,102
最判昭和51・3・23集民117号231頁 …… 63
最判昭和51・12・24民集30巻11号1076頁 …… 〔判例**05**〕 **17**
最判昭和57・1・21判時1037号129頁 …… 〔判例**08**〕 **28**
最判昭和60・3・26判時1159号150頁 …… 〔判例**11**〕 **37**
最判昭和60・12・20民集39巻8号1869頁 …… 〔判例**03**〕 **11**,45
最判昭和61・9・11判時1215号125頁 …… 〔判例**40**〕 **148**
最判昭和62・4・16判時1248号127頁 …… 〔判例**21**〕 **74**
最判平成2・12・4民集44巻9号1165頁 …… 93
最判平成5・12・16民集47巻10号5423頁 …… 107

最判平成6・1・20民集48巻1号1頁 …… 42
最判平成6・7・14判時1512号178頁 …… 〔判例**28**〕 **104**,107,112
最判平成7・4・25集民175号91頁 …… 〔判例**24**〕 **89**
最判平成8・3・19民集50巻3号615頁 …… 5
最判平成9・1・28民集51巻1号71頁 …… 〔判例**29**〕 106,**107**
最判平成9・1・28判時1599号139頁 …… 〔判例**25**〕 **92**
最判平成12・7・7民集54巻6号1767頁 …… 〔判例**18**〕 **62**
最判平成18・4・10民集60巻4号1273頁 …… 25
最決平成19・8・7民集61巻5号2215頁 …… 〔判例**34**〕 126,**127**
最判平成20・7・18刑集62巻7号2101頁 …… 〔判例**31**〕 **114**
最決平成21・1・15民集63巻1号1頁 …… 119
最判平成21・2・17判時2038号144頁 …… 91
最判平成21・3・10民集63巻3号361頁 …… 〔判例**19**〕 **66**
最判平成21・4・17民集63巻4号535頁 …… 42,43
最判平成21・7・9判時2055号147頁 …… 〔判例**16**〕 **55**
最判平成22・7・15判時2091号90頁 …… 〔判例**15**〕 **52**
最決平成23・4・19民集65巻3号1311頁 …… 135,137
最決平成24・2・29民集66巻3号1784頁 …… 〔判例**36**〕 **135**
最判平成24・4・24民集66巻6号2908頁 …… 〔判例**30**〕 106,**110**
最判平成28・1・22民集70巻1号84頁 …… 49
最決平成28・7・1民集70巻6号1445頁 …… 138

高等裁判所

東京高判昭和48・7・6判時713号122頁 …… 46
東京高判昭和58・4・28判時1081号130頁 …… 29
東京高判昭和61・2・19判時1207号120頁 …… 21
東京高判平成2・1・31資料版商事法務77号193頁 …… 〔判例**37**〕 **139**
東京高決平成16・8・4金判1201号4頁 …… 〔判例**26**〕 **97**
東京高決平成17・3・23判時1899号56頁 …… 〔判例**33**〕 **124**,128
福岡高決平成21・5・15金判1320号20頁 …… 87
東京高判平成22・11・24資料版商事法務322号182頁 …… 19
東京高決平成25・2・28判タ1393号239頁 …… 138
東京高判平成25・4・17判時2190号96頁 …… 〔判例**35**〕 **130**
大阪高判平成27・5・21判時2279号96頁 …… 〔判例**17**〕 **59**

地方裁判所

東京地判昭和56・3・26判時1015号27頁 ［判例**09**］ 30
大阪地判平成11・3・24判時1741号150頁 119
神戸地尼崎支判平成12・3・28判タ1028号288頁 19
宮崎地判平成14・4・25金判1159号43頁 19
東京地判平成16・5・13金判1198号18頁 ［判例**06**］ 20
東京地決平成16・6・1判時1873号159頁 ［判例**27**］ 100
東京地決平成16・7・30判時1874号143頁 97
東京地判平成19・9・20判時1985号140頁 ［判例**32**］ 117
東京地判平成19・12・6判タ1258号69頁 ［判例**07**］ 23
大阪地決平成25・1・31判時2185号142頁 ［判例**23**］ 85

\ START UP /

会社法判例40！

2019年12月20日　初版第1刷発行
2024年１月30日　初版第4刷発行

著者　久保田安彦
　　　舩津浩司
　　　松元暢子

発行者　江草貞治
発行所　株式会社有斐閣
　　　　郵便番号　101-0051
　　　　東京都千代田区神田神保町2-17
　　　　https://www.yuhikaku.co.jp/

デザイン　堀 由佳里
印刷・製本　大日本法令印刷株式会社

落丁・乱丁本はお取替えいたします。
ISBN 978-4-641-13822-3